W0226082

ars vivendi

Johannes Wilkes

Das kleine

NÜRNBERG BUCH

Facetten einer Stadt

ars vivendi

1. Auflage September 2016

www.arsvivendi.com

Lektorat: Eva Elisabeth Wagner
Umschlaggestaltung: ars vivendi verlag
Druck: CPI books GmbH, Leck
Printed in Germany

ISBN 978-3-86913-733-9

Das kleine Nürnberg-Buch

Inhalt

Eine kurze Geschichte der Stadt

Am Anfang stand eine Liebesgeschichte: Richolf hatte sich in die schöne Sigena verguckt. Sigena aber war seine Leibeigene, um sie standesgemäß ehelichen zu dürfen, musste Richolf sie durch den Kaiser freisprechen lassen. Kaiser Heinrich III. wollte dem jungen Glück nicht im Wege stehen und stellte am 16. Juli 1050 eine entsprechende Urkunde aus, Nürnberg war zum ersten Mal offiziell erwähnt.

Mit drei Friedrichen ist die frühe Geschichte der Stadt verknüpft: Friedrich I. Barbarossa hielt seinen Hoftag mehrmals auf dem Felsen über der Pegnitz ab, die Aussicht gefiel dem Kaiser mit dem roten Bart so gut, dass er Nürnberg zur Kaiserpfalz machte. Um 1190 wurde ein Friedrich aus dem Geschlecht der Hohenzollern (damals hießen sie noch Zollern) mit der Burggrafschaft zu Nürnberg belehnt, dieser Friedrich und seine Nachfolger sollten den Nürnbergern allerdings jede Menge Ärger bereiten. Der dritte Friedrich war Friedrich II. Am 8. November 1219 verlieh der Kaiser der Stadt Nürnberg den Großen Freiheitsbrief, von nun an hatte den Nürnbergern nur noch der Kaiser etwas zu sagen.

Drei Friedriche, ein Karl. 1356 bestimmte Kaiser Karl IV. in seiner Goldenen Bulle, dass jeder neu gewählte Kaiser seinen ersten Reichstag in Nürnberg abzuhalten habe, was Nürnberg in den Rang der ersten Städte Deutschlands erhob. Schwierig war die Reise nicht, egal, von welchem Fleck des Reiches man aufbrach, denn bekanntlich führen alle Wege nach Nürnberg. Sieben große Handelsstraßen kreuzen sich hier, andere zählen sogar zwölf, und so wuchs die kaisertreue Stadt zu einem gewaltigen Marktplatz. Für jede Menge Touristen sorgten neben dem Sebaldusgrab die Reichskleinodien, die Kaiser Sigismund »zur ewigen Aufbewahrung« Nürnberg anvertraut hatte. Die Weisung des Reichsheiltums, also die feierliche Präsentation von Krone, Zepter, Schwert und weiteren Kleinodien auf dem heutigen Hauptmarkt an jedem zweiten Freitag nach Ostern, war ein Magnet, zumal die Pilgerfahrt nach Nürnberg vom Papst mit einem Ablass versüßt wurde.

Wo Geld, da Kultur. Die Patrizier wollten zeigen, was sie hatten, und so staunte bald alle Welt über die Werke Albrecht Dürers oder Adam Krafts, über die prächtigen Kirchen und den größten Rathaussaal nördlich der Alpen. Die Nürnberger klebten sich Chörlein an ihre Häuser, verbutzten ihre Scheiben, feilten an dem besten Lebkuchenrezept und optimierten ihre Bratwürste. Die Meistersinger sangen ihre Lieder, die Humanisten schrieben gelehrte Abhandlungen, Herr Behaim bastelte hübsche Globen und Herr Schedel entwarf seine Weltchronik, dazu feierte man in Nürnberg die lustigsten und übermütigsten Faschingsfeste.

Schluss mit lustig war mit der Reformation. Die Stadt bekannte sich zu Luthers Lehren. Luthers Freund Andreas Osiander, Pfarrer an Sankt Lorenz, beschloss, allem sündigen Treiben ein Ende zu setzen, besonders, als er beim Schembartlauf übel verhöhnt wurde. Die einfachen Arbeiter stöhnten, ihr Urlaubsanspruch schmolz mit der Abschaffung aller Marienfeiertage dahin. Mit dem Dreißigjährigen Krieg kamen die Schweden in die Stadt, und die Nürnberger wurden blonder. Ein üppiges Friedensmahl beendete den Krieg, die Pegnitzschäfer besangen die Friedenssehnsucht.

Mit der Zeit wurden die Patrizier, welche die Herrschaft über die Stadt für alle Zeiten zementieren wollten, immer träger, stießen beim gegenseitigen Begrüßen mit ihren riesigen Halskrausen ständig aneinander und verpassten den Anschluss an die Moderne. Das Ende des Heiligen Römischen Reiches Deutscher Nation bedeutete auch das Ende Nürnbergs als Reichsstadt. Napoleon verschenkte Franken an die mit ihm verbündeten Bayern, Nürnberg wurde nun von München aus regiert. »Ihr armen Kinder, nun seid ihr Fürstenknechte«, rief entsetzt Frau Merkel, die Frau eines Kaufmanns.

Die Fürstenknechte machten das Beste daraus. Zwar hatte man die Selbstständigkeit verloren, aber dafür an Bürgerrechten gewonnen. Mit frischer Kraft ging man daran, die Spinnweben von Nürnbergs Chörlein und Butzenscheiben zu wedeln und aus dem etwas verschlafenen Freilichtmuseum eine moderne Großstadt zu machen. Industrie und Gewerbe begannen zu florieren, die erste Sparkasse Bayerns wurde eingerichtet, 1835 pfiff die erste deutsche Eisenbahn und dampfte Richtung Fürth. Die Dampfkraft ließ auch die Fabrikschlote rauchen, viele Arbeiter zogen herbei, die Stadt platzte bald aus allen Nähten. Die Stadtmauer aber behielt man trotzdem, nur manches Tor war bald den immer dicker werdenden Einkaufstüten im Weg und wurde abgebrochen. Von 1892 bis 1913 wagte man ein mutiges Experiment: Man wählte einen Fürther zum Bürgermeister. Das Experiment glückte, und Nürnberg wurde in der Zeit Georg Schuhs mit Volksbad, Opernhaus und dem neuen Hauptbahnhof reich beschenkt.

Der Erste Weltkrieg brachte den Stillstand, der Zweite Weltkrieg die Katastrophe. Hitler hatte sich in den Kopf gesetzt, aus der Stadt der Reichstage die Stadt der Reichsparteitage zu machen. Schrecklich tobte ein cholerisches Volksschullehrerlein: Julius Streicher goss seinen Hass über die Juden aus und beförderte deren Vertreibung und Vernichtung. Das arme Nürnberg wurde zum Inbegriff der Nazischreckensherrschaft und von den Bomben fürchterlich verwundet. Nach dem Krieg baute man wieder auf, so gut es ging. Den überlebenden Nazischergen machte man den Prozess, die internationale Strafgerichtsbarkeit war geboren.

Bald wirtschaftswunderte es auf das Schönste, und die Nürnberger machten aus ihrer Stadt eine liebenswerte Metropole der Neuzeit, mit U-Bahn, Flugplatz, Europakanal, Fernsehturm und Frankenstadion. Viele hübsche Mädchen wuchsen an der Pegnitz heran, kein Zufall, dass eine von ihnen 1963 den Titel der Miss Germany gewann. 1968 holte der Club mit Max Merkel die Meisterschale und feierte so lange, dass man ein Jahr später mit derselben Mannschaft zugleich den Abstieg schaffte. 2005 schlug Nürnberg New York in puncto Lebensqualität, die Halbmillionengrenze wurde schon manches Mal durchbrochen, zuletzt 2014, als der 500.000 Nürnberger vergnügt in seiner Wiege quietschte. Die Zukunft, auch sie ist in Nürnberg zu Hause.

Wer war der erste Nürnberger?

Natürlich hat es schon vor der offiziellen Erwähnung der Stadt Nürnberger gegeben. Auch wenn sich diese nicht so genannt haben, dürfte die schöne und fruchtbare Landschaft an der Pegnitz schon früh Verehrer angezogen haben. Woher man das weiß? Nun, will man in Nürnberg neu bauen, wird's spannend, denn aus den Tiefen der Baggergruben hat man schon so manche Überraschung ans Licht geholt. Besonders aus alten Latrinen – schon damals war die Unart verbreitet, Dinge ins Klo zu werfen, die dort nicht hineingehören. Auf dem Gelände der Industrie- und Handelskammer nahe Sankt Sebald entdeckten Archäologen neben anderen Gegenständen eine unscheinbare graue Tonscheibe. Darauf finden sich Wellen und Striche als Verzierung und verraten dem Kundigen ihr Alter. Um 850 nach Christus muss das Gefäß getöpfert worden sein und zwar mit ziemlicher Sicherheit von Slawen, die damals in Nürnberg siedelten. Hatte man damit aber auch den Ur-Nürnberger gefunden, mitten im Stadtzentrum, auf dem Areal zwischen Pegnitz und Burgfels?

Ach, was bedeutet schon ein Jahr wie 850! Tiefer, viel tiefer muss man in der Geschichte graben, will man auf den ersten Nürnberger stoßen. Auf dem Gostenhofer Bärenschanz-Gelände fand man scharfe Splitter, die eindeutig von Steinen stammen, mit denen Steinzeitmenschen ihre Speere und Messer geschärft haben. 12.000 Jahre ist das her. Nicht geklärt ist, ob die Nürnberger Steinzeitmenschen mit ihren Waffen im Pegnitzgrund jagen wollten oder ob sie sich rüsteten, um ins nahe Fürth zu ziehen, wo mit einem fellummantelten Höhlenbärenschädel ein frühes Lokalderby ausgetragen wurde. »Früher Steinscherbenviertel, später Glasscherbenviertel«, sagt spöttisch mancher Altstädter. Daraus spricht nur der Neid. Der erste Nürnberger, von dem wir wissen, stammt jedenfalls aus Gostenhof. Die Gostenhofer haben es immer schon gewusst.

Das Stadtwappen

Eine solch bedeutende Stadt wie Nürnberg kommt natürlich nicht mit *einem* Wappen aus. Deshalb gibt es ein Großes und ein Kleines Stadtwappen. Lassen Sie uns mit dem Großen Stadtwappen beginnen. Die Urversion findet sich schon auf Siegeln aus dem 13. Jahrhundert. Aus rotem Siegelwachs geformt ist ein Fabelwesen zu sehen, ein Hybrid aus Vogel und Mensch. Ein Adler hat seine Schwingen ausgebreitet, der Kopf aber stammt von einem jungen Mann, lang fallen seine Locken auf das Adlergefieder hinab. Sein Lächeln deutet an, dass er mit seiner Vogelgestalt durchaus einverstanden ist. Die mächtige Krone auf seinem Haupt weist ihn als Herrscher, als Kaiser aus. Rundherum zieht sich der Spruch SIGILLUM UNIVERSITATIS CIVIUM DE NURENBERCH, das stolze Selbstbewusstsein einer Reichsstadt. Der Adler ist Symbol für das Reich, und der Kopf des Kaisers soll jedem klarmachen: Nur von diesem wird man sich in Nürnberg etwas sagen lassen. Außer, er stammt aus Fürth.

Aus dem Siegel entwickelte sich das Stadtwappen. Über die Jahrhunderte aber begann es sich langsam zu verändern. Der ursprüngliche Blähbauch des Adlers wurde – vielleicht auf Wunsch des Kaisers – zunehmend schlanker und das Gefieder immer gefiederter. Die erstaunlichste Wandlung aber erlebte der Kaiser. Der blonde Jüngling nahm immer weiblichere Züge an. Aus der Adlerbrust knospten plötzlich zwei Brüste, die – da ein Adler kein Säugetier ist – eindeutig dem menschlichen Teil des Hybridwesens zuzuordnen sind. Um die Pubertätsentwicklung noch deutlicher zu machen, rutschte das Federkleid des Adlers vom Hals abwärts tiefer und tiefer, bis die nun voll entwickelten Brüste lustig in der Sonne glänzten. Aus dem Kaiser war eine FKK-Kaiserin geworden.

Wer diese erstaunliche Entwicklung aus der Nähe betrachten will, der begebe sich zum Rathaus. Über einer der Eingangstüren hängt der freundliche Kaiserinnenadler in seiner vollen Schönheit. Tempora mutantur. Heute ist aus dem offenherzig weiblichen Stadtwappen wieder ein eindeutig maskulines geworden, aus der freizügigen Kaiserin wieder ihr prüderer Herr Gemahl. Im Volk aber ist die Liebe zu der alten Variante lebendig geblieben. Kann man im Nürnberger Christkind mit seinem Flügelgewand nicht auch ein weibliches Vogelwesen erblicken?

Im Kleinen Stadtwappen hat man dem Adler seinen Vogelkopf zurückgegeben, dafür musste er auf die komplette rechte Körperhälfte verzichten. Die rechte Wappenseite wird stattdessen von weißen und roten Streifen schräg durchzogen, den stolzen Farben des Frankenlandes. Das Kleine Stadtwappen musste eingeführt werden, weil sich im Jahr 1349 aufständische Handwerker des offiziellen Stadtwappens bemächtigt hatten, dessen Rückseite aus einem bekrönten N mit abgekürzter Umschrift bestand. Dieses Rücksiegel bestätigte die Echtheit vieler Urkunden und musste nun durch ein neues Siegel ersetzt werden. So kam der halbe Adler dahergeflogen. Heute dient das Kleine Stadtwappen vielen städtischen Dienststellen als Siegel und als repräsentatives Zeichen. Um sich als Stadt der Moderne zu präsentieren, lassen die Stadtverantwortlichen von Grafikern gelegentlich neue Logos entwerfen. Beliebt war eine Zeit lang eine Art EKG in Form der Burgsilhouette, aktuell ist es ein schlichtes weißes N auf rotem Grund. Das schönste Wappen aber war sicherlich die flatterhafte Kaiserin. Lassen Sie uns für ihre Rückkehr kämpfen!

Dürers »Betende Hände« ...

»Will ich noch etwaß machen, das nit viel leut khönnen machen«, schrieb Albrecht Dürer an den Frankfurter Tuchhändler Jakob Heller. Der wohlhabende Mann wünschte sich für die Frankfurter Dominikanerkirche einen Wandelaltar, ein Altargemälde also, das man mittels zweier beweglicher Seitenflügel zuklappen konnte, sodass nur noch deren weniger aufwendig gestaltete Außenseiten sichtbar waren. An Sonn- und Feiertagen wurde ein Wandelaltar geöffnet, die Gläubigen sollten über das zentrale Bild der Mitteltafel ins Staunen geraten. Hierfür schwebte Jakob Heller die gloriose Krönung Mariens durch Jesus und seinen himmlischen Vater vor. Alle Ehre Gott in der Höhe! Ein bisschen Ehre aber auch den Menschen auf Erden, dachte sich der Stifter und bestimmte, sich und seine Ehefrau Katharina, mit ihren Familienwappen, auf der linken und rechten Seitentafel andächtig niederkniend abbilden zu lassen.

»Will ich noch etwas machen, das nicht viele Leute können machen!« Albrecht Dürer versprach nicht zu viel. Die zentrale Mitteltafel, die Krönung Mariens, führte er selbst mit äußerster Akribie aus, noch dem kleinsten Detail schenkte er seine uneingeschränkte Aufmerksamkeit. Um größtmögliche Lebensnähe zu erzielen, fertigte er zahlreiche Vorstudien an, auch für den Kreis der Apostel, die der entschwebenden Gottesmutter andächtig hinterherblicken und so den Blick des Betrachters in die himmlische Sphäre lenken. Ein keck im rosaroten Mantel kniender glatzköpfiger Jünger am rechten Seitenrand sollte seine Hände anbetend erheben. Dürer beschloss, diesem Apostel – vielleicht ist es Petrus – seine eigenen Hände zu leihen und für diese eine extra Vorstudie zu erstellen. Hierfür legte sich Albrecht Dürer blau grundiertes Papier zurecht. Wie aber malt man seine eigenen Hände? Ein Modell muss doch stillhalten und darf sich nicht ständig bewegen. Dürer griff zu einem Trick. Er stellte einen Spiegel auf und berührte diesen mit seiner linken Hand.

Mittels eines zweiten Spiegels fand er die richtige Perspektive. Nun ergriff Dürer mit seiner Rechten den Tuschestift und zeichnete seine Linke und deren Spiegelung, Lichtreflexe deutete er mit heller Kreide an. Jedes Hautfältchen, jedes Äderchen mit seinem geschlängelten Verlauf, ja selbst die feinsten Rillen der Papillarleisten treten plastisch hervor, schlanke, schöne Hände in Perfektion, ideal, aber nicht idealisiert, die Hände eines arbeitenden Menschen, eines Künstlers.

Was nur selten in der Kunstgeschichte passiert: Die Vorstudie wurde bekannter als das Original. Das Altargemälde erlitt zudem das Schicksal, in der Münchner Residenz 1729 zu verbrennen, nachdem es Herzog Maximilian von Bayern für seine Kunstsammlung erworben hatte. Die Vorstudie aber, die *Betenden Hände*, wurde unsterblich. Kein zweites Werk Dürers hat es zu einer solchen Bekanntheit gebracht, wurde so häufig reproduziert, selbst der Hase ist nur auf Platz zwei gehoppelt. Eingeritzt in Brotteller, abgedruckt auf Traueranzeigen, als Konfirmationsgeschenk, als Schutztäfelchen über der Kinderwiege, als Motiv für diverse Bibelausgaben: Hände über Hände. Ja, selbst als 3-D-Modell werden die Hände vertrieben, besonders gerne in den USA, wo sie neben der Urne mit Großmutters Asche im Wohnzimmerregal beten oder auf Friedhöfen aus dem Grabstein wachsen. Kein zweites Händepaar dieser Welt ist so verbreitet wie die *Betenden Hände* von Dürer, wobei dem Wörtchen »von« eine doppelte Bedeutung innewohnt: Dürers Hände, von Dürer gemalt. So kommt es, dass die Hände des Nürnbergers, den viele für den bedeutendsten Künstler Deutschlands halten, dessen Werke die Wände der größten Museen der Welt zieren, allen Menschen rings um den Globus lieb und vertraut sind, vom Kunstexperten bis zum einfachsten Laien. Auch wenn es sich streng genommen nur um Dürers linke Hand handelt, diese dafür aber in doppelter Ansicht.

Wollen Sie Dürers *Betende Hände* im Original betrachten, müssen Sie nach Wien reisen. In der dortigen Albertina könnten die Hände bei geschicktem Arrangement zugleich Dürers Hasen streicheln, der sich ebenfalls auf den Weg gemacht hat und nach Österreich gehüpft ist.

... und Dürers Füße

Es ist doch ungerecht. Unseren Händen schenken wir viel mehr Aufmerksamkeit als unseren Füßen. Zugegeben, unsere Hände sind großartige Werkzeuge, haben uns Menschen erst zu Menschen gemacht. Dieses aber wurde doch nur möglich, weil sich unsere Füße irgendwann in grauer Vorzeit bereit erklärt haben, die ganze Last unseres Körpers künftig allein zu tragen. Hatte sich vorher das Gewicht gerecht auf vier Punkte verteilt, so mussten nun die unteren Extremitäten für unsere Fortbewegung und zugleich für einen sicheren Stand sorgen. Schon aus diesem Grund verdienen es die Füße, in gleicher Weise gewürdigt zu werden.

Wer das genauso sah, war Albrecht Dürer. Die gleiche Sorgfalt wie für die *Betenden Hände* wandte er für ein Fußpaar auf. Auch dieses wurde für den Mittelteil des Heller-Altars geschaffen, und für die Füße fertigte Albrecht Dürer ebenfalls eine Vorstudie auf eingefärbtem Papier. Weil der Apostel, für den er das Fußpaar entwarf, andächtig niederkniete, sehen wir die Füße aus einer seltenen Perspektive. Dargestellt sind die nackten Fußsohlen, ein ungemein anrührendes, ja verletzliches Bild. Unsere Fußsohlen entziehen sich ja gemeinhin unserer Betrachtung. Sowohl wir selbst als auch andere werfen kaum je einen Blick darauf. Eine Ausnahme ist das kleine Kind, der Säugling. Weil er seine Füße noch nicht zum Laufen benutzt, dürfen wir uns daran erfreuen, wie er vergnügt mit ihnen spielt. Dass auch die Sohlen eines Erwachsenen von großer Anmut sein können, beweist uns aufs Schönste Albrecht Dürer. Da man beim Knien auf nackter Erde die Zehen überstreckt, bilden die Fußsohlen des Apostels zahlreiche Fältchen, was mit den Zehen, die wie

Perlen zu einer Kette geordnet sind, ein Bild kindlicher Unschuld ergibt.

Als der Heller-Altar in der Frankfurter Dominikanerkirche aufgestellt wurde, kam es offenbar zu Massenaufläufen, ja zu einer regelrechten Hysterie. Alle wollten das neue Meisterwerk sehen. Wer aber glaubt, es seien Dürers Hände gewesen, welche die größte Aufmerksamkeit erzielten, der irrt. Es waren die nackten Füße, von denen die Leute magisch angezogen wurden, Kunsthistoriker berichten uns von einem wahren Fußfetischismus, den Dürers Altarbild auslöste. Die Mönche nahmen viel Geld damit ein, Neugierigen einen Blick auf die Füße zu gewähren, es soll sogar Besucher gegeben haben, die eine große Summe für das Herausschneiden der Füße boten.

Unklar ist, ob Dürer für den Entwurf des Fußpaars ebenfalls mittels Spiegeltechnik seinen eigenen Körper zum Modell genommen hat. Es wäre ihm zuzutrauen, wenngleich es mit einer gehörigen Portion Akrobatik verbunden gewesen wäre. Man müsste es mal ausprobieren.

Die Devotionalienindustrie ist scharf zu tadeln, sich nur auf Dürers Hände gestürzt zu haben. Seine Füße hätten es in gleicher Weise verdient. Dürfen wir einen Vorschlag machen? Sehr nürnbergerisch wäre es, das hübsche Fußpaar in das erweiterte Club-Wappen aufzunehmen. Gäbe es ein passenderes Motiv für einen Fußballverein?

Wer die Füße auf dem Originalskizzenblatt betrachten möchte: Sie befinden sich im Museum Boijmans Van Beuningen, dem großen Kunstmuseum von Rotterdam.

Wenn Sie in Nürnberg heiraten wollen

Herzlichen Glückwunsch Ihnen beiden! Eine gute Entscheidung! Besser gesagt: zwei gute Entscheidungen! Erstens, dass Sie heiraten wollen, und zweitens, dass Sie für den schönsten Tag Ihres Lebens Nürnberg gewählt haben. Nürnberg ist die optimale Hochzeitsstadt und das seit vielen Jahrhunderten. Wenn man allein an die Hochzeitsfeiern der Patrizier denkt, der ganze versammelte mittelalterliche Jetset, Feste voller Glanz und Glamour. Aber auch heute noch kann eine Heirat in Nürnberg zu einem unvergesslichen Moment werden. Dürfen wir ein wenig dazu beitragen, dass Sie sich immer gerne daran zurückerinnern?

Für die standesamtliche Zeremonie bietet die Stadt Nürnberg verschiedene Festräume an, in denen Ihr Jawort in einem würdigen Rahmen erklingt. Schon die Basisversion ist nicht zu verachten. Im Rathaus am Hauptmarkt stehen zwei Trauzimmer zur Verfügung, die mit schlichter Eleganz überzeugen. Was braucht es Pomp und Prunk, aller Glanz geht doch von Ihnen aus, das heißt von der Braut. Den Bräutigam erkennt man ja nur, wenn er neben seiner Verlobten steht und an den Schweißperlen auf der Stirn, sonst könnte man ihn mit jedem anderen Hochzeitsgast verwechseln.

Sie sagen, Sie sind nicht so der nüchterne Typ? Sie wünschen sich durchaus etwas Festatmosphäre im Trauzimmer? Nun, Festatmosphäre bekommen Sie bei der Basisversion durchaus auch geboten, zumindest nach dem Verlassen des Trauzimmers, denn auf dem Flur wartet eine original venezianische Gondel darauf, von Ihnen bestiegen zu werden. Das gibt hübsche Hochzeitsfotos und ist zugleich auf symbolische Weise passend, denn eine Ehe mit ihrem steten Auf und Ab ist ein zuweilen schwankendes Gebilde. Sie protestieren gegen die Gondel? Was ein italienischer Kahn im Nürnberger Rathaus verloren hat? Sie wünschen sich etwas typisch Fränkisches? Nun, woran denken Sie? An ein Tretboot vom Dutzendteich? Wie sieht denn das aus, ein Tretboot im Standesamt, wo bleibt da die Romantik?

Falls Sie mit der Basisversion, also den Trauzimmern im Rathaus, nicht zufrieden sein sollten, kein Problem, die Stadt Nürnberg hat auch für wählerische Brautleute einige Schmankerl im Angebot. Da wäre zum Beispiel das historische Schürstabhaus am Albrecht-Dürer-Platz. Unter den Augen des großen Künstlers das Jawort, sozusagen mit Albrecht Dürer als Trauzeugen, das ist schon was. Zwar gilt Dürers Ehe nicht als Musterbeispiel für eine gelungene Verpartnerung, davon aber sollten Sie sich nicht abschrecken lassen. Künstlerehen sind ein Kapitel für sich. Die Werkstatt Albrecht Dürers könnte zudem Ihre Hochzeitseinladung gestalten, wir empfehlen den schönen Stich *Adam und Eva*.

Das Schürstabhaus ist eines der prächtigsten Nürnberger Patrizierhäuser. Es lag bereits völlig in Trümmern und konnte doch wieder aufgebaut werden, wenn das keine tröstliche Perspektive für jede darin geschlossene Ehe ist! Das perfekte Hochzeitshaus ist das Schürstabhaus auch deshalb, weil es aus zwei getrennten Häusern zusammengewachsen ist, was man noch an der unterschiedlichen Zahl der Geschosse erkennen kann. Zwei Häuser, die zu einem verschmelzen, was für ein starkes Symbol. Und keine Angst: Das Schürstabhaus trägt seinen Namen nicht, weil die Hausherrin ihrem Gatten mit einem Schürstab aufgelauert hat, wenn dieser nach durchzechter Nacht ins Haus taumelte. Schürstab hieß eine alte Patrizierfamilie, die es sich einst in diesem Haus gemütlich gemacht hatte.

Das Trauzimmer im Schürstabhaus umfasst allerdings nur 30 Plätze. Falls es Ihnen zu klein erscheint, gehen Sie lieber ins Fembohaus. Was für eine Stuckdecke! Selbst wenn Sie später einmal das Ende Ihres Singledaseins bereuen (nein, das wird natürlich nicht der Fall sein!), an die Stuckdecke werden Sie sich immer gerne erinnern. Sollten Sie das Fembohaus in Betracht ziehen, empfehlen wir Ihnen das entsprechende Kapitel in diesem Buch. Da die Hochzeit unter

Stuck sehr gefragt ist, bittet das Standesamt um frühzeitige Reservierung. Dieses gilt übrigens für alle historischen Räumlichkeiten. Um sparsame Geister nicht unnötig zu weiterer Lektüre zu zwingen: Für diese Schmuckkästchen fallen Sondergebühren an, mindestens 290 Euro pro Paar. Für alle, die jetzt noch weiterlesen wollen: Glückwunsch, Sie haben nicht an der falschen Stelle gespart. Also diese Stuckdecke ... Mancher soll schon vergessen haben, das Jawort zu sagen, so sehr hat ihn der knuffige Amor in Bann gezogen.

Wenn Sie kein barocker Typ sind und es lieber gotisch, also klassisch nürnbergisch mögen, dann können wir Ihnen das Tucherschloss ans Herz legen. Sie müssen zwar noch ein paar Euros drauflegen, dafür überspannt Sie beide dann das schönste spätgotische Kreuzrippengewölbe. Besonders für alle zu empfehlen, die zwar nicht kirchlich heiraten, aber dennoch etwas Kirchenatmosphäre schnuppern wollen. Man kommt sich in der historischen Lagerhalle vor wie in einer Kapelle. Zu diesem Eindruck trägt auch ein allerliebstes Fensterchen bei, das von dem großen Nürnberger Glaskünstler Veit Hirsvogel geschaffen wurde. Er malte es im Jahr 1502 nach Entwürfen der Werkstatt Albrecht Dürers; Maria ist darauf zu sehen, wie ihr vom Engel die Geburt ihres Kindes verkündet wird, eine Art himmlischer Schwangerschaftstest. Für Paare mit Kinderwunsch das perfekte Ambiente!

Im Tucherschloss darf allerdings nur an ausgewählten Samstagen geheiratet werden, und der Andrang ist oft so groß, dass es auf der Homepage des Standesamtes heißt: »Eheschließungen im Tucherschloss finden immer zwischen 9.00 Uhr und 12.30 Uhr im 30-Minuten-Takt statt.« – Sie protestieren schon wieder? Sie weigern sich, im Takt verheiratet zu werden? Wo denn da der Zauber bleibe, das Einmalige? Da können Sie ja gleich am Fließband heiraten! – Bitte seien Sie doch nicht so empfindlich. Ordnung muss sein, andere drängen schließlich auch in den ersehnten Ehestand.

Wenn Sie noch höher hinauswollen, kommt für Sie nur die Kaiserburg infrage, Nürnbergs Top-Adresse. Wer auf der Kaiserburg heiratet, ist sich seiner Bedeutung gewiss. Auch wenn das Trauzimmer »nur« die ehemalige Wachstube des Rittersaals ist und nicht der Kaisersaal: Kaiserburg bleibt Kaiserburg. Ob die Ehe allerdings darum glücklicher wird, ist nicht sicher. Das Nürnberger Standesamt führt darüber keine Statistiken.

Wir sind uns sicher, Sie haben den passenden Trauungsort gefunden. Bitte behelligen Sie das Standesamt nicht mit exotischen Wünschen. Eine Zeremonie vor dem Affenhaus des Tiergartens oder auf dem Sprungturm des Stadionbads ist nicht möglich. Nürnberg ist eine ernsthafte Stadt und nicht Las Vegas. Das Standesamt weist ausdrücklich darauf hin, dass Trauungen unter freiem Himmel in Nürnberg nicht zulässig sind! Auch nicht auf dem Anstoßpunkt des Frankenstadions. Ihr Jawort muss sich in überdachter Atmosphäre entfalten, in speziell dafür vorgesehenen Räumlichkeiten, und darf nicht vom Wind davongeweht werden, das werden Sie doch verstehen. Wenn es Ihnen in der Altstadt nicht gefällt, können Sie ja in das Bürgeramt von Katzwang oder nach Großgründlach ausweichen. Oder Sie fahren nach Fischbach, das dortige Pellerschloss ist gleichfalls sehr hübsch. Das Standesamt bittet Sie noch darum, sich im ganzen Rathausbereich weder mit Reis noch Konfetti oder Blumen bewerfen zu lassen! Nicht verboten ist es jedoch, etwas fliegen zu lassen, das nicht zu Boden fällt, Tauben zum Beispiel. Diese kann man für knappe 200 Euro beim Hochzeitstaubenservice Nagl bestellen. Jeweils eine Taube dürfen Sie als Brautleute in die Hände nehmen und zu einem schönen Taubengedicht in die Luft werfen. Zusammen mit den anderen schneeweißen Vögelchen werden die Symbole des Ehefriedens in den Nürnberger Himmel steigen und nach Osten abschwenken, um zurück nach Möning zu fliegen.

Wo auch immer Sie sich trauen lassen, versprechen können wir Ihnen, dass sich die Nürnberger Standesbeamten alle Mühe geben, aus dem nüchternen Verwaltungsakt einen Festakt zu machen. Nicht selten fließen Tränen der Rührung dabei. Deshalb sollten auch Sie mit vollem Ernst bei der Sache sein. Besonders in dem entscheidenden Moment, wenn Sie aufgefordert werden, Ihr Jawort zu geben. Lockere Sprüche wie »Wenn's denn sein muss« oder »Wo ich schon mal hier bin« sind absolut unpassend und werden in Nürnberg nicht gerne gehört. Auch ein genuscheltes »Na ja, okay!« ist fehl am Platz. Beantworten Sie die Traufrage mit einem couragierten, kräftigen »Ja!«. Sie dürfen im Anschluss gerne noch eine ausführliche persönliche Liebeserklärung abgeben, doch bitte denken Sie, so Sie im Tucherschloss zu Gast sind, an die 30-Minuten-Taktung! Und nun: Trauen Sie sich!

Für die kirchliche Trauung sind die Möglichkeiten in Nürnberg so zahlreich, dass wir sicher sind, Sie werden auch ohne Tipp fündig. Heiraten Sie im Tucherschloss, ist für das anschließende Festessen der dortige Hirsvogelsaal sehr zu empfehlen. Ein Wort noch zum Fischbacher Pellerschloss: Der auf einem schmaleren Steinsockel schwebende Fachwerkbau zählt zu den wenigen noch in seiner ursprünglichen Substanz erhaltenen Nürnberger Herrensitzen und war einmal ein Wasserschloss. Es lohnt den Besuch auch ohne Brautkleid. (Siehe außerdem das Kapitel »Durch die Nürnberger Everglades«.)

Vielleicht fragen Sie sich, warum alle Trauzimmer, welche die Stadt Nürnberg im Zentrum anbietet, auf der Sebalder Seite liegen. Das ist kein Zufall. Damit wollen die Stadtverantwortlichen klug verhindern, dass Sie am Ehekarussell vorbeikommen. Zu weit sollte ein junges Brautpaar nicht in die Zukunft schauen. Nicht an seinem Jubeltag.

Der Club-Kreißsaal

Groß prangt das rot-weiße Logo an der Tür, ein Foto der Pokalsieger-Mannschaft von 2007 steht im Zimmer, von der Wand lächelt die Club-Legende Max Morlock und überall hocken süße Club-Teddybären. Das Echo war lebhaft, als im Dezember 2015 im Südklinikum ein Kreißsaal dem 1. FC Nürnberg gewidmet wurde. Neben begeisterten Club-Fans, die sich sofort an die Reproduktion begeben wollten, war auch manch skeptische Stimme zu hören. Ob denn schon der erste Ort, den ein Erdenbürger betritt, dem Fußball gewidmet sein müsse, wurde gefragt, ob dies nicht ein weiterer Schritt hin zur Kommerzialisierung noch der letzten intimen Lebensbereiche sei.

Uns scheint eine solche Kritik übertrieben, ja im Gegenteil, wenn je ein Fußball-Kreißsaal seine Berechtigung gehabt hat, dann der des Club. Machen wir uns bewusst, woher das Wort Kreißsaal kommt. »Kreißen« ist ein altes deutsches Wort, das so viel bedeutet wie »kreischen«, »weinen« oder »schreien«. Wenn je in einem Stadion gekreischt, geweint oder geschrien worden ist, dann doch im Frankenstadion. Insofern ist jeder weibliche Club-Fan bestens auf die Geburt des Kindes vorbereitet, ja man könnte einen Stadionbesuch mit Fug und Recht in jeden Geburtsvorbereitungskurs aufnehmen. Der Club, das ist gelebte Emotion. Zudem pflegt so mancher Club-Fan stolz einzugestehen, schon bei der Zeugung nur an den Club gedacht zu haben, da ist die Geburt in einem Club-Kreißsaal doch nur folgerichtig.

Noch weniger zu akzeptieren sind Nörgeleien, die fehlende fußballerische Alternativen bekritteln. So schrieb doch ein Bayern-Fan, was er denn tun soll, wenn alle anderen vier Kreißsäle belegt sind. Man könne seine Frau doch nicht zwingen, ihr Kind in einem Club-Kreißsaal zur Welt zu bringen. Du liebe Güte! Erstens ist davon auszugehen, dass der Club-Kreißsaal immer belegt sein wird. Zweitens, selbst wenn seine Befürchtung eintritt, so werden die fremden

Vereinsfarben die Geburt doch höchstens beschleunigen. Drittens ist es doch sonst stets der FC Bayern, der wenig Rücksicht auf die Befindlichkeiten der Club-Fans nimmt, und viertens – was mit drittens eng zusammenhängt – sind die Bayern doch auch auswärts sehr erfolgreich.

Ernster sind Einwände zu nehmen, die sich auf gelegentlich vorkommende unterschiedliche emotionale Vereinsbindungen der Eltern beziehen. Was, wenn der Vater Club-Fan, die Mutter aber ein Fan des Kleeblatts ist? Ihr gefalle es nicht, in solch einem intimen Moment von fremden Männern angestarrt zu werden, hören wir die Fürtherin rufen, von Max Morlock nicht und erst recht nicht von einer ganzen Club-Mannschaft. Könnten sich ihre Schmerzen im Club-Kreißsaal tatsächlich ins Unerträgliche steigern, wie sie behauptet? Während ihr Mann das schöne Club-Lied »Ich bereue diese Liebe nicht …« anstimmt, lässt sie trotzig das letzte Wort weg, und auch die hübsche rot-weiße Geburtsurkunde mit dem Aufdruck »Volltreffer« und dem Fußabdruck des Babys will sie nicht freuen. Angehenden Vätern in einer solchen Konstellation sei geraten, klug auf einen neutralen Kreißsaal auszuweichen. Es sei denn, es sind Zwillinge zu erwarten. Dann kann man zuerst in den Club-Kreißsaal, um das Geburtsbett nach dem ersten Schrei schnell nach nebenan zu schieben. (Und dem Vater sei beruhigend zugeflüstert: Auf den Erstgeborenen kommt doch alles an!)

Das Südklinikum ist als Standort des Club-Kreißsaals auch deshalb gut gewählt, weil es nur fünf Autominuten vom Stadion entfernt liegt, man also auch im höchstschwangeren Stadium noch unbesorgt die Club-Fahne schwingen kann. Und was gibt es Schöneres, als dem frisch geborenen kleinen Club-Fan ein Hemdchen überzustreifen, auf dem steht: »50 % Mama & 50 % Papa – 100 % Clubberer!«

Erfreulich: Die Geburtenrate steigt in Nürnberg wieder deutlich an, man spricht sogar schon von einem Babyboom. Im Südklinikum wurden 2015 erstmals über 3.000 Kinder geboren, in der Klinik Hallerwiese sogar noch ein paar Babys mehr. Und auch im Theresienkrankenhaus wird kräftig geboren.

Wie nennen wir das Baby?

Gratulation! So ein süßes Kleines! Qualität Made in Nürnberg. Wie wollen Sie Ihren Sprössling denn nennen? Dass wir uns nicht falsch verstehen, wir wollen Ihnen natürlich keine Vorschriften machen. Wenn Sie entschlossen sind, Ihr Kind Mia oder Max zu nennen, tun Sie das. Wenn Sie allerdings bezüglich der Namenswahl noch flexibel sind, dürfen wir Ihnen ein paar kleine Vorschläge machen und ein paar Ideen ins Gespräch bringen, die für Nürnberg sehr passend wären.

Fangen wir – Ladies first – mit den Mädchennamen an. Wie wäre es mit Sigena? Sie wissen, dass Sigena die erste namentlich genannte Nürnbergerin der Geschichte ist. Sie muss recht hübsch gewesen sein, sonst hätte ihr Herr und Meister Richolf den Kaiser nicht darum gebeten, ihr die Freilassung zu gewähren, denn nur so durfte er sie offiziell zur Frau nehmen. Sigena ist nicht nur urnürnbergisch, Sigena klingt auch wunderbar. Ein Dreiklang wie die Hochzeitsglocken von Sankt Lorenz, leicht und hell beginnend, sanft abwärts steigend und mit dem weiblichsten Vokal, dem »a« ausklingend. Ein Name wie Musik: Sigena! Möglicherweise leitet sich der Name von Sequana ab, einer gallo-romanischen Quellengöttin, die beim Seine-Ursprung in der Nähe von Dijon verehrt wurde. Also auch für frankophile Nürnberger eine passende Option, und welcher Franke wäre nicht frankophil?

Sehr nürnbergisch, ja der nürnbergischste Name schlechthin ist natürlich Noris. Besonders in der Kombination mit Amoena ergibt sich eine reizvolle Klangkombination. Noris Amoena ist lateinisch und bedeutet »liebliche Noris«. Geprägt hat den Ausdruck der Humanist Helius Eobanus Hessus (1488–1540), der sich von den Stadtnamen »Noricum« oder »Norimberg«, wie Nürnberg in den offiziellen Dokumenten genannt wurde, inspirieren ließ. Eoban Koch, wie er wohl ursprünglich geheißen hat, stammte aus dem hessischen Halgehausen und wirkte in Nürnberg als Lehrer der Rhetorik und Poetik am Aegidium, dem Egidien-Gymnasium. »Der berühmteste Poet seiner Zeit, der fromme und reine Sänger«, wie ihn Martin Luther nannte, war ein guter Freund Albrecht Dürers. Seine *Norimberga illustrata* ist eine gedruckte Liebeserklärung an die Stadt.

Auch die Nürnberger Stadtkirchen bieten ihre hübschen Namen an. Wie wäre es mit Klara, oder vornehmer »Clara«? Auch die letzte Äbtissin des renommierten Frauenklosters der Klarissen, Caritas Pirckheimer, könnte zur Namenspatronin werden. Die Schwester von Willibald war eine selbstbewusste, kluge und emanzipierte Frau, die es in der Diskussion mit jedem Mann aufnahm. Zudem bedeutet ihr Name »Liebe«, die Liebe als Nächstenliebe in ihrer sozialen, zupackenden, helfenden Weise. Und Caritas klingt doch ebenfalls recht hübsch. (Über Caritas Pirckheimer wird noch zu sprechen sein.)

Von der Klarakirche ist es nicht weit zu Martha, der vielleicht besten Zuhörerin des Neuen Testaments. Wer beschreibt das Entsetzen, als in den Morgenstunden des 5. Juni 2014 ein Feuer ausbrach und große Teile der schönen Kirche zerstörte? Man ist dabei, Sankt Martha so gut wie möglich wieder aufzubauen. Ebenfalls nicht weit entfernt liegt Sankt Elisabeth, in den modischen Kurzformen »Lisa« oder »Elisa« eine lockende Option. Auch die Hauptkirche links der Pegnitz, Sankt Lorenz, darf nicht vergessen werden. Wie wäre es mit Laurentia? »Laurentia, liebe Laurentia mein, wann werden wir wieder beisammen sein …«

Unsere Vorschläge überzeugen Sie alle nicht? Sie wollen bei Mia bleiben? Kaa Deema! Auch Mia ist sehr, sehr nürnbergerisch, ist Mia doch eine Variante von Maria, und Maria wurde schließlich die Frauenkirche am Hauptmarkt geweiht. Zudem gibt es mit Maria Sibylla Merian eine sehr prominente Nürnberger Namensträgerin. Mit Mia können Sie also nichts verkehrt machen.

Wenden wir uns nun den Jungennamen zu. Lorenz und Sebald sind natürlich die Klassiker. Der Schriftsteller Johann Fischart meinte 1575: »Die Nürnberger heißen alle Sebald.« Das waren noch Zeiten! Leider backt heute kaum noch ein Sebald seinen Sandkuchen am Pegnitzstrand. Sehr schade. Sprechen Sie den Namen mal laut aus, und Sie werden merken, wie hübsch er ist, geradezu zärtlich. Humanistische Eltern könnten sich natürlich auch für Sebaldus entscheiden. Ebenfalls ein Ohrschmeichler! Albrecht hingegen können wir bei aller Bewunderung Dürers nur bedingt empfehlen, dieses »brrr« in der Mitte ist leider allem Wohlklang abträglich. Auch der Name von Dürers gutem Freund Willibald dürfte spätestens ab der Grundschule für Lacher sorgen. Anders verhält es sich mit Hans, diesem zeitlos passenden Namen. (Über dessen Langform »Johannes« steht es uns nicht zu urteilen an, wir müssen uns als befangen erklären.) Hans Sachs jedenfalls hätte es verdient, dass sein Name in Nürnberg weiterlebt.

Sie bleiben bei Max? Völlig in Ordnung, auch aus stadtpatriotischer Sicht. Kaum ein anderer Kaiser hat so viel für Nürnberg getan wie Maximilian I. Er war es, der das wahre Talent Dürers erkannte, ihm zu Ehren wurde der große Rathaussaal von Dürer so prachtvoll ausgemalt. Und noch weitere gewichtige Gründe gibt es, Ihre Namenswahl zu begrüßen. Max Merkel war der letzte Nürnberger Meisterträger, und der größte Nürnberger Fußballspieler aller Zeiten war zweifellos Max Morlock. Ohne ihn wäre Deutschland 1954 nicht Weltmeister geworden. Vielleicht wird es Ihrem Max gelingen, die Meisterschale einst wieder in den Nürnberger Himmel zu stemmen. Und wenn es doch ein Sebald wird, ist das clubmäßig voll in Ordnung. Sebald heißt übersetzt Siegbald. – »Sieg bald!« Dieser Hoffnungsschrei passt ebenfalls perfekt zu jedem Glubberer.

Der heilige Sebald – Nürnbergs Schutzpatron

Ein Besuch bei ihm ist Pflicht und Kür zugleich, liegt er doch im schönsten Grab weit und breit. Es befindet sich – wie könnte es anders sein? – in der Kirche, die seinen Namen trägt, in Sankt Sebald. Setzen wir uns in eine Kirchenbank und hören wir, was wir von dem Nürnberger Stadtheiligen wissen. Oder besser, was wir zu wissen glauben, denn vieles reicht in das Reich der Legende zurück, bis hinein ins 8. oder 9. Jahrhundert.

Sebaldus, der Sohn eines dänischen Königs, sollte die Tochter eines französischen Grafen heiraten. Ob sie ihm nicht gefiel oder ob er der Ehe an sich nichts abgewinnen konnte? Er habe sich zum »vollkommenen Behüter und Beschirmer ihrer Jungfräulichkeit« entwickelt, heißt es, was die junge Frau davon gehalten hat, ist nicht überliefert. Irgendwann muss Sebald des Beschützens und Beschirmens überdrüssig geworden sein, und er pilgerte barfuß nach Rom. Auf dem Weg traf er Willibald und Wunibald, die alten Schotten, die das Frankenland missionieren sollten. Die beiden staunten nicht schlecht, welche Künste ihr neuer Reisegefährte verstand. Spottete jemand über seine sanften und eindringlichen Predigten und nannte seine Christusgeschichten Lügen, so öffnete sich auf Sebalds Wink eine Spalte und verschlang den Ketzer. Allerdings sorgte Sebald in seiner Güte stets dafür, dass der Kopf des Spötters noch aus der Erde herausschaute. Dann beugte sich der fromme Mann nieder, und wenn sich der Kopf schwitzend zu Christus bekannte, bekam er eine zweite Chance. Auch als Praktiker bewährte sich Sebald. Wann immer den Pilgerfreunden der Wein ausging, den sie zur Stärkung mit sich führten, zog Sebald seine Holzflasche hervor und goss nach. Wer erklärt das Geheimnis? Sein Lägel wurde niemals leer. Von einem solchen Freund trennt man sich nur ungern, vielleicht ist es Willibald und Wunibald zu verdanken, dass sich Sebald nach seiner Romreise ebenfalls entschied, künftig im schönen Franken zu leben. Er wählte sich einen Wald bei Nürnberg, wälzte sich in Dornen und Disteln und lebte künftig als einfacher Eremit.

Seine große Menschenfreundlichkeit kam auch seinen neuen Nachbarn zugute. Einmal entlief einem Knoblauchländer Bauern sein Ochse. Es war schon dunkle Nacht geworden, wie sollte er sein Lasttier wiederfinden? Sebald wusste Rat. Er ließ die Fingerspitzen des Bauern aufleuchten, worauf dieser mit gespreizten Händen den Wald auf wundersame Weise ausleuchtete und seinen Ochsen wiederfand. Solche Sachen vermochte der heilige Sebald. Ein anderes Mal vernahm er schreckliches Zähneklappern. Es kam aus einer einfachen Hütte, in der Frau und Kinder grausam frieren mussten, weil der Mann mit Brennholz geizte. Was machte Sebaldus? Er brach die Eiszapfen, die vom Dach herunterhingen, und heizte damit ein, bald strahlte die Hütte vor Hitze. Somit geht Sebald nicht nur als früher Beleuchtungsspezialist in die Geschichte ein, sondern auch als CO_2-neutraler Heizungstechniker, die frühe Innovationskraft fränkischer Ingenieure auf das Schönste beweisend.

Sei es, dass es dem Eremiten in seiner Waldhütte zu unbequem wurde, sei es, dass er die Annehmlichkeiten der fränkischen Gastronomie zu schätzen gelernt hatte, jedenfalls kehrte Sebald in einem Haus ein, wo man guten Fisch zu servieren verstand. Weil die Herrschaft, die oben auf der Burg wohnte, aber streng verboten hatte, vor ihr die Fischsaison zu eröffnen, wurde der Wirt ergriffen und geblendet. Da war das Entsetzen groß, denn ein blinder Fischkoch verlor schnell sein Renommee. Sebald aber blieb ganz ruhig, sprach ein frommes Gebet, und schon konnte sein Wirt wieder sehen.

Als Sebald spürte, dass sein Ende nahte, legte er sich zum Sterben auf einen Ochsenkarren. »Begrabt mich dort, wo die Ochsen stehen bleiben!«, befahl er und schloss die Augen. Die Ochsen zogen ihn die Pegnitz entlang und blieben unterhalb des Nürnberger Felsens stehen. Aus lauter Dankbarkeit errichteten ihm die Menschen eine Grabkapelle aus Holz, das Peterskirchlein. Kurz darauf aber schlug der Blitz ein, und so brachte man den Leichnam ins nahe Kloster Sankt Egidien. Ein junger, frecher Mönch aber machte sich den Spaß, den ehrwürdigen Leichnam am Bart zu zupfen und »Ei, du alter Lügenvater! Wie viele Menschen hast du dein Lebtag wohl betrogen?« zu rufen. Oh, oh, das hätte das Mönchlein besser sein lassen! Wütend erwachte der Heilige, holte mit seiner kalten Hand aus und gab dem Frechdachs eine solch krachende Ohrfeige, dass ihm sein rechtes Auge aus dem Kopf sprang und über den Kirchenboden hüpfte. Da waren Geschrei und Reue groß. Die anderen Mönche liefen herbei und baten den Leichnam um Vergebung. Sebald zuckte die steifen Schultern, ließ sich erweichen und pflanzte das Auge wieder ein.

Nun war auch dem letzten Nürnberger klar, was für einen Heiligen man mit Sebald hatte. Zumal man mit einem prominenten Heiligen die Pilger anlocken und die Hotellerie besser auslasten konnte. Das Peterskirchlein schien für einen solchen Zweck nicht länger angemessen. Auf seinen Fundamenten begann man ab 1225 eine neue, prächtige Kirche zu bauen, Sankt Sebald, eine doppelchörige Pfeilerbasilika. Auch rief man Fritz Habeltzheimer den Älteren, den geschicktesten Goldschmied der Stadt, und ließ ihn Sankt Sebalds Sarg aufwendig mit Silber beschlagen, so geschehen im Jahr 1396.

Abschließender Höhepunkt der baulichen Verehrung aber war die Errichtung des Prunkschreins. Am 14. Mai 1507 kam das Patriziat überein, »daß geheuß zu des Heiligen himellfursten Sand Sebolten Sarch von messing machen zu lassen«. Der Nürnberger Rotschmied Peter Vischer der Ältere und seine Söhne gingen sogleich an die Arbeit und schufen ein Werk, das auf der Welt seinesgleichen sucht. Es ist nicht nur in seinen Ausmaßen gewaltig – 4,71 Meter ragt es in den gotischen Chor hinauf –, auch seine Bildersprache lässt uns heute noch erstaunen.

Den Silberschrein in der Mitte umfassend, erhebt es sich wie eine mehrstöckige Kathedrale mit dem himmlischen Jerusalem als Dach, auf dem als Abschluss das Christuskind mit der Erdenkugel triumphiert. Nicht nur biblische Themen sind dargestellt, nicht nur die Wunder des heiligen Sebalds. Faune und Fabelwesen tummeln sich im Untergeschoss, ein Schwarm von 80 Engelchen macht nichts als Blödsinn, zwei öffnen ein Weinfass, eines zerbricht seine Trompete, ein anderes wirft mit einem Stein auf die Gaffer. Sogar die griechische Götterwelt wird lebendig, Herakles schwingt seine Keule, Theseus hebt seinen Schild, ja Zeus höchstpersönlich gibt sich die Ehre.

Was war nur in den Künstler gefahren? Nun, es war die Zeit des Humanismus und der Renaissance, und Nürnberg war auch auf diesem Gebiet führend. So verwundert es nicht, dass zudem vier hübsche Damen zu sehen sind, die vier Kardinaltugenden Klugheit, Mäßigkeit, Tapferkeit und Gerechtigkeit. Welche Tugend den Nürnbergern die wichtigste war? Der Messingglanz verrät es. Unzählige Male hat man der Gerechtigkeit das Gesicht gestreichelt, so strahlt sie, wie das ganze Kunstwerk einmal gestrahlt hat. Ein Schild bittet darum, es nicht zu berühren. Fast schade, möchte man sagen. Wie würde das schwarz oxidierte Grabmal leuchten! Gibt es keine Möglichkeit, es denkmalgerecht zu polieren? Haben Sie nicht genügend Zeit, die ganze Figurenvielfalt zu bewundern, so sollten Sie sich zumindest die Gerechtigkeit näher besehen. Jedes Detail verrät, mit welch hintergründigem Humor sich die Vischers an die Arbeit gemacht haben. Das Schwert der Justitia ist verbogen, mit kecker Geste aber präsentiert sie uns ihr nacktes Knie, indem sie ihr Kleid anzüglich rafft. Die Gerechtigkeit als Dirne? War die Rechtssprechung im alten Nürnberg käuflich? Fast wirkt es so.

In den oberen Bereichen geht es wieder ernsthafter zu. Natürlich dürfen die zwölf Apostel nicht fehlen, die Sebald auf Augenhöhe begegnen, zu seinem Haupte warnen zwölf Propheten vor zu viel Nachlässigkeit. Nur Kindern aber fällt oft auf, worauf das Grab ruht. An den Ecken stemmen es vier Delfine mit ihren Schwanzflossen in die Höhe, an den Seiten aber kriechen zwölf Gehäuseschnecken entlang und geben dem Kunstwerk Halt. Warum Schnecken? Die Antike sagt: Kein anderes Tier ist so weise wie die Schnecke. Sie erkundet die Welt behutsam und in gemessenem Tempo. Das Christentum sagt: Die Schnecke ist ein Symbol für die Auferstehung. Das Leben zieht sich in sein Gehäusegrab zurück, um sich am Jüngsten Tage wieder hervorzuwagen.

Nun hatten die Nürnberger ihrem Sebald das passende Gehäuse geschaffen, was aber noch fehlte, war seine Heiligsprechung. Mit einem ordentlich kanonisierten Heiligen ließ sich doch ganz anders punkten. Für eine Heiligsprechung aber brauchte es die richtigen Voraussetzungen. Der Ehe hatte Sebald entsagt, das erhöhte seine Chancen, denn Ehemännern wird es mit der Heiligsprechung gewöhnlich schwer gemacht. Womit Sebald allerdings nicht dienen konnte, das war ein Märtyrertod. Er war einfach nur friedlich eingeschlafen, wohl weil sich die Nürnberger nicht zum Totschlagen eignen. Was also her musste, das waren postmortale Wunder, am besten medizinisch bezeugte Wunderheilungen. Man sammelte alles, was sich auf die Fürbitte Sebalds hin ereignet hatte. Bald hatte man eine ganze Mappe zusammen und sandte diese nach Rom. Der Vatikan war schwer beeindruckt. Papst Martin V. nahm den Schutzpatron der Nürnberger am 26. März 1425 in den Kanon der Heiligen auf.

Zu seinem Namenstag wurde der 19. August bestimmt. Was für ein Festtag muss der Sebaldustag in Nürnberg einmal gewesen sein! Alle Arbeit ruhte an diesem hohen Tag, man holte den silbernen Sarg aus dem Gehäuse und trug ihn feierlich durch Nürnbergs Straßen. Geschultert wurde Sebaldus von den vornehmsten Patriziern, singend und betend folgten Priester, Kaufleute, Handwerker, Schüler und Studenten. Nur eine neu zugezogene Frau aus Markt Erlbach, die auf der Insel Schütt wohnte, kochte unverdrossen in ihrer Waschküche und ließ sich auch von den Nachbarinnen nicht daran hindern. »Was geht mich der heilige Sebald an? Ich komm aus Markt Erlbach!« Das hätte sie besser nicht gesagt, schwups, war sie erblindet. Doch dieselben Nachbarn, die sie vergebens gewarnt hatten, erwiesen sich als gute Christen. Sie nahmen die Blinde beim Arm, eilten zur Prozession, die gerade das Heilig-Geist-Spital erreicht hatte, und schoben die Ärmste unter Sebalds Sarg hindurch zur anderen Straßenseite. Sofort kehrte das Augenlicht zurück, die Markt Erlbacherin aber wird sich den 19. August künftig dick im Kalender markiert haben.

Natürlich ist neben all den anderen Figuren auch der Heilige höchstpersönlich auf seinem Metallgrab präsent, mehrfach sogar. Selbst die geniale Energieversorgung mit Wasser ist für die Nachwelt festgehalten. Aber auch an anderen Orten begegnet uns Sebaldus in seiner Kirche. Gehen Sie nur auf die Suche! Man erkennt ihn an seinem Pilgerstab und der Jakobsmuschel, auch in einem der wunderschönen alten Fenster ist er zu sehen. Manchmal erdreistet sich der Teufel, den heiligen Sebald zu ärgern. Schlägt der Organist einen bestimmten tiefen Ton an, fährt der Satansfratze die Zunge aus dem Maul. Unerhört!

Die Marien vom Germanischen Nationalmuseum

Geht man mit offenen Augen durch Nürnberg, so können einen bisweilen leise Zweifel befallen, ob es tatsächlich der gute Sebald ist, der über die Stadt wacht. Auf Schritt und Tritt begegnet uns in Nürnberg eine andere Heiligenfigur: die heilige Maria, mal mit, mal ohne Kind; in vielen Ecken und Nischen der Häuser ist ihre segnende Hand zu finden. Auch in den Kirchen ist Maria die dominierende Figur, sei es als Skulptur, Fensterbild oder Altargemälde, in Sankt Lorenz umrahmt sie schwebend ein goldener Rosenkranz, eines der schönsten Kunstwerke der Stadt.

Einzigartig ist auch die Fülle von Mariendarstellungen im Germanischen Nationalmuseum (GNM). Mitten im Herzen von Nürnberg sind so viele Gottesmütter versammelt, man könnte meinen, die Marien aller Zeitepochen sind zu einer Vollversammlung zusammengekommen, zu einem gewaltigen mariologischen Kongress. Sämtliche Nürnberger Marienbilder oder Plastiken vorzustellen, würde ein eigenes, sehr, sehr umfangreiches Buch füllen, wir müssen uns auf einige wenige Kunstwerke beschränken.

Viel für die Verbreitung von Marienbildern getan hat ausgerechnet ein Künstler, der mit der Reformation sympathisierte: Albrecht Dürer. Nürnberg war ja die erste deutsche Großstadt, die sich zum neuen Glauben bekannte, auch wenn Albrecht Dürer das nicht mehr miterlebte. Er schuf eine einzigartige Serie von Holzdrucken, in denen er das Leben Mariens darstellte, darunter legendenhafte Begebenheiten aus den apokryphen Evangelien. Die Drucke verbreiteten sich rasch und weit, Dürer war ja schon zu Lebzeiten ein Star. Viele Künstler ließen sich von ihm beeinflussen oder wählten gleich eines der Druckmotive, um zu dieser Vorlage ein Ölgemälde zu schaffen. Auch Dürer selbst hat Maria oft in Öl gemalt. Wer Dürers großformatiges *Rosenkranzfest* bewundern will, muss ins nahe Prag reisen, es hängt in der dortigen Nationalgalerie. In die Alte Pinakothek nach München gewandert ist ein wunderbares Gemälde, das Maria als Mater dolorosa zeigt. Aber auch im GNM ist die um ihren Sohn trauernde Mutter zu sehen, so, wie sie sich Dürer vorstellte. Mit Freunden zusammen ist sie in dem ergreifenden Moment festgehalten, als ihr toter Sohn vom Kreuz genommen wird.

Einen Raum weiter ist auf einem schmalen, weißen Podest eine sehr seltene Mariendarstellung zu bewundern. Die vollplastische Schnitzarbeit eines unbekannten Künstlers, geschaffen in Schwaben um 1510, zeigt Maria im Wochenbett liegend, jedoch ohne ihr Kind. Die Schlafstätte wirkt ziemlich deutsch: ein fester Holzrahmen, ordentlich aufgebettet. Marias leicht zur Linken gedrehter Kopf wird durch drei aufeinandergetürmte Daunenkissen gestützt. Die junge Mutter ist erschöpft, ihr Gesicht sehr blass. Dennoch liegt ein zartes Lächeln auf ihren geschlossenen Lippen wie ein zufriedenes Glück. Seltsam ist ihr Blick: Ein Auge schaut uns an, das andere ist nach innen gerichtet. Eine Tafel weist darauf hin, dass man vor solchen Wochenbettdarstellungen Mariens in früheren Jahrhunderten für das Wohl von jungen Müttern gebetet hat. Man darf nicht vergessen, wie gefährlich eine Geburt einmal gewesen ist. Wie viele Frauen sind im Wochenbett verstorben, an Infektionen und anderen Komplikationen.

Im selben Raum finden wir gleich eine ganze Ahnentafel der Heiligen Familie. Auf dem Mindelheimer Sippenaltar sind alle Verwandten abgebildet, wie wir sie vor allem in den apokryphen Schriften beschrieben finden. Schön getroffen scheint uns diesmal auch Marias Mann Josef, der Zimmerer, den man beim eifrigen Hobeln beobachten kann (Bernhard Strigel 1506/1507).

Zwei Räume weiter begegnet uns eine ganz andere Madonna. Das Holzgemälde stammt von Hans Baldung (genannt Grien, weil er die grünen Farben so sehr liebte.) Sein Grün finden wir auf diesem seltenen Bild im Gefieder zweier Papageien. Der kleinere sitzt auf dem Tisch, der größere auf Marias Schulter, wo er zärtlich an ihrem weißen Hals knabbert. Diese Maria erstaunt, weil sie voller sinnlicher Reize ist. Sie hat ihre linke Brust entblößt, der Knabe muss eben getrunken haben, jedenfalls ist seinem Mund der Nippel entglitten. Etwas böse schaut er den Betrachter an. Was erlaubst du dir, mich beim Trinken zu stören, scheint er sagen zu wollen. Baldungs *Maria lactans* wirkt nicht wie ein einfaches Mädchen vom Lande. Die gepflegten, lockigen Haare und erst recht die kostbare Perlenkette um ihren Hals passen eher zu einer stolzen Patrizierin. In der Renaissance ging man freier mit der Darstellung von Nacktheit um, eine stillende Maria war im hohen Mittelalter noch eine absolute Rarität, und wenn man sie malte, dann so diskret, dass man keine nackte Haut sah, etwa bei einer thronenden *Madonna lactans* aus dem 13. Jahrhundert, einem Gemälde von byzantinischer Strenge, zu sehen in der Art Gallery der Yale University, New Haven. Hans Baldung nahm sich da mehr Freiheiten heraus, auch scheint er von antiken Frauenbildern inspiriert.

Botticelli könnte eine Aphrodite in ähnlicher Form gemalt haben. Tatsächlich existieren uralte, vorchristliche Kunstwerke, die etwa die ägyptische Göttin Isis darstellen, wie sie den Horusknaben stillt; Isis wurde ebenfalls als Gottesmutter und Himmelskönigin verehrt. In der Renaissance, dem Zeitalter des Humanismus, hat man sich ja oft an antiken Vorbildern orientiert, weshalb wir Herrn Baldung für die Gewagtheit seines Bildes nicht tadeln wollen.

Ob die Papageien eine Bedeutung haben? Auch andere Tiere entdecken wir, auf einem stillen, kleinen Bild neben Maria und dem Jesusknaben gar eine Meerkatze. Wofür mag die Meerkatze stehen? Viel zu sehen gibt es auf einer halbplastischen Darstellung der Flucht nach Ägypten. Während Maria mit dem Kinde auf dem Esel reitet, versucht Josef, süße Datteln von einer Palme zu pflücken. Palmen aber sind hohe Bäume, und die Datteln hängen meist ganz oben, weshalb sich die Pflückaktion selbst für einen stattlichen Zimmermann schwierig gestaltet. Gut, dass es die Engel gibt! Sie hängen sich eifrig an die Palmblätter und ziehen sie durch ihr Gewicht nach unten, sodass Josef zugreifen kann.

Noch viele weitere Marien gibt es im Germanischen Nationalmuseum zu entdecken. Sind Sie mit Kindern unterwegs, lassen Sie sie nur auf die Suche gehen. Mit so viel Freude werden die Kleinen selten durch ein Museum gelaufen sein.

Wenn Sie Ihre neue Flamme in die Oper ausführen wollen

Eine gute Idee! Jede Frau liebt es, galant ausgeführt zu werden, und was kann festlicher sein als ein Opernabend? Als Nürnberger genießen Sie das Glück, eines der schönsten Opernhäuser gleich um die Ecke zu haben. Ihre neue Bekannte wird Augen machen, es könnte der Anfang einer wunderbaren Freundschaft werden. Dürfen wir Ihnen ein paar Tipps geben, damit der Abend ein voller Erfolg wird?

Anzug, unbedingt ein Anzug! Frauen lieben Männer in Anzügen. Auch eine Krawatte ist nicht verkehrt. Glatt rasiert muss nicht sein, ein paar Stoppeln gaukeln Verwegenheit vor. Nun holen Sie Ihre Bekannte ab und machen ihr ein erstes Kompliment. (Für waschechte Urfranken: Ein Kompliment ist eine liebenswürdig artikulierte Wahrnehmung zur Hebung der Stimmung Ihres Gegenübers.) Selbst wenn Sie die Eintrittskarten bereits im Vorverkauf besorgt haben, sollten Sie unbedingt rechtzeitig losfahren. Nicht nur, weil Sie dann noch einen der knappen Plätze in der Tiefgarage ergattern, sondern weil die Nürnberger Oper ein solch schönes Haus ist, dass man etwas Zeit für dessen Bewunderung einplanen sollte. Zudem ist es erlaubt, ja für den weiteren Verlauf des Abends sehr förderlich, Ihre Dame durch etwas Geist und Witz zu beeindrucken.

Bei ihrer Oper haben sich die Nürnberger nicht lumpen lassen. 4,3 Millionen Reichsmark wurden bis zur Fertigstellung im Jahr 1905 verbaut, der seinerzeit teuerste und modernste Theaterneubau Europas. Heinrich Seeling gewann man als Architekten. Der gefragte Berliner hatte es nicht leicht mit den fränkischen Bauherrn. Man empfindet ein Déjà-vu, wenn man die Diskussionen von damals liest. Die meisten forderten ein Gebäude im Alt-Nürnberger Stil, wenige andere vehement etwas Modernes. Das Ergebnis war ein Kompromiss. Mit seinen zahlreichen Giebeln und Türmen, diversen Zitaten aus Barock und Renaissance wurden die Traditionalisten befriedet, mit Anleihen aus dem damals modernen Jugendstil die Modernisten. Was allen gefiel, war die Akustik, und die ist ja schließlich nicht ganz unwesentlich.

Steuern Sie nicht gleich auf den Haupteingang los, machen Sie Ihre Bekanntschaft zunächst auf die reich dekorierte Fassade des Opernhauses aufmerksam. Hoch oben erhebt sich eine schlanke Gestalt, den Siegeskranz in der zum Himmel gestreckten rechten Hand. Das ist Noris, die Allegorie der Stadt Nürnberg. Ihr zu Füßen sitzen ein Meistersinger mit seiner Leier und der lustige Rat. Eine

Frau zwischen zwei Männern, dazu wird Ihre Begleitung zufrieden lächeln. Weisen Sie nun auf das weite Halbrund hin, in dem ein buntes Mosaik funkelt. Drei Frauen sitzen dort unter einem mächtigen Baum. Schauen Sie mit Kennerblick hinauf und sagen Sie: »Klarer Fall, eine Esche!« Zu sehen sind nämlich die drei Nornen aus der *Edda*, die Schicksalsfrauen, die an der Wurzel der Weltesche wohnen und dort die Schicksalsfäden spinnen. Als man das Opernhaus baute, wollte man nicht die immer gleichen Mozart- und Beethovenbüsten als Fassadenschmuck, sondern Richard Wagner ehren, der ja mit seinen *Meistersingern* hübsche PR-Arbeit für Nürnberg geleistet hatte. Die drei Nornen spielen eine wichtige Rolle im vierten Teil der Tetralogie *Der Ring des Nibelungen*. Sie sind der Trailer, der die vorangegangenen Teile zusammenfasst (»Was bisher geschah ...«), und blicken darüber hinaus in die Zukunft. Will Ihre charmante Begleiterin Sie nun schalkhaft auf die Probe stellen und fragt mit liebevollem Spott, wie die drei Nornen da oben denn heißen, antworteten Sie ihr mit dem gleichen Lächeln: »Die mit den beiden verhüllten Brüsten ist die Vergangenheit, die mit dem einen nackten Busen die Gegenwart und die linke, die mit den beiden unverhüllten Brüsten, das ist die Zukunft!«

Diesen Satz sollten Sie unkommentiert so stehen lassen. Eine Bemerkung wie »Ich bin ein Freund der Zukunft« oder ähnliche Anzüglichkeiten sind erstens überflüssig und zweitens unpassend, das versteht sich von selbst.

Betreten Sie nun das Eingangsfoyer und ziehen Sie mit galanter Geste die Eintrittskarten hervor. Sind Sie sparsam gewesen und haben sich für den zweiten oder dritten Rang entschieden, müssen Sie jetzt eigentlich schamhaft nach links oder rechts zu einer Nebentür ausweichen, von der aus man die Treppenhäuser für die billigen Plätze betritt, den Dienstbotenaufgang sozusagen. Wenn man etwas am Nürnberger Opernhaus kritisieren möchte, dann diese Einteilung in Klassen. Es scheint, als habe man bewusst die Gäste mit unterschiedlich gefüllten Geldbeuteln schon in den Treppenhäusern voneinander trennen wollen, ein unwürdiges Schauspiel für eine demokratisch gesinnte Stadt. Um sich nicht an diesem Kastenwesen zu beteiligen und Ihre Begleitung nicht zu brüskieren, zeigen Sie wie selbstverständlich Ihre Karten an der festlichen Haupttüre vor, um erst dann via großes Foyer zu Ihrem Treppenhaus zu gelangen (die Türen befinden sich neben der Champagnertheke.) Zuvor bestellen Sie an einem kleinen seitlichen Tisch zwei Gläser Sekt für die Pause. Dieser kluge Schachzug wird sich später noch auszahlen. Indem Sie beim Ersteigen der Treppe Ihre Partnerin auf die vielen verspielten Jugendstilaccessoires aufmerksam machen, das verschlungene Geländer, die hübschen aus Kupfer getriebenen Kappen am Ende der Geländer, die wie Blumen sich windenden Wandleuchten, wird alles so wirken, als ob Sie bewusst den dritten Rang gewählt haben, um ja nichts von dem Opernhaus zu verpassen. An der Garderobe bitten Sie um ein Opernglas, das Sie gegen Abgabe von zwei Euro und Ihres Personalausweises erhalten. Ihren Personalausweis bekommen Sie später zurück, nicht aber das Zwei-Euro-Stück. Nun nehmen Sie bitte Ihre Plätze ein.

Die Innenausstattung der ganzen Oper war ursprünglich in prächtigstem Jugendstil gehalten. Hitler, der dummerweise jedes Jahr anrücken musste, gefiel der Jugendstil jedoch nicht, er war ihm mit seiner »Flower-Power-Metaphorik« wohl zu friedlich. So mussten schönste Stuckelemente abgeschlagen und viele andere Ausstattungsgegenstände entfernt werden. Ärger gab es auch, als man einen blauen Teppich für den Führer ausrollte. Hitler bekam eine üble Schritthemmung. Über einen blauen Teppich? Da stockte er und lief rot an! In aller Schnelle schaffte man einen roten Teppich herbei. Zu jedem Reichsparteitag mussten für den Meisterschreier die *Meistersinger* gegeben werden, an ihnen konnte sich Hitler nicht satthören.

Flüstern Sie Ihrer Begleiterin zu, von hier oben könne man zugleich den Musikern am besten bei ihrer Arbeit zuschauen, und reichen

Sie ihr von Zeit zu Zeit das Opernglas, eine intime Geste, die gut ankommt. Senkt sich der Vorhang zur Pause, applaudieren Sie lebhaft, selbst wenn Sie mit Ihren Gedanken mehr bei Ihrer Nachbarin als bei dem Stück gewesen sind, und führen Ihre Dame nun zu dem vorbestellten Tischchen, auf dem perlend der Sekt wartet. Stoßen Sie an und sagen Sie lächelnd: »Auf alles Schöne!« oder einen ähnlich nichtssagenden und doch zugleich raffinierten Satz. Nun betreten Sie das große Foyer, die gute Stube der Oper, deren festliche Wirkung durch die Öffnungen zu den Rängen noch erhöht wird. Sehen und gesehen werden ist hier die Devise. Schlendern Sie auf den grün-bläulichen Beethoven zu, der für alle sichtbar auf seinem Sockel steht. Dieser Beethoven ist kein Beethoven, sondern ein Gluck. Während Sie Ihrer neuen Favoritin abermals zuprosten, erzählen Sie ihr, dass dieser Gluck – was kaum ein anderer Komponist hinbekommen hat – gleich zwei Geburtshäuser sein Eigen nennen darf, eines in Erasbach, eines in Weidenwang, beides Ortsteile von Berching. Christoph Willibald Gluck ist als Sohn eines Försters südlich von Nürnberg geboren, eine Tatsache, die allein schon seine Anwesenheit im Nürnberger Opernfestsaal rechtfertigt. Zu Ehren des Opernrevolutionärs, der uns von der ewig langweiligen Opera seria und der Opera buffa befreit hat, finden außerdem alle zwei Jahre die Nürnberger Gluckfestspiele statt.

Mehr über Gluck zu sagen, wäre in der Gegenwart Ihrer Schönen unpassend. Heben Sie lieber das Glas, zwinkern Sie ihr verschwörerisch zu und sagen einfach nur »Gluck!«. Antwortet sie mit »Gluckgluck!«, läuft alles nach Plan. Jetzt wäre der rechte Moment, zusammen auf den Balkon hinauszutreten. Erstens kann etwas frische Luft nicht schaden, zweitens liebt es jede Frau, von erhöhter Warte mit einem Glas Sekt in der Hand über eine nächtlich erleuchtete Stadt zu blicken. Selbst die vorbeirauschenden Autos auf dem Altstadtring tragen dazu bei, mit ihren roten und weißen Lichtern ein romantisches Großstadtfeeling zu zaubern. Zusammen auf einem festlichen

Balkon zu stehen: eine kribbelnde Angelegenheit. Balkonszenen sind immer auch Liebesszenen. Man denke nur an *Romeo und Julia*, an *Cyrano de Bergerac* oder an, na, wie hieß noch dieser amerikanische Film, in dem Audrey Hepburn *Moon River* singt? Egal, jedenfalls hat es sich ausgezahlt, dass Sie den Pausensekt vorbestellt haben, denn schon läutet es zum dritten Mal, Zeit, Ihre Plätze einzunehmen.

Nach der Vorstellung – vergessen Sie nicht Ihren Personalausweis! – laden Sie Ihre neue Freundin (ja, mit freudiger Erregung merken Sie, dass Sie sie bereits heimlich so nennen!) noch zu einem Glas Rotwein ein. Hierfür empfehlen wir Ihnen eine Lokalität gleich um die Ecke: Das *Tinto* ist Teil des Verkehrsmuseums, unvergleichlich ist seine Atmosphäre. Sie sitzen in einem ungeheuer hohen und zugleich geschickt ausgeleuchteten Raum, in dem sich zwischen den Tischen eindrucksvolle historische Maschinen erheben. Nehmen Sie Platz und bestellen Sie einen von den hervorragenden spanischen Weinen, dazu einen kleinen Oliventeller und vielleicht noch etwas von der Käseauswahl, die mit frischem Weißbrot serviert wird. Wenn sich Ihre Begleitung fragend nach der größten der polierten Monstermaschinen umblickt, sagen Sie wie beiläufig, es handle sich offensichtlich um eine Wasserförderungsanlage, die mittels einer Dampfmaschine über die beiden Zugstangen einer tiefer liegenden Pumpe angetrieben werde. Die sorgfältige Ausführung mit den hübsch profilierten Messingsäulen würde auf die Firma Engelhardt aus Fürth schließen lassen, vermutlich frühe 1860er-Jahre.

Möglicherweise sind das mehr Informationen, als Ihre Begleiterin wünschte, aber das macht nichts, technisches Wissen vermittelt vielen Frauen das beruhigende Gefühl, sich voll und ganz auf einen Mann verlassen zu können, und darauf kommt es in dieser Situation schließlich an. Sollte sich Ihre Herzensdame jedoch als technisch versiert erweisen und Ihr angelesenes Wissen mit liebevollem Spott kommentieren, ist das eine gute Gelegenheit für Sie, mit Selbstironie zu punkten. Lassen Sie nun die Rotweingläser erklingen. Wenn die nette Bedienung noch nach Kaffeewünschen fragt, lehnen Sie aber dankend ab. Sie hätten nämlich einen wunderbaren »Colombia El Encanto« in Ihrem Küchenschrank stehen, den Sie heute ganz zufällig in der *Rösttrommel* besorgt hätten, der Nürnberger Spezialitätenrösterei bei den Sebalder Höfen. Ob man damit nicht den Abend beschließen wolle?

Nürnberg und seine Kaiser – ein Rosenkrieg

Es gibt Ehen, die erweisen sich als erstaunlich stabil, selbst wenn es mitunter kräftig blitzt und donnert. So hat man sich auch die Beziehung Nürnbergs zu seinen Königen und Kaisern vorzustellen. Beide Parteien brauchten sich, ja waren voneinander abhängig, und vielleicht ist gerade darin der Grund für so manchen Streit zu sehen. So schön eine enge Partnerschaft auch sein kann, manchmal fehlt einem einfach die Luft zum Atmen.

Die Ehe zwischen Nürnberg und dem deutschen Kaiser ist uralt, einiges spricht für die Annahme, dass Nürnberg sogar eine kaiserliche Gründung gewesen ist. Kaiser Heinrich III., dem wir auch die Ersterwähnung Nürnbergs zu verdanken haben, hat möglicherweise bereits eine Burg auf dem Felsen errichten lassen, um die immer mächtiger werdenden Bischöfe von Bamberg und Eichstätt im Zaum zu halten. Ihrer Braut machten die Kaiser zahlreiche Geschenke, besonders bei der Befreiung von Zöllen zeigten sie sich großzügig, aber auch in der Erteilung von Markt- und Münzrechten. Keine andere Stadt im Reich erhielt so viele Vergünstigungen vom Kaiser, Nürnberg war die Geliebte Nummer eins. Im Gegenzug aber verlangte er seinerseits Gefälligkeiten, nicht nur Kost und Logis auf der Burg für sich und sein stattliches Gefolge, sondern auch repräsentative Geschenke und Taschengeld für seine Weiterreise, denn er musste ja als Reisekaiser aus dem Koffer leben. Ein stetes und mit

Spannung verfolgtes Ritual war die Erneuerung der kaiserlichen Privilegien. War der Kaiser endlich abgereist, konnte Nürnberg wieder durchatmen.

Ein angekündigter Kaiserbesuch bedeutete Fluch und Segen zugleich. Mit der Zeit zeigten sich die Nürnberger immer weniger bereit, auf alle Wünsche des Kaisers einzugehen, besonders, als sie zum evangelischen Glauben übergetreten waren. Der Kaiser blieb ja katholisch, und gemischtkonfessionelle Ehen hatten es nicht leicht. Immer rarer machte sich der Kaiser, und kam er endlich mal wieder vorbei, gab's oft Stunk. Stets den gleichen Treueid zu schwören, welche Ehefrau hat dazu schon Lust? Einmal »Ja!« gesagt muss doch reichen. Aber nein, der Kaiser bestand auf diesem Ritual, und man befolgte es zunehmend unwilliger. Als Kaiser Leopold I. 1658 angereist kam, verlangte er bei der Begrüßung am Spittlertor gar, ihm die Stadtschlüssel zu überreichen. Noris war verschnupft. Welche Braut gibt schon gerne die Schlüssel aus der Hand? Dann wünschte der Kaiser, dass die Patrizier vor dem Handkuss drei Kniebeugen vor ihm zu machen hatten. Drei Kniebeugen für einen Handkuss! Jeder Paartherapeut wäre da eingeschritten. Zumal manch trägem Patrizier die ungewohnte sportliche Übung ziemlich schwergefallen sein dürfte.

Ja, die Kaiser wurden immer wählerischer. Bald gefiel es ihnen nicht mehr auf der Burg, der sanitäre Mindeststandard werde da oben nicht eingehalten, es sei kalt, würde ziehen und was der Klagen mehr waren. Obwohl Nürnberg ihm an der Burgstraße einen Triumphbogen aufbaute, dessen Reichsadler sogar mit den Flügeln wackeln konnte, kehrte der Kaiser schnell wieder um. Lieber wollte er in einem der schicken modernen Patrizierhäuser wohnen, was Nürnberg in Aufregung versetzte. Unter einem Dach mit dem Kaiser? Man kann sich vorstellen, wie in Nürnberg die Angst umging, wenn des Kaisers Quartiermacher eintrafen. Nein, eine Liebesbeziehung sieht anders aus. Als 1712 Kaiser Karl VI. vorbeischaute, verlangte er sogar, den Treueeid kniend vor ihm abzulegen. Was zu viel ist, ist zu viel!

Da machten die Nürnberger nicht mehr mit. Treueeid, schön und gut, aber nur im Stehen! Es kriselte gewaltig, und die Nürnberger beschlossen, kein weiteres Feuerwerk mehr für einen Kaiser abzubrennen. Im Lichte dieses traurigen Verlaufes erscheint es fast unverständlich, warum so viele Nürnberger bei der Abdankung des letzten Kaisers 1806 in Tränen ausbrachen. Die Beziehung hatte sich einfach überlebt. Und dass eine Ehe nach über 500 Jahren ein Ende findet, ist das wirklich verwunderlich? Zehn goldene Hochzeiten müssen reichen.

Hält man Rückschau und fragt nach den guten Zeiten, dann stellt sich die Frage, wer Nürnbergs Lieblingskaiser gewesen ist – oder andersherum, welcher Kaiser Nürnberg am meisten geliebt hat. Kaiser Friedrich II. hat seiner Braut den Großen Freiheitsbrief geschenkt, Kaiser Sigismund hat ihr die hübschen Reichskleinodien zur ewigen Aufbewahrung überlassen. Nimmt man die Anzahl der Besuche als Kriterium, so fällt die Wahl auf Ludwig den Bayern (1282/86–1347), der 74 Mal nach Nürnberg reiste. Auch Kaiser Karl IV. (1316–1378) kam gerne vorbei, 52 Aufenthalte wurden gezählt. Vielleicht aber war Nürnbergs Lieblingskaiser König Maximilian von Österreich. Als er am 15. August 1489 das erste Mal an die Pegnitz kam, wurde er mit großer Pracht empfangen und köstlich und fröhlich bewirtet, wie es in einer alten Chronik heißt. Viel Spaß schien man miteinander gehabt zu haben. Am 3. September lud der König 20 ehrbare Frauen und etliche des älteren Rats in seine Herberge ein. Als er seinen Gästen mitteilte, dass er noch am selben Tag gen Neumarkt reiten wolle, um Herzog Otto zu treffen, der ihn eingeladen habe, zogen alle lange Gesichter. Auch die Nürnberger Frauen wollten Maximilian nicht ziehen lassen. Sie versteckten ihm keck Stiefel und Sporn und baten ihn, doch noch zu bleiben und mit ihnen zu tanzen, »welches der König bewilliget, und ist alsobalden aus seiner Herberg aufs Rathaus gangen, dahin noch mehr geschmückte Frauen beschickt worden, und ist der König noch diesen ganzen Tag zu Nürnberg beim Tanz geblieben«. Wenn das nicht Liebe gewesen ist!

Selbst als die Zeit als Freie Reichsstadt zu Ende war, endete noch nicht die Zuneigung durch manchen König. Ludwig II., der Kini, wollte Nürnberg sogar zu seiner Hauptstadt machen, aber auch sein Großvater, König Ludwig I. von Bayern, hatte sich in Nürnberg verliebt:

»Nürnberg, einzig bist auch du zu nennen!
Du, des Mittelalters treues Bild,
Du allein von allen lehrst es kennen,
Das Verlangen wird in dir gestillt.

Wie Pompeji zeigt des Römers Leben,
Sich in dir die alte deutsche Zeit;
Wiederum als Gegenwart gegeben
Ist die glänzende Vergangenheit.«

Nürnberg, tiefenpsychologisch betrachtet

Worin offenbart sich die Seele einer Stadt? Durch welche Methode kann man auf einfache Weise herausfinden, wie sich eine Metropole psychologisch von anderen unterscheidet, was ihre tieferen Werte, ihre Geschichte, ihr Herz ausmacht?

Sehr hilfreich ist der Blick auf die zentralen Denkmäler. Besucht man Berlin und wandelt unter den Linden, sticht einem sogleich das Reiterdenkmal Friedrichs des Großen ins Auge. Auch andere Straßen und Plätze der Bundeshauptstadt werden von Mitgliedern des Königshauses oder wichtigen Kriegsherren dominiert, von Fritzen und Wilhelmen und Friedrich-Wilhelmen, preußische Herrlichkeit, wohin man blickt.

In München das gleiche Bild. Hier sind es die Wittelsbacher, welche die zentralen Sockelplätze einnehmen, ob sie nun Max oder

Ludwig heißen. In der Feldherrnhalle rasseln Graf Tilly und Fürst Wrede mit den Waffen, und selbst der Friedensengel ist in Wahrheit ein Triumphengel, dem 1871er-Sieg über die Franzosen geweiht.

Nicht so in Nürnberg. Hier begegnet man ganz anderen Persönlichkeiten. Die erste Großplastik Nürnbergs wurde Albrecht Dürer gewidmet, sie steht unweit seines Wohnhauses auf dem Weg zur Sebalduskirche auf dem Albrecht-Dürer-Platz. Von dem bekannten Berliner Star-Skulpturisten Christian Daniel Rauch stammte der Entwurf, die Ausführung vom Nürnberger Erzgießer Jacob Daniel Burgschmiet. Die Dürer-Statue, 1840 enthüllt, war das erste öffentliche Künstlerdenkmal in Deutschland überhaupt.

Auch Hans Sachs bekam natürlich seine Statue. Mächtig sitzt er seit 1874 auf seinem Platz, mit umgehängter Lederschürze, die ihn als Schuhmacher ausweist, die Feder in der Rechten, ein Buch in der Linken. Als ganz Nürnberg um ihn herum in Trümmer stürzte, hielt der Meistersinger unverdrossen aus, zum nicht geringen Trost für viele Ausgebombte. Ursprünglich gehörte noch eine kleine grüne Rotonde zu dem Denkmal, bunte Blumen umrahmten einst den großen Poeten. Das Denkmal ist eine echte Nürnberger Co-Produktion. Der Entwurf stammt von Johann Konrad Krausser, der Guss von Christoph Albrecht Lenz, einem Nachfolger von Burgschmiets Erzgießerei.

Auf dem Theresienplatz ist Martin Behaim seit 1890 zu Hause. Wieder war es Christoph Albrecht Lenz, der den Guss besorgte, der Entwurf des Denkmals stammt vom Bildhauer Hans Rössner. Behaims wichtigstes Accessoire ist natürlich sein berühmter Globus. Martin Behaim steht für die Wissenschaften, die in Nürnberg so fleißig betrieben wurden.

Südlich der Pegnitz, auf der Lorenzer Seite, ist Peter Henlein zu bewundern, der große Nürnberger Tüftler. Zärtlich hält der Feinmechaniker auf dem Hefnersplatz eine Taschenuhr in der Hand, während er sein rechtes Bein auf das Gewicht einer alten Großuhr setzt. Auch dieses Denkmal stammt aus der Kunstgießerei Lenz (1905), der Entwurf von Max Meißner.

Damit sind die wichtigsten Denkmäler des historischen Nürnbergs aufgezählt. Auch die neueren, das *Narrenschiff* etwa, das *Ehekarussell* oder Jürgen Goertz' *Hase,* eine makabre Verfremdung des Dürer-Hasen, haben keine Potentaten oder Kriegsherrn zum Thema, sondern Kunst und Literatur. Weder wurden bedeutende Patrizier in Stein gehauen noch einer der zahlreichen Kaiser und Könige, die so eng mit Nürnberg verbunden waren. Was lehrt uns das über die Psyche von Nürnberg? Nürnberg huldigt nicht der weltlichen Macht, nicht der Kriegslist oder aufgeblasenen Staatsmännern. Nürnberg ist eine Stadt der Kunst und der Wissenschaft. Albrecht Dürer steht für die bildende Kunst, Hans Sachs für die Dichtkunst, Peter Henlein für den Nürnberger »Witz«, für den Einfallsreichtum seiner Erfinder. Die Seele Nürnbergs wird geprägt von dem Ideenreichtum und der Schaffenskraft seiner Bürger. Würden überall auf der Welt Denkmäler für Dichter und Denker das Stadtbild bestimmen, es wäre besser um sie bestellt.

Dass Kaiser Wilhelm über den Egidienplatz reitet, war ein Ausrutscher, der die Regel nur bestätigt. Zahlreiche weitere Künstlerdenkmäler wiegen diese Ausnahme deutlich auf. Allein Johann Konrad Krausser, der Schöpfer des Hans-Sachs-Denkmals, schuf 20 Bronzestatuetten der berühmtesten Männer Nürnbergs. Auch der Erzgießer des Albrecht-Dürer-Denkmals, der Nürnberger Jacob Daniel Burgschmiet (1796–1858) ist in Erz gegossen. Zu bewundern ist er hoch auf seinem Brunnen an der Einmündung der Burgschmietstraße in den Neutorgraben. Finanziert haben das Denkmal die Anwohner der Burgschmietstraße, Nürnberger Bürgersinn beweisend. Für Nürnberg hat Burgschmiet auch eine Sandsteinstatue des Reformators Philipp Melanchthon geschaffen (und für Bonn den thronenden Beethoven.) Der Humanist Melanchthon steht in bescheiden argumentierender Weise vor dem Kollegiengebäude »seines« Egidien-Gymnasiums, ein überzeugender Kontrapunkt zum ewig reitenden Kaiser Wilhelm.

Die Werkstatt Burgschmiets ist unter dem Namen seines Nachfolgers Lenz weiter existent. Ihr haben wir auch das Martin-Behaim-Denkmal auf dem Theresienplatz zu verdanken. Ohne hinzuschauen malt der Geograf seine Geburtsstadt Nürnberg auf den von ihm geschaffenen Globus, ein schönes Beispiel dafür, dass man seine Heimat mit dem Herzen findet. Und natürlich hat auch Nürnbergs größter Fußballkünstler sein Denkmal bekommen: Die Max-Morlock-Statue wurde 2008 enthüllt.

Sie schimpfen »a weng«, weil nur an Männer erinnert wird? Wir können Sie beruhigen, das vielleicht sympathischste aller Nürnberger Denkmäler ist einer Frau gewidmet. Am Hauptmarkt lächelt sie uns von einer plastisch gestalteten Gedenktafel an, Margarethe Engelhardt, von 1948 bis 1997 Marktfrau ebendort: »Wos braung mern heit?«

Das Gedächtnis der Stadt: das Fembohaus

Wir geben es zu: Das einleitende Kapitel dieses Buches über die Geschichte Nürnbergs ist eindeutig zu kurz geraten. Allen, die sich intensiver mit der Stadtgeschichte beschäftigen wollen, sei ein Besuch des Fembohauses dringend angeraten. Das schöne Patrizierhaus beherbergt nicht nur das Stadtmuseum, es ist schon für sich betrachtet ein Museum. Stürmen Sie nicht achtlos hinein, sondern nehmen Sie sich Zeit, die Fassade zu bewundern. Einen solch prächtigen Giebel finden Sie in Nürnberg nicht oft. Während in Städten wie Gent oder Amsterdam die fantasievollsten Giebel miteinander wetteifern, ist Nürnberg giebelmäßig hübsch bescheiden geblieben. Der Rat hatte verfügt, dass alle Häuser traufständig zu errichten sind, also mit der Regenrinne zur Straße. Da auch die

Traufhöhe aus Gründen der Geschlossenheit vorgegeben war, taten sich nur wenige Möglichkeiten auf, einen Giebel künstlerisch zu gestalten.

Als sich der niederländische Kaufmann Philipp van Oyrl, der 1592 das Nürnberger Bürgerrecht zugesprochen bekam, ein passendes Häuschen bauen wollte, träumte er von den hübschen Giebeln der Städte seines Heimatlandes. Wie aber sollte er sich diesen Traum erfüllen? Lange hielt er nach einem passenden Grundstück Ausschau und wurde schließlich an der Burgstraße fündig. Dort gab es einen kleinen, aber wichtigen Knick im Straßenverlauf, der einen Giebel zuließ, wenn man nur hoch genug baute. Den Vorgängerbau kaufte der Niederländer und ließ ihn kurzerhand abreißen. Vermutlich war es Jakob Wolff der Ältere, der Architekt des Pellerhauses, dessen Söhne das Rathaus entwerfen sollten, der die Pläne für das Oyrlhaus, das spätere Fembohaus, gezeichnet hat. Was für eine herrliche Renaissancefassade! Das treppt sich und wellt sich und schwingt sich hinauf, mit verspielten Voluten, Obelisken und Vasen, über vier Sandsteinstufen hinweg, bis der höchste Punkt erreicht ist, auf dem sich Fortuna erhebt, die Glücksgöttin.

Glück war auch dem Haus beschieden. Das repräsentative Vordergebäude wurde von den Weltkriegsbomben nur gering beschädigt, sodass sich vieles noch im Originalzustand befindet. Doch nun hinein in die gute Stube. Beim Kauf Ihrer Eintrittskarte sollten Sie sich zugleich einen Audioguide geben lassen, denn man hat (auf welchem Weg auch immer) verschiedene Hausbewohner gefunden, die von ihren persönlichen Erinnerungen erzählen, zum Teil mit entzückendem niederländischen Akzent. Vorsicht, wenn Sie noch schnell Ihren Regenschirm abstellen wollen. Ihr Audioguide wird Alarm schlagen, weil sich der Schirmständer direkt neben der Eingangstür befindet. Um nicht für einen Dieb gehalten zu werden, sollten Sie das Gerät für einen kurzen Moment auf der Theke liegen lassen. Dann geht's per Fahrstuhl hinauf in den vierten Stock.

Oben wartet ein großes Stadtmodell auf Sie, an dem vier Handwerker vier Jahre lang geschnitzt haben, 1939 sind sie damit fertig geworden. Nehmen Sie auf einem der Hocker Platz. Bald werden wichtige Gebäude angestrahlt und von einer Stimme aus dem Lautsprecher erklärt – eine gute Möglichkeit, um sich mit dem unübersichtlichen Straßengewirr der mittelalterlichen Großstadt vertraut zu machen. Projizierte Bilder illustrieren zudem wichtige stadtgeschichtliche Ereignisse.

Jetzt beginnt die eigentliche Besichtigungstour, bei der Sie Stockwerk für Stockwerk in Nürnbergs Geschichte hinabsteigen. Wir können und wollen nicht alle Exponate des Hauses vorstellen, um Ihnen jedoch etwas Appetit zu machen, seien einige wenige herausgegriffen.

Eine Urenkelin des niederländischen Bauherrn heiratete 1668 den Patrizier Jakob Behaim. Ihr zu Ehren ließ der reiche Mann im zweiten Stock eine barocke Stuckdecke einziehen, wie man sie in Nürnberg kein zweites Mal findet. Natürlich entschied sich der junge Ehemann bei den Motivvorlagen für Liebesthemen, Amor darf nach Herzenslust seine Pfeile verschießen. Passen Sie nur auf, dass Sie nicht getroffen werden! Sie wissen ja: »Omnia vincit amor!«, die Liebe besiegt alles. Sollten Sie bereits von dem frechen Götterknaben getroffen worden sein und die Früchte der Liebe nun an Ihren Rockzipfeln hängen, beschäftigen Sie die Kleinen, indem Sie sie auffordern, die vier Jahreszeiten zu finden. Ein hübsches Suchspiel und nicht ganz einfach.

Ebenfalls im zweiten Stock befindet sich das bekannteste Gemälde von Joachim von Sandrart. Auf dem monumentalen Gruppenbild aus dem Jahr 1650 tafeln zahlreiche europäische Gesandte, welche die noch offenen Fragen des Dreißigjährigen Kriegs nach dem Friedenschluss von Osnabrück und Münster beraten. Anhand der von Sandrart angebrachten Nummerierungen kann man sich mit den Namen der Diplomaten beschäftigen, wir aber möchten Sie lieber auf den prächtigen Löwen aufmerksam machen, der links im Raum die Friedenspalme erhebt und sein Schwert Schwert sein lässt. So einen Löwen wenn es noch gäbe! Auf einem weiteren Gemälde – es zeigt das Rathaus, in dem die Politiker tafeln, von außen – kann man den schwedischen Löwen ein weiteres Mal erblicken, dieses Mal in Funktion: In ein offenes Fenster gestellt, spritzt das muntere Tierchen mit aufgerissenem Maul Wein in die Menge, roten und weißen, und die Nürnberger drängen sich lustig um diese Quelle. So etwas kann man heute nur noch bei der Eröffnung des Nürnberger Volksfestes erleben, wenn der Bürgermeister das erste Fass ansticht und 50 Liter Freibier zu verteilen sind.

Gehen Sie hinunter in den ersten Stock, so finden Sie dort zahlreiche historische Landkarten, eine davon trägt die Bezeichnung *Germania critica*. Eine sehr seltsame Deutschlandkarte, finden sich doch Orte wie Berlin oder Braunschweig gleich mehrfach eingezeichnet. Entworfen hat die »kritische Deutschlandkarte« ein echtes Genie. Der junge Tobias Mayer (1723–1762) konnte um Goethes Geburtsjahr herum zeigen, dass die Längengrade der Städte bei vorhandenen Karten erheblich voneinander abwichen. Durch genaue Beobachtung der Sterne, besonders der Planeten, die er vom Fembohaus und vom Einmart'schen Observatorium aus machte, sowie durch verbesserte Messmethoden schaffte es Tobias Mayer, die exaktesten Karten seiner Zeit zu erstellen. Er führte in Nürnberg auch den Nachweis, warum der Mond aus unserer Sicht zu taumeln scheint, sogar eine Landkarte unseres treuen Erdenbegleiters entwarf er, die beste seiner Zeit. Ins Fembohaus kam der gebürtige Marbacher, weil sich dort J. B. Homanns kartografische Anstalt befand. Johann Baptist Homann hatte im Jahr 1702 seinen Verlag in Nürnberg gegründet und vertrieb seine Karten und Globen in der ganzen Welt, auch der erste Schulatlas geht auf ihn zurück. Seine Erben kauften 1734 das Fembohaus und führten Druckerei und Verlag weiter, mit Tobias Mayer als genialem Mitarbeiter. Die Erfolgsgeschichte des Nürnberger Unternehmens endete

1848, als dessen letzter Besitzer starb, Christoph Franz Fembo, nach dem das repräsentative Haus bis heute benannt ist.

Mit diesen drei Beispielen aus der Fülle der Exponate möchten wir es bewenden lassen. Wir sind sicher, Ihnen Appetit gemacht zu haben – gehen Sie selbst auf Entdeckungsreise. Allein der vertäfelte Familiensaal aus der Entstehungszeit oder das Schöne Zimmer, Martin Pellers Prachtsaal für seine Kunstsammlung, lohnen den Besuch. Man kann locker einen verregneten Sonntag im Fembohaus verbringen. Mindestens.

Schwiegermutteralarm oder:
Wo kann ich am Sonntag noch schnell was einkaufen?

Wenn sie sich wenigstens einen Tag vorher angekündigt hätte! Am Samstag waren Sie ohnehin einkaufen. Aber am Sonntagmorgen anzurufen, um mitzuteilen, dass man am Nachmittag auf einen Sprung hineinschneit, das ist doch ziemlich dreist. Sie sollen sich bitte keine Umstände machen, hat sie gesagt. Oh, welch geheime Tücke! Natürlich erwartet Ihre Schwiegermutter, dass man ihr etwas anbietet. Aber was? Ein Kuchen aus der Konditorei scheidet aus, auch wenn man in Nürnberg eine reiche Auswahl besitzt. Es muss etwas Selbstgebackenes sein, ganz klar. Dummerweise herrscht in Ihrem Kühlschrank gähnende Leere. Ein einziges Ei verliert sich im Löchereinsatz, keine Butter im Haus und auch keine sonstigen Zutaten. Was tun?

Bleiben Sie entspannt! Nürnberg ist schließlich keine Provinz, Nürnberg ist eine großstädtische Metropole. In Nürnberg können Sie bis 22 Uhr einkaufen und das sogar am Sonntag. Sie müssen einfach nur zum Hauptbahnhof fahren. Dort hat im Sommer 2015 ein Supermarkt aufgemacht, bei dem Sie auch sonntags das komplette

Sortiment bekommen und zwar zu völlig normalen Montagspreisen. Das Einzige, was Ihnen passieren kann: dass Sicherheitsleute Sie nicht in den Laden lassen. Woran das liegt? Vielleicht weil sich viele Nürnberger Schwiegermütter einen Spaß daraus machen, sich kurzfristig einzuladen. Jedenfalls musste der Supermarkt schon öfter wegen Überfüllung geschlossen werden. Wo hat man das je erlebt? Stellen Sie sich in diesem Fall brav in die Schlange, nach und nach lässt man die anstürmenden Kunden in den Laden hinein. Länger als vor den Uffizien müssen Sie nicht warten. Sollten Sie ungeduldig werden und zudem durch die Scheibe beobachten, wie sich jemand den letzten Eierkarton schnappt, bleibt Ihnen noch eine zweite Chance: Fahren Sie hinaus ins Knoblauchsland und betteln Sie einen Bauern an. Schildern Sie ihm Ihre Notlage, er wird Sie nicht im Stich lassen. Versprochen!

Johann Palm – Märtyrer für die Pressefreiheit

Anfang August 1806. Ein Gartenhaus. Oben am Burgberg von Erlangen, außerhalb der Stadt. Ein idyllisches Plätzchen, ein Ort, um sich auszuruhen, sich zu erholen. Und doch läuft Palm nervös auf und ab, will sich nicht, kann sich nicht damit abfinden, hier zu versauern. So schlimm wird's schon nicht kommen, man übertreibt doch leicht in solchen Dingen. Hatte man ihm nicht schon zweimal zuvor gedroht, ihm die schlimmsten Strafen angekündigt? Und doch ist alles gut gegangen. Auch damals in Salzburg. Gut, zwei Wochen hatte man ihn arretiert. Aber sonst? Sonst war nichts passiert, und er hatte seine Geschäfte wie gewohnt fortführen können. Bekümmert sieht er hinunter über die Dächer der Stadt. Am Horizont meint er die Türme der Nürnberger Burg zu erkennen. Untätigkeit ist für ihn die größte Qual. Seit er denken kann, ist er tätig gewesen. Er liebt seine Arbeit, trotz der sauren Zeiten. Welche Geschäfte ihm durch die Lappen gehen könnten, ausgerechnet jetzt, wo sie das Geld so dringend brauchen! Er darf gar nicht daran denken. Seine Frau und sein Gehilfe, so sehr sie sich auch bemühen, ihnen fehlt doch der Einblick. Hier könne ihm nichts passieren, hier in Erlangen sei er sicher. Ja, schön und gut! Er ist aber doch Kaufmann, hat eine Familie zu ernähren. Nein, er muss zurück nach Nürnberg. Bloß wann?

Kein Chirurg, kein Arzt ist er geworden, im Gegensatz zu Vater und Großvater; auch seine beiden ältesten Brüder haben Medizin studiert. So gesehen ist er aus der Art geschlagen. Wäre da nicht Johann Jacob, der Bruder seines Vaters, sein Onkel. Der nämlich ist Verlagsbuchhändler. Bei ihm hat er seine Lehre gemacht, bei ihm hat er alles gelernt, was man für diesen Beruf braucht. Mit 14 Jahren, gleich nach dem Besuch der Lateinschule seiner Heimatstadt Schorndorf, ist er auf nach Erlangen. Dort, in der Halbmondstraße, unmittelbar in der Nähe des Schlosses, hat der Onkel seine Buchhandlung. Ein erfolgreicher Mann, der nach Erlangen in eine bestehende Verlagsbuchhandlung eingeheiratet und das Geschäft dann ausgebaut hat. Die Nähe zur Universität ist von unschätzbarem Vorteil. Erstens, weil man hier viel liest, und zweitens, weil man hier viel publiziert. Wie einen eigenen Sohn hat ihn sein Onkel aufgenommen. Keinen zweiten Lehrling hat er in dieser Zeit beschäftigt. Aus Prinzip. Denn die Art so manches Kollegen, möglichst viele billige Lehrkräfte einzustellen, um sich das Geld für Hausknechte zu sparen, entspricht nicht seinem Berufsethos. Jeder, der zu ihm kommt, diesen schönen Beruf zu erlernen, wird sofort in die eigentlichen Aufgaben eingeführt. Und das sind bei einer Verlagsbuchhandlung, die selber drucken lässt, keinesfalls nur kaufmännische. Da geht es darum, mit Autoren zu sprechen, den Inhalt der Manuskripte zu prüfen, nötigenfalls zu redigieren und zu kürzen. All das hat Johann Palm hier bei seinem Onkel in Erlangen gelernt, und er ist ihm dankbar dafür. Und auch dafür, dass er jetzt in seinem Gartenhaus unterschlupfen durfte. Auch wenn es ihm hier nicht gefällt.

Nürnberg, Winklerstraße, eine bekannte Buchhandlung in einem stattlichen Gebäude. Über 300 Jahre ist sie alt, die Stein'sche Buchhandlung, noch vor der Reformation wurde sie gegründet. Auf einer Reise zur Buchmesse in Leipzig hat der junge Palm den Besitzer, Johann Adam Stein, kennengelernt und kurze Zeit später dessen Tochter Anna geheiratet. Zehn Jahre ist das jetzt her. Mittlerweile ist er Alleininhaber des Geschäfts, ein angesehener Mann in Nürnberg. Und nun sitzt er hier in Erlangen, versteckt sich wie ein Schwerverbrecher. Warum er geflüchtet ist? Nun, Friedrich Campe, der erfolgreiche Kollege, hat ihn persönlich gewarnt. Auf einem Spaziergang, fernab jedes Ohrenzeugen. Palm müsse weg, dringend weg, sonst gehe es ihm an den Kragen. Mit Napoleon sei nicht zu spaßen. Er solle nach Erlangen gehen. In Erlangen sei er sicher. Erlangen sei preußisch und damit neutral. Nur nicht in Nürnberg bleiben, auf keinen Fall hierbleiben!

Nürnberg, die Freie Reichsstadt. Wie ein Hohn hört sich dieser Titel damals an! Ein Reich, was für ein Reich? Ein Reich gibt es nicht mehr, das Heilige Römische Reich hat aufgehört zu existieren, vor wenigen Tagen, am 6. August 1806, hat es sich aufgelöst. Napoleon hat es zerlegt, hat Deutschland nach seinem Gutdünken wieder zusammengesetzt, mit Herrschern, die ihm genehm erscheinen, am besten gleich mit Verwandten. Und der deutsche Kaiser, Franz II.? Hat abgedankt. Nein, eine Reichsstadt ist Nürnberg nicht länger. Und frei? Frei erst recht nicht. Zwar befindet man sich mit Frankreich nicht offiziell im Kriegszustand, dennoch sind die Franzosen die tatsächlichen Herren der Stadt. Ihre Einquartierungen hat man hinzunehmen und außerdem noch zu finanzieren. Das ganze Tafelsilber hat die Stadt verkaufen müssen, wertvolle Grundstücke und Häuser, um die drückenden Schulden tilgen zu können. Und auch nach Abzug der Franzosen ist nicht mit der Wiedergewinnung der Freiheit zu rechnen. Schon jetzt ist beschlossen, dass Nürnberg an Bayern fallen wird. In wenigen Wochen schon. Als Geschenk Napoleons. Für

Bayerns Bündnistreue. Genauso wie viele andere Gegenden Frankens, wie das Land Tirol. Dann wird man von München aus regiert, wird nur eine sein von vielen bayerischen Städten. Die große Zeit, die freie, die reichsunmittelbare, sie ist endgültig vorbei.

Ein Bote. Aus Nürnberg. Mit einem Brief seiner Frau. Und was für eine Freudenbotschaft! Er solle zurückkommen, sogleich zurückkommen. Zuverlässige Informanten hätten berichtet, alles sei halb so schlimm. Er solle nur gleich seine Sachen packen, er könne sich ja auch daheim noch ein Weilchen versteckt halten. Zur Sicherheit.

Es ist ja auch ein Witz! Wie kann man einen Buchhändler für den Inhalt der Bücher verantwortlich machen? Er ist doch bloß der Mittler, der Bote, der das, was ein fremder Kopf sich ausgedacht und zu Papier gebracht hat, zum Leser bringt. Als würde er alles glauben, alles billigen, was in diesen Büchern steht! Wie soll das auch gehen? Widersprechen sich doch viele Autoren. Gut, in diesem Fall hier, diesem speziellen Fall, hat er sich außerdem als Verleger betätigt, hat das Manuskript auf eigene Kosten drucken lassen. Nicht unbedingt deswegen, weil er politisch genauso denkt wie der Verfasser. Eher aus geschäftlichen Erwägungen. Denn die Erfahrung zeigt, dass sich alle anti-französischen Schriften gut verkaufen. Und warum sollte er sich ein solches Geschäft durch die Lappen gehen lassen? Auch dass er den Namen des Verfassers nicht nennt, ist keinesfalls ungewöhnlich. Anonyme Publikationen gibt es zuhauf. Was also soll das Ganze?

Deutschland in seiner tiefen Erniedrigung: So lautet der Titel der Flugschrift. Natürlich geht es darin um Napoleon, um die Grausamkeiten der Besatzerarmee. Natürlich ist es die Intention des Schreibers, die Leser zu bewegen, sich nicht länger mit diesem unwürdigen Zustand abzufinden. Natürlich ist vieles Polemik. Aber rechtfertigt das allein einen solchen Einschüchterungsversuch der französischen Zensur? Ist Napoleon nicht angetreten, die Ideale der Französischen Revolution nach Europa zu tragen? Den Völkern die Freiheit zu bringen? Gehörte dazu dann nicht aber auch die Pressefreiheit, der freie Warenverkehr?

Libellen. So nennen die Franzosen diese Flugschriften. Libellengleich schwirren sie aus, sausen über das ganze Land, unberechenbar und überall, um plötzlich an einem Ort zu verharren. Napoleon kocht. Er weiß genau, dass man mit solchen Pamphleten Krieg führen kann. Die Buchdruckerkunst ist ein mit gefährlichen Waffen gefülltes Zeughaus, pflegt er zu sagen. Hier muss ein Exempel statuiert, ein klares, ein blutiges Zeichen gesetzt werden. Damit ein für alle Mal jeder Bescheid weiß, und damit vor allem die frechen Verleger in Deutschland das Fürchten lernen. Jemand, der so ein Schreiben vertreibt, solche Libellen loslässt, gehört vor das Kriegsgericht gestellt. Und das Urteil formuliert Napoleon höchstpersönlich: Tod durch Erschießen!

Fort von Erlangen, zurück nach Nürnberg. Im Schutze der Nacht. Sicher ist sicher. Das Haus, zu dem die Buchhandlung gehört, ist groß. Im obersten Stock wird sich Palm versteckt halten. Bis man Entwarnung gibt. Von dort kann er den Geschäftsgang weiter bestimmen, ist bei seiner Frau, bei seinen Kindern. Er ist ein gläubiger Christ, singt jeden Tag in der Früh sein Lieblingslied *Gott Lob, nun ist es wieder Morgen*. Wie gerne die Kinder den Vater singen hören! Sie sind ja noch so klein, erst wenige Jahre alt, verstehen nicht, warum sich der Vater verstecken muss. »Psst!«, sagt dieser und zwinkert ihnen zu, »ein Spiel ist das! Niemandem dürft ihr das verraten, versprochen?«

Artig nicken die Kinder.

Warum sollten sie nach ihm suchen? Bei der Haussuchung vor wenigen Wochen, als er geschäftlich in München gewesen ist, haben sie nichts gefunden. Pech, sein treuer Gehilfe, hatte in kluger Voraussicht alle verbliebenen Exemplare der Flugschrift sicher im Gewölbe versteckt und den Briefwechsel mit dem Verfasser vernichtet. Nichts können sie ihm nachweisen. Nicht die Verfasserschaft, nicht den Druck. Nur, dass er zuvor die Flugschrift im Sortiment gehabt hat. Und darum solch ein Tamtam?

Ein ungeduldiger Brief. Von Napoleon. An seinen Außenminister: »Alle Pamphlete, die in Deutschland Verbreitung finden, kommen aus der Stadt Nürnberg. Lassen Sie den Rat der Stadt wissen, dass, wenn er nicht sofort den Buchhändler verhaften lässt und alle diese Broschüren verbrennen, ich die Stadt Nürnberg, ehe Deutschland geräumt wird, exemplarisch bestrafen werde!«

Die Ladenglocke läutet. Ein Mann in französischer Uniform betritt die Buchhandlung. »Nicht schon wieder!«, denkt sich seufzend der Gehilfe. »Nein, Herr General, bedauere, Herr Palm befindet sich immer noch auf Reisen!«

Einen Tag später, es ist der 14. August 1806. Früh am Morgen betritt ein junger Mann die Buchhandlung. Armselig ist sein Äußeres, armselig das, was er sagt. Er hat ein Schreiben dabei, einen Bittbrief an Herrn Palm. Seine Familie sei in große Not geraten, das Häuschen sei abgebrannt und man brauche dringend Hilfe. Frau Palm hat Mitleid. Wie viele Familien sind unverschuldet in Elend geraten. »Kommen Sie mit!«, sagt sie und führt ihn hinauf, hinauf zu ihrem Mann. Palm öffnet den Brief und überfliegt die Zeilen. Ohne zu zögern, greift er in die Kasse und gibt dem Bettler 24 Kreuzer. Sich mehrfach verbeugend und die Wohltätigkeit des edlen Mannes lobend, verabschiedet sich der junge Mann.

Wenige Minuten später kommt er zurück, mit hartem Gesicht. Nicht als Bettler kommt er mehr. Er führt zwei französische Gendarmen mit sich, zeigt ihnen den Weg. Durch den Laden stürmen sie die Stiege hinauf, weiter in den zweiten Stock, in das Zimmer, wo sich Palm versteckt hält. Ohne lange Erklärungen führen die Franzosen den erschrockenen Palm ab, bringen ihn zu General Frère.

Ein Verhör. Wer der Verfasser dieser Flugschrift sei? Wer sie gedruckt habe? An wen er sie alles verschickt habe? – Palm nennt den Verfasser nicht. Auch nicht den Drucker. Lediglich weitergeleitet habe er die Flugschrift, jedoch ohne deren Inhalt zu kennen. Verschnürte Pakete, die er ungeöffnet verschickt habe. Man glaubt ihm nicht. Aber auch wenn sie ihm die Verfasserschaft und den Druck nicht nachweisen können, das Urteil von Napoleon steht und muss vollzogen werden.

Der Abschied. Ein letztes Mal darf er seine Familie sehen, seine Frau und seine drei kleinen Kinder.

»Nenne mir doch den Namen des Verfassers«, fleht ihn seine Frau an, »wenn sie den kennen, wird alles gut!«

»Ich kann ihn nicht nennen, er ist Familienvater wie ich. Es würde ihn das Leben kosten. Vertraue auf Gott und lebe wohl!«

Ohnmächtig bricht Frau Palm zusammen.

Ansbach. Der Regierungssitz des Rezatkreises. Genau wie in seiner französischen Heimat schuf Napoleon auch hier in Deutschland seine Departements und benannte sie nach Flüssen. Das französische Hauptquartier befindet sich dort. Hierher schafft man Palm. In aller Eile ist es dem Buchhändler gelungen, einen Rechtsbeistand mitzunehmen, den renommierten Freiherrn von Holzschuher. Doch auch diesem gelingt es nicht, etwas zu erreichen. Nicht einmal eine Audienz bei Marschall Bernadotte wird ihnen gewährt. Vor das Kriegsgericht soll Palm gestellt werden, in Braunau am Inn. Wie Palm dorthin kommen soll? Natürlich auf eigene Kosten!

Warum ist er nicht gewandert? Ja doch, ein weiter Weg, ein beschwerlicher. Aber vielleicht hätte er ihm das Leben gerettet. Spekulation, gewiss. Aber in jenen Zeiten hing vieles von so manchen Zufälligkeiten ab. Zeit zu gewinnen, das wäre eine Chance, wäre seine Chance gewesen.

Palm aber entscheidet sich für die Kutsche. Er wird die Kosten dafür schon wieder eintreiben. Wenn er den Prozess gewinnt. Und davon ist er überzeugt. Trotz der ganzen Drohkulisse. Alles wird sich als schlimmes Missverständnis herausstellen. Man wird sich bei ihm entschuldigen, ihn für alles entschädigen müssen. Was soll denn auch der ganze Unfug? Reine Einschüchterung. Damit sich niemand mehr traut, napoleonkritische Schriften zu vertreiben. Nein, zu Fuß wird er nicht gehen. Diese Schmach nimmt er nicht auf sich. Die Kutsche fährt los. Zwei französische Soldaten begleiten sie.

Seine Frau aber hat ihre Fassung wiedergefunden. Sie will ihren Mann nicht kampflos seinem Schicksal überlassen. Aber was kann sie tun? Angesichts der Übermacht der Gegner? Nur an ihren Edelmut kann sie appellieren, an ihr Mitleid einer Mutter gegenüber. So schreibt sie einen Brief, schreibt an den französischen Gesandten Louis Guillaume Otto nach München, erniedrigt sich, bettelt, fleht, bringt alles vor, was ihren Mann entlasten könnte. Umsonst. Sie erhält nur eine kühle, formelle Antwort.

Ansbach, Gunzenhausen, Pleinfeld, Eichstätt, Ingolstadt, Neustadt an der Donau, Landshut, Vilsbiburg, Eggenfelden, Simbach. Penibel führt Palm Buch, notiert alle seine Ausgaben. Alles wird er sich erstatten lassen, die Kosten für die Kutsche, die Übernachtungen, die Verpflegung. Ja, auf seine Verteidigung hat er sich vorbereitet! Drei Bücherpakete führt er mit sich, die werden für ihn sprechen. Am 22. August erreichen sie das kleine Städtchen Braunau am Inn.

Der Ort des Gerichtsverfahrens ist geschickt gewählt. Man befindet sich außerhalb von Bayerns Grenzen, braucht sich nicht um die Gesetze des Bündnisfreundes zu kümmern. Braunau liegt in Österreich, die letzte Festung der Franzosen, die ein knappes Jahr zuvor Russland und Österreich bei dem kleinen mährischen Dorf Austerlitz entscheidend geschlagen haben. Das Kriegsrecht herrscht hier in Braunau noch und damit die Möglichkeit zu kurzen Prozessen. Sieben französische Obristen bilden das Gericht, hinzu kommt ein Ankläger. – Die Verteidigung? Existiert nicht. Obwohl Palm nach einem Verteidiger verlangt. Kein Rechtsanwalt erscheint, allein muss er vor seine Richter treten. Die Anklage wird verlesen: Palm sei der Verfasser, Drucker und Verteiler von Flugschriften, die in der Absicht geschrieben worden seien, die Einwohner des südlichen Deutschlands irrezuführen, indem sie zu Meuterei, Aufstand und Meuchelmord gegen die französischen Truppen auffordern.

Nun ist sich Palm vollends sicher, das Gericht als freier Mann wieder verlassen zu können. Heftig bestreitet er, der Verfasser zu sein, ja den Inhalt der Flugschriften überhaupt zu kennen. Seine Verteidigung gründet er auf die Behauptung, nur eine Art Postbote gewesen zu sein. Bücher, deren Inhalt er nicht kennt, habe er wunschgemäß weitergeleitet. Ein solches Vorgehen sei in der ganzen Branche üblich. Und zum Beweis zieht er drei verschlossene Bücherpakete hervor und legt sie auf den Richtertisch. Alle waren zum Weiterversand bestimmt. Was er nicht zu seiner Entlastung vorbringt, weil er die Flugschrift ja nicht kennen darf: dass in ihr mit keinem Wort zur Meuterei, zum Aufstand oder gar zum Meuchelmord aufgerufen wird. Nichts davon findet sich geschrieben. Aber diese Tatsache scheint die Richter nicht zu interessieren, ja es scheint, als hätten sie das Werk überhaupt nicht gelesen!

Üblicherweise wird ein Urteil am Ende eines Prozesses gefällt, dient die Verhandlung der Wahrheitsfindung. Was aber, wenn das Urteil schon vorher feststeht? Dann haben die Richter alles zu ignorieren, was der Entlastung dient, haben nur die Wahrheiten festzustellen, die das gefällte Urteil bestätigen. Und wenn sich keine Wahrheiten finden? Dann nimmt man die Vermutungen und macht sie zu Indizien, die Indizien zu Beweisen.

Es ist der 26. August, elf Uhr in der Früh, als man Johann Philipp Palm aus seiner Zelle in den Gefängnishof führt, ihm sein Urteil verkündet. Er hat gut geschlafen, wie jeden Morgen seine Morgenandacht verrichtet und sein Kirchenlied gesungen. Endlich ist der Spuk zu Ende, endlich wird man ihn freilassen, wird ihn freilassen müssen, endlich kann er heim zu seinen Geschäften, seiner Familie.

Mit betretenem Gesicht steht ein Mitglied des Magistrats der Stadt Braunau in dem tristen Hof. Er hat auf Befehl der französischen Militärbehörde das Urteil zu verlesen. Palm denkt sich nichts dabei. Der Mann kann halt Deutsch, deshalb wird man ihn ausgewählt haben. Dann aber trifft es ihn wie ein Paukenschlag.

Schuldig! Schuldig, Schandschriften gegen den französischen Kaiser und gegen dessen befreundete Alliierte ausgeteilt und verbreitet zu haben. Schuldig, durch diese Verbreitung zu Aufstand und Meuchelmord zu reizen. Schuldig, die Sicherheit der Armeen und der Nationen zu bedrohen. Schuldig, schuldig, schuldig. Die Strafe: Tod durch Erschießen.

Drei Stunden! Drei Stunden nur bleiben ihm, ganze drei Stunden! Drei Stunden, in denen er alles regeln soll, drei Stunden, sich zu verabschieden, drei Stunden, dem Leben adieu zu sagen. Ganze drei Stunden!

Nie hätte er mit diesem Urteil gerechnet, bis zuletzt ist er vom guten Ausgang des Prozesses überzeugt gewesen. Dass sie ihn einschüchtern wollten, gewiss, ihn demütigen, unter Druck setzen, zu einem ängstlichen und feigen Menschen machen, einem Menschen, der sich künftig nichts mehr traut, der Angst davor hat, auch nur ein einziges politisches Blättchen zu vertreiben. Das alles, ja. Aber ihm das Leben nehmen? Niemals hätte er daran geglaubt! Noch in der Früh hat er sich ein Mittagessen bestellt, hat Pläne für die Heimreise gemacht! Wie betäubt ist er, als man ihn in seine Zelle zurückführt.

Fieberhaft jagen die Gedanken durch sein Hirn, mit der Aufbietung aller Kräfte versucht er, sich zur Ruhe zu zwingen. Einen Geistlichen! Den braucht er nun am nötigsten! Doch Braunau ist katholisch, keinen lutherischen Pfarrer gibt es hier, so führt man den katholischen Geistlichen zu ihm in die Zelle, einen herzensguten Mann. Zum Glück hat er etwas zum Schreiben mitgebracht. Mühsam ringt Palm um Fassung. Er möchte dem Pfarrer zwei Lieder diktieren, seine Lieblingslieder. Für seine kleinen Kinder. Damit sie nicht verloren gehen. Was für ein Trost wird es ihm sein, seine Kinder einst singen zu hören!

»Auf, ermuntre dich, mein Geist,
bei den frohen Stunden,

Da sich Licht und Sonne weist,
Da die Nacht verschwunden.
Weißt du nicht
Deine Pflicht?
Willst du nicht mit Singen
Gott ein Opfer bringen?«

Dann greift er selbst zum Papier. Er muss doch seiner Frau, seinen Kindern einen letzten Gruß schicken. Nur noch eine halbe Stunde bleibt. Was soll er nur schreiben?

»Herzens-Schatz! Herzlich geliebte Kinder!

Von Menschen, nicht von Gott verlassen, urteilte mein hiesiges Militärgericht über mich, nachdem ich nur zwei Verhöre hatte, und gefragt wurde, ob ich politische Schriften verbreitet hätte. Ich sagte, was ich wusste, dass höchstens nur per Spedition zufälliger Weise dergleichen versandt worden sei, aber nicht mit meinem Willen und Wissen.

Auf dies richtete man mich vom Leben zum Tod, ohne Defensor. Ich bat mir einen aus, welcher aber nicht erschien, indessen vor Gott wird er mir erscheinen.

Dir, Herzens-Frau, sage [ich] tausend Dank für Deine Liebe, tröste Dich mit Gott, und vergesse mich nicht. Ich habe auf der Welt nun nichts mehr zu sagen, aber desto mehr dort. Lebe wohl, Du und Deine Kinder, Gott segne Dich und sie.

Dein herzlicher Gatte und meiner Kinder Vater. Johann Philipp Palm. Braunau, im Gefängnisse am 26. Aug. 1806. Eine halbe Stunde vor meinem Ende.«

Dann greift er zu seinem leinenen Taschentuch und muss bitterlich weinen. Als er sich wieder gefasst hat, gibt er das nasse Tüchlein dem Pfarrer und bittet ihn, es seiner Familie zu schicken. Auch seine zwei Ringe zieht er von den Fingern und übergibt sie dem Geistlichen. Zuletzt holt er seine silberne Taschenuhr hervor, wirft einen letzten Blick darauf, und reicht sie dem Pfarrer: »Für meinen kleinen Sohn!«

Rette dich! Nenne den Namen des Autors! So wirst du Aufschub erwirken, kannst dich dadurch freikaufen! Als Kronzeuge wird man dich belohnen, dir dein Leben schenken! – Palm tut es nicht, schweigt bis zum Schluss. Niemand außer ihm wird je erfahren, wer das Blatt geschrieben hat. Sein Wissen, er nimmt es mit ins Grab.

Kurz vor der festgesetzten Zeit öffnet sich die Zellentür, und ein französischer Soldat fesselt ihm die Hände auf den Rücken. »Nicht die Hände! Bitte nicht die Hände! Ich will sie zum Himmel erheben können, wenn ich sterbe!« Die Bitte wird ihm abgeschlagen. Man bringt ihn hinaus vor das Gefängnistor, wo ein mit zwei Ochsen bespannter Leiterwagen auf ihn wartet. Auf den Wegen zur Stadt hinaus drängen sich die Menschen. Die Stimmung ist finster und feindlich. Welche himmelschreiende Ungerechtigkeit! Was sind das doch für Barbaren! Der arme Mensch dort auf dem Wagen! Eine große Zahl französischer Reiter mit gezückten Säbeln begleitet den Karren, dazu Fußsoldaten mit geschulterten Gewehren. Eine Musikkapelle schreitet voran. So geht es durch das Salzburger Tor hinaus, zur Festung. Auf den Mauern stehen feuerbereit die Kanonen. Die Franzosen sind nervös. Jeder Aufstand soll im Keim erstickt werden. Im Karree stehen die Soldaten bereit. Man holt Palm vom Ochsenkarren herunter, der Pfarrer, der nicht von seiner Seite gewichen ist und den Arm um ihn gehalten hat, verbindet ihm die Augen. Dann kniet Palm nieder.

Stadtmuseum Linz. In einer Vitrine ist eine fleckige, löchrige Weste zu sehen, die an Palms Hinrichtung erinnert: Sechs Soldaten waren vorgetreten. Aus einer Entfernung von zehn, zwölf Schritten hatten sie angelegt und ihre Gewehre abgefeuert. Palm war zu Boden gesunken, ächzte aber noch. Darauf erfolgte der Befehl an drei weitere Soldaten, auf den am Boden liegenden Palm zu schießen. Die drei traten vor, erneut erschütterte eine Salve den blutenden Körper.

Schnell lief der Pfarrer herbei, doch noch immer war Palm nicht tot. Auf einen dritten Befehl eilten weitere Soldaten hinzu, zielten diesmal nicht auf die Brust, sondern setzten aus nächster Nähe die Läufe ihrer Gewehre auf den Kopf des Verletzten. Als sie abdrückten, zersprang die Hirnschale in tausend Stücke.

Die Militärs hatten befohlen, den Leichnam des Hingerichteten auf dem Richtplatz zu verscharren. Der Totengräber aber nutzte die entstandene Verwirrung und brachte die verstümmelte Leiche auf den Friedhof der Stadt, wo er in einem eilends ausgehobenen Grab bestattet wurde.

83 Jahre später. Nur wenige Hundert Meter von der Hinrichtungsstätte, im Gasthof Pommer in der Salzburger Vorstadt, bringt eine junge Frau ein Kind zur Welt, einen Sohn. Wie kaum ein anderer wird er das tragische Schicksal Palms für die eigene Sache missbrauchen. Ausgerechnet dieser Mann, der Feind jeder Gerechtigkeit und Pressefreiheit, der selbst unzählige Kämpfer des freien Wortes liquidieren lassen wird. Er will sich im Glanze Palms sonnen, will seine eigene Herkunft durch den mutigen Menschen adeln. Ausgerechnet er, der Deutschland in den Zustand seiner tiefsten Erniedrigung bringen wird, huldigt Palm im Vorwort seines Buches *Mein Kampf*.

Nürnberg, wenige Tage nach der Hinrichtung. Verzweifelt hält Anna Palm, die Witwe, das Taschentuch und den Abschiedsbrief in den Händen. Ihre Kinder drängen sich an sie, weinen mit ihr. Doch die Mutter will nicht in Trauer versinken, will den Kindern eine Stütze sein. Welchen Mut hat doch ihr Mann bewiesen! Ist es nicht der letzte Wunsch ihres Mannes gewesen, dass die Kinder seine Lieder weitersingen? Und noch am selben Abend holt sie das Blatt mit den beiden Texten heraus und singt sie den Kleinen mit brechender Stimme vor.

Der 8. September 1806. Nürnberg ist bayerisch geworden. Nun könnten sie ihn nicht mehr verhaften, die Franzosen, nicht als den Bürger eines befreundeten Landes. Die bayerische Justiz wäre zuständig gewesen, ein Todesurteil hätte es nicht gegeben. Wenige Tage nur hätten gereicht. Wäre er doch so lange in Erlangen geblieben, in dem kleinen Gartenhaus am idyllischen Burgberg.

Auf Weisung Napoleons wird das Urteil gedruckt und vervielfältigt. Auf Kosten des Verstorbenen. 6.000 Exemplare, die in ganz Deutschland verteilt werden. Zur Abschreckung. Aber nach einer Phase erster Verunsicherung geschieht das Gegenteil. Palm wird zum Märtyrer. Eine große Welle der Solidarität erfasst Deutschland, von überall kommen die Spenden, die Familie Palms zu unterstützen. Buchhändler vor allem sammeln für sie. Sogar in Russland und in London bilden sich Unterstützungskomitees. Frau Palm braucht nicht zu verkaufen, kann mit Unterstützung des Gehilfen weitermachen. Und der Sohn Palms, Johann Wolfgang, wird selbst Buchhändler in München, Hofbuchhändler sogar. Die Kinder halten das Andenken an ihren Vater hoch, lassen, als sie erwachsen geworden, einen hohen Grabstein anfertigen. »Dem besten, zärtlichsten Vater«, steht darauf geschrieben. Als er 1823 in Braunau aufgestellt wird, 17 Jahre nach der Hinrichtung, singen sie vereint die beiden Lieder des Vaters:

»Alles ist an Gottes Segen
Und an seiner Gnad gelegen,
Über alles Geld und Gut.
Wer auf Gott sein' Hoffnung setzet,
Der behält ganz unverletzet
Einen freien Heldenmut.«

Die Nürnberger haben ihren mutigen Buchhändler nicht vergessen. Sein Wohn- und Geschäftshaus an der Winkler-, Ecke Schusterstraße steht zwar nicht mehr, eine Bronzetafel aber erinnert noch an den Kämpfer für die Pressefreiheit. Heute kann man an gleicher Stelle im *Café Neef* einkehren, Dürers Häschen aus Schokolade und einen schönen Blick auf die Sebalduskirche genießen.

Drei besondere Frauen

Dass bei den Künstlern und Wissenschaftlern die Männer dominieren, liegt an den Männern. Diese nämlich waren es, die begabten Frauen jede Menge Steine in den Weg warfen. Auch in Nürnberg. So war es Frauen lange untersagt, sich weiterzubilden; die höhere Schulbildung wurde ihnen genauso verwehrt wie handwerkliche Ausbildungen. Hatte eine Frau zum Beispiel Talent zum Malen und Zeichnen, durfte sie gemäß der gültigen Malerordnung allerhöchstens kleinformatige Arbeiten anfertigen und diese auch nur als Aquarelle und nicht in Öl. Alle drei Nürnbergerinnen, die in diesem Kapitel vorgestellt werden, haben es nicht wegen der Männer, sondern trotz der Männer geschafft, sich durchzusetzen. Dazu gehörte eine Menge Kraft, Zähigkeit und Selbstbewusstsein. Umso höher sind ihre Leistungen einzuschätzen.

Caritas Pirckheimer

Wo gab es im Mittelalter einen Ort, an dem eine wissbegierige, intelligente junge Frau ihren Neigungen nachgehen konnte? Wo konnte sie in Ruhe ihre Studien betreiben, Bücher lesen, ihre Gedanken niederschreiben, sich mit Gleichgesinnten darüber austauschen? So seltsam das für unsere heutigen Ohren klingen mag: Ein solcher Ort war einst das Kloster. Auf die höheren Schulen durften Frauen nicht, studieren schon gar nicht, auch die meisten anspruchsvollen Berufe waren ihnen untersagt. Heirateten sie, mussten sie sich um ihre häuslichen Pflichten kümmern. Nur das Kloster garantierte sonst nicht mögliche Freiheiten.

Barbara Pirckheimer wurde im März 1467 in Eichstätt geboren, als älteste von zwölf Geschwistern, von den Jungen überlebte nur ihr Bruder Willibald. Mit zwölf Jahren kam sie zu ihrem Großvater Hans Pirckheimer nach Nürnberg, wuchs in einer tief religiösen

Patrizierfamilie auf und erhielt von den Frauen des Hauses ihren ersten Unterricht. Es war die Zeit des Humanismus, der sich in dem weltoffenen Nürnberg mit seinen engen Kontakten zu Italien schnell verbreitete. Da gehörte es dazu, dass man die Gelehrtensprache jener Zeit, dass man Latein erlernte. Barbaras Großvater, der engagierte Ratsherr, brachte seiner neugierigen Enkeltochter die wichtigsten Grundbegriffe bei. Weil auf die Lateinschulen nur die Jungen durften, besuchte Barbara die Klosterschule der Klarissen. Alle waren von der begabten Schülerin überrascht. Gerne wäre Barbara gleich in den Orden eingetreten, doch damit musste sie warten, bis sie 16 Jahre alt war. Dann wurde sie als Novizin aufgenommen und nahm ihren Ordensnamen an: Caritas.

Obwohl sie nun hinter den Klostermauern lebte, blieb die junge Nonne doch in regem Kontakt mit der Außenwelt, besonders mit ihrem Bruder Willibald, der sich zu einem der bedeutendsten Humanisten entwickeln sollte. Viele Diskussionen führte man durch das Besuchergitter; Willibald sorgte auch dafür, dass die neuesten Bücher in das Klarissenkloster gelangten, etwa die aufregenden Schriften des Erasmus von Rotterdam. So war Caritas Pirckheimer immer auf dem neuesten Stand, ja sie korrespondierte selbst mit den modernen Denkern. Daneben kümmerte sie sich um die Ausbildung der jungen Nonnen, unterrichtete sie bald selber und wurde ihnen zur Novizenmeisterin. Im Jahr 1503 dann, mit 36 Jahren, wurde Caritas Pirckheimer zur Äbtissin gewählt.

Ein Kloster ist auch ein Wirtschaftsunternehmen. Die Zeiten waren nicht leicht, als die neue Äbtissin ihr Amt übernahm. Die Klostergebäude mussten renoviert, die Kirche erweitert werden. Als die Stadt Nürnberg beschloss, auf Bier und Wein eine Verbrauchssteuer zu erheben, bedeutete das für die Nonnen, die ihr Bier selbst brauten, eine herbe Belastung. Schlimmer aber traf es die Klöster noch, als der Nürnberger Rat beschloss, dass künftig nur die Lehre Martin Luthers in der Stadt gelten sollte. Klöster standen für die überkommene katholische Lehre und sollten abgeschafft werden. Was aber, wenn sich die Ordensleute sträubten? Dann versuchte man, sie massiv unter Druck zu setzen.

Als Erstes verbot man den Klarissinnen, sich weiter von katholischen Seelsorgern betreuen zu lassen. Das bedeutete gravierende Einschnitte in das Klosterleben. Man konnte die heilige Messe nicht mehr feiern, musste auf das Buß- und das Sterbesakrament verzichten. Den angebotenen evangelischen Pfarrer lehnte Caritas Pirckheimer entschieden ab: »Es wäre uns lieber und nützlicher, Ihr schickt einen Henker in unser Kloster, der uns alle Köpfe abschlüge.« Heftige Reaktionen waren die Folge. Man warf mit Steinen die Kirchenfenster ein, verwüstete den Kirchhof des Klosters und störte die Andacht der Nonnen. Wenige Wochen später dann ein neuer Beschluss des Rates: Die Äbtissin soll alle ihre Mitschwestern von ihren Ordensgelübden entbinden, die Ordensgewänder müssen abgelegt und durch bürgerliche Kleidung ersetzt und eine genaue Auflistung aller Wertgegenstände des Klosters erstellt werden. Sich des Ernstes ihrer Lage bewusst, versuchte Caritas Pirckheimer mit diplomatischem Geschick das Schlimmste abzuwenden. Mit jeder Nonne ihres Klosters führte sie ein Einzelgespräch und versprach, sie von ihren Gelübden zu entbinden, wenn sie es wünsche. Nur eine Mitschwester verließ das Kloster, alle anderen blieben ihrer Lebensentscheidung treu.

Darauf eskalierte die Situation. Drei aufgebrachte Mütter wollten von ihrem vom Rat zugestandenen Recht Gebrauch machen und ihre Töchter gegen deren Willen nach Hause holen. Nachdem alle Diskussionen nichts fruchteten, wurden die drei Nonnen gewaltsam aus dem Kloster entführt, ohne dass der Rat eingeschritten wäre. Auch die Äbtissin konnte den drei Mitschwestern nicht helfen, hatte man doch für diesen Fall angedroht, das ganze Kloster räumen zu lassen. Der Nürnberger Rat, bestehend aus lauter Männern, gegen die Frauen des Klarissenklosters, ein ungleicher Kampf.

Fieberhaft suchte Caritas Pirckheimer nach Unterstützern, korrespondierte mit einflussreichen Persönlichkeiten außerhalb des Klosters, legte schlüssig dar, dass sie keinesfalls gegen die Grundzüge der neuen Lehre opponiere, dass auch sie Luthers Ansicht sei, allein die Gnade Gottes entscheide über das Schicksal des Menschen und nicht dessen Werke, auch ein Klosterleben sei keinesfalls eine Garantie für das Himmelreich. Mit dem Nürnberger Cheftheologen, Pfarrer Osiander, führte sie lange Diskussionen, warb um Vertrauen und Toleranz, vergeblich. Die Stadt setzte einen Klosterpfleger ein und versuchte auf diese Weise, den Widerstand des letzten Nürnberger Klosters zu brechen. Als auch dieses nicht gelang, kam man auf eine andere Idee. Philipp Melanchthon, der treue Freund und Gefährte Martin Luthers, kam nach Nürnberg; ihn bat man, mit der aufmüpfigen Äbtissin zu sprechen.

Womit nicht zu rechnen war, das geschah. Die Aktion erwies sich als Bumerang für den Rat der Stadt. Melanchthon geißelte mit scharfen Worten die Maßnahmen gegen das Klarissenkloster. Die Zerstörung der Klöster sei ganz und gar nicht im Sinne Martin Luthers, erst recht nicht die Entführungen von Nonnen, die Vorschreibung bestimmter Geistlicher und die Vorenthaltung der Sakramente. Melanchthons Worte zeigten Wirkung, von nun an verzichtete man darauf, gewaltsam gegen das Klarissenkloster vorzugehen. Nur an einem Verbot hielt man fest: Das Kloster durfte keine neuen Frauen aufnehmen. Damit war auch das Ende des Klarissenklosters besiegelt.

Frühjahr 1529, einer der ersten nachösterlichen Tage. Ein Fest im Kloster, eine »Hochzeit«, wie man das nannte. Man wollte einen besonderen Tag nachfeiern, das 25-jährige Äbtissinnenjubiläum von Caritas Pirckheimer. Einem glücklichen Zufall ist es zu verdanken, dass uns der Brief einer Augenzeugin überliefert ist, die mit 16 Jahren ins Kloster eingetreten war, ein Brief von Katharina Pirckheimer an ihren Vater Willibald. Hier einige Ausschnitte aus diesem langen Schreiben:

»Mein herzlieber Vater! Ich habe dir sogleich geschrieben, um dich wissen zu lassen, wie die Hochzeit begangen wurde. Alle Schwestern sagen, solange sie im Kloster leben, könnten sie sich an keine freudenreichere und köstlichere Hochzeit erinnern. Am Morgen holte der ganze Konvent die Mutter von ihrer Zelle ab und geleitete sie mit brennenden Kerzen in den Chor, wo ihr die Mutter Priorin einen Kranz aufsetzte. Dann stimmte die Mutter selbst das Tagesoffizium an, und anschließend sangen wir die Messgesänge mit großer Herrlichkeit. Herzlieber Vater, es war eine solche Freude unter uns, die ich nicht beschreiben kann. Wir hätten die Mutter schier erdrückt, weil man ihr andererseits so feindlich gesonnen ist. Danach trug man die Mutter zu Tisch, und die Schwestern sangen ihr ein Ständchen. Es war kein Sparwirt da, aber du hast das Beste mit deinem guten Wein getan. Zuletzt gab es nach dem Abendessen noch einen Tanz. Die Alten tanzten so gut wie die Jungen. Die Mutter Priorin Appolonia Tucherin, die schon 57 Jahre im Kloster ist, zog mich so auf, dass ich mit ihr tanzen musste. Und die Mutter Äbtissin schlug dazu das Hackbrett. Der Tanz war so gewaltig, dass sie sagte: Liebe Kinder, verschont nur meinen Tisch!«

Kann man sich ein fröhlicheres Klosterleben denken? Drei Jahre später starb Caritas Pirckheimer, zwei Jahre nach ihrem Bruder Willibald. Sie wurde auf dem Nonnenfriedhof hinter der Klarakirche beigesetzt. Im Jahr 1959 gelang es, das Grab zu lokalisieren, 1960 bettete man die Gebeine um. Im Chor von Sankt Klara hat die emanzipierte, mutige Frau ihre letzte Ruhestätte gefunden.

Maria Sibylla Merian

»Den Monat Mai habe ich sehr viele kleine Räuplein auf dem Garten-Fress gefunden; sie waren schwarz über dem Rücken und der untere Leib weiß. Hinter dem Kopf hatten sie auf beiden Seiten drei schwarze Kläulein, aber zu beiden Seiten, den ganzen Leib hinunter, neun weiße Füßlein, wie neben an einem Sträußlein dergleichen Räuplein gekrümmet sitzt.«

Sobald in Nürnberg der Frühling begann, begab sich eine junge Frau auf die Suche. Aufmerksam durchstreifte sie die Umgebung und ihren kleinen Garten, der auf der Kaiserburg neben der Schlosskirche gelegen war, und entdeckte kleine Tierchen, die dem ungeschulten Auge entgingen, Maden, Käfer und andere Krabbeltiere. Vor allem aber Raupen, gewöhnliche kleine Raupen. Schon in ihrer Jugend in Frankfurt, wo Maria Sibylla Merian im April 1647 zur Welt gekommen war, hatte sie sich von den kleinen Kriechtieren faszinieren lassen, zuerst von der Seidenspinnerraupe, die man wegen ihrer Nützlichkeit schätzte, dann aber auch von den anderen wenig nützlichen Arten. Sie brachte ihre Funde mit nach Hause, richtete kleine Schachteln für sie her und fütterte sie mit den passenden Blumen und Blättern. Jede Raupe hatte dabei einen höchst eigenen Geschmack, wie Maria Merian herausfand; so wie die Seidenraupe die Maulbeerblätter brauchte, benötigte jede Raupenart ihre ganz spezielle Nahrung. Stundenlang konnte die junge Forscherin den Raupen zusehen, notierte schon früh und mit großer Akribie ihr Aussehen, ihre Besonderheiten und ihre Entwicklung. Und begann, sie zu zeichnen.

Das Zeichnen hatte sie schon früh gelernt. Ihr Vater, Matthäus Merian der Ältere, war ein bekannter Verleger und Kupferstecher. Die von ihm herausgegebenen Stadtansichten sind bis heute populär und machten den Zeitgenossen Lust, auf Entdeckungsreisen zu gehen. Die Entdeckungsreisen seiner Tochter Maria waren andere. Völlig verzaubert war sie von der Transformation der Raupen in die schönsten Schmetterlinge. Wie war es nur möglich, dass sich ein kriechendes, sich so armselig fortbewegendes Tierchen zu einem farbenprächtigen Falter verwandelte? »Das veranlasste mich, alle Raupenarten zu sammeln, die ich finden konnte, um ihre Verwandlung zu beobachten. Ich entzog mich deshalb aller menschlichen Gesellschaft und beschäftigte mich mit diesen Untersuchungen.« Mit großer Zähigkeit und gegen den Willen der Mutter hatte sich ihre Tochter zunächst heimlich, dann unterstützt von einem Schüler ihres Stiefvaters, der ein bekannter Blumenmaler war, das Malen, Zeichnen und Kupferstechen beigebracht. Mit elf Jahren schon brachte sie es darin zu einer frühen Meisterschaft. Gerne stellte man in der Barockzeit Blumen und Tiere zusammen dar, an diesem Stil orientierte sich auch die junge Künstlerin.

Mit 18 Jahren heiratete sie Johann Andreas Graff, einen weiteren Schüler ihres Stiefvaters, bekam eine Tochter, die sie Johanna Helena nannte, und übersiedelte 1670 in die Heimatstadt ihres Mannes, nach Nürnberg, wo in ihrem Haus am Milchmarkt, dem heutigen Albrecht-Dürer-Platz, die zweite Tochter Dorothea Maria geboren wurde. Die Geschäfte von Johann Graff liefen nicht gut, weshalb die junge Mutter selbst anpackte und mit einem Farbenhandel das Familieneinkommen aufbesserte. Außerdem begann die begabte Künstlerin, Unterricht zu erteilen und andere Frauen im Malen und Sticken von Blumenmotiven auszubilden. Als Vorlagen fertigte sie Kupferstiche, die sie als Musterbuch in kleiner Auflage herausgab. Unter ihren Schülerinnen war auch Clara Imhoff. Die Patrizierfamilie Imhoff besaß einen der prächtigen Hesperidengärten, der sich nun für Maria Sibylla Merian öffnete, ein Paradies für eine Blumen- und Insektenfreundin. Auch andere unterstützten die Insektenforscherin gerne, manche sandten ihr gar eine Raupe oder Larve mit der Postkutsche zu. Manchmal half auch der Zufall, wie sich Maria Sibylla Merian erinnert: »Es wurden mir einmal zu Nürnberg drei Lerchen lebendig gebracht den elften August, welche ich getötet, drei Stunden danach, als ich sie wollte rupfen, da waren 17 dicke Maden an ihnen, wiewohl sie doch gleich von mir zugedeckt waren, also dass nichts in dieser Zeit dergleichen zu ihnen kommen konnte. Diese Maden hatten keine Füße und konnten sich doch fest an den Federn halten.«

Jeder andere hätte die Vögel wohl angeekelt in den Abfall geworfen, nicht so Maria Sibylla Merian. Ihre Augen fingen an zu leuchten, und sie beobachtete höchst interessiert, was jetzt geschah. »Den anderen Tags veränderten sie sich in dergleichen ganz braune Eier. Den 26. August kamen so viel schöne grüne und blaue Fliegen heraus, welche ich große Mühe hatte zu fangen, dieweil sie so hurtig waren, ich bekam nur fünf davon, die anderen entflohen mir.«

Künstlerin und Naturforscherin, diese Doppelbegabung wusste die Neu-Nürnbergerin zu nutzen. Aus den Sammlungen und Beobachtungen der Nürnberger Raupen, ihrer Verpuppung und der schlüpfenden Schmetterlinge verfertigte Maria Sibylla Merian ein bibliophiles Buch, das im Verlag ihres Mannes erschien: *Der Raupen wunderbare Verwandlung und sonderbare Blumennahrung*. Nie zuvor hatte jemand das Leben der Raupen so systematisch und anschaulich beschrieben und gezeichnet, das Zeitalter der Aufklärung und der modernen Naturwissenschaften hatte ja noch nicht begonnen. Und doch war das Buch mehr als ein wissenschaftliches oder ein künstlerisches Werk. Selbst in den kleinsten Tierchen erkennt Maria Sybilla Merian das Wirken Gottes; die Existenz des unscheinbarsten Wesens, vor dem sich viele angeekelt wegdrehen, führt sie auf seine Schöpferkraft zurück. Als Kind des Barockzeitalters mit seinen mystischen und schwärmerischen Tendenzen lehrt uns die einzigartige Frau bis heute den Respekt vor der Natur in allen ihren Ausprägungen.

Mit dieser Veröffentlichung erwarb sich die Merian den Respekt weiter Kreise. Und doch bedeutete dies noch nicht den Höhepunkt ihres Forscherlebens. Unzufrieden mit ihrer Ehe entschloss sie sich, Nürnberg zusammen mit ihren Töchtern zu verlassen und ins niederländische Friesland zu ziehen, wo sich ihr Stiefbruder aufhielt. Sie wohnten zunächst in einem Schloss, das den Schwestern des Gouverneurs von Surinam gehörte. Dieses kleine Land im Norden Südamerikas hatten sich die Niederlande als Kolonie einverleibt. In Amsterdam, ihrem nächsten Wohnort, kam Maria Sibylla Merian mit dem Leiter des Botanischen Gartens in Kontakt. Dort bewunderte sie eine Sammlung exotischer Pflanzen und Tiere: »In jenen Sammlungen habe ich diese und zahllose andere Insekten gefunden, aber so, dass dort ihr Ursprung und ihre Fortpflanzung fehlten, das heißt, wie sie sich aus Raupen in Puppen und so weiter verwandeln. Das alles hat mich dazu angeregt, eine große und teure Reise zu unternehmen und nach Surinam zu fahren …«

Surinam! Obwohl ihr viele abrieten und vor den Gefahren des extremen Klimas warnten, wagte Maria Sibylla Merian die Reise, ihre Tochter Dorothea Maria begleitete sie. Zusammen durchstreiften die beiden unerschrockenen Frauen die dichtesten Urwälder, fertigten Zeichnungen an und sammelten Pflanzen und Tiere, mit Vorliebe wieder Raupen, die sie in Tag- und Nachtfalter einteilten. Nach zwei Jahren erkrankte Maria Sibylla Merian an heftigem Fieber und musste die Heimreise antreten. Zurück in Amsterdam, stellte sie ihre Sammlung aus und begann, einen Prachtband zu gestalten, 60 Kupferstiche der Flora und Fauna Surinams, insbesondere der Insekten: *Metamorphosis Insectorum Surinamensium*. Viele Exemplare kolorierte sie eigenhändig, leuchtende Beispiele der Schönheit jenes fernen Landes, das vielen Niederländern nur als gewinnbringende Zuckerrohrplantage galt. Mit deutlichen Worten kritisierte Merian dieses engstirnige Gewinnstreben, insbesondere die Ausbeutung der einheimischen Bevölkerung, die nur als nützliche Sklaven gesehen wurden. Maria Sibylla Merian hingegen hatte die Surinamer und ihr Wissen ernst genommen und auf diese Weise viel von der Heilkraft der exotischen Pflanzen erfahren.

Wer sich dieser einzigartigen Frau nähern möchte, die 14 Jahre in Nürnberg gelebt hat, der besuche einen etwas versteckt gelegenen Garten auf dem Gelände der Nürnberger Burg. Die schönsten Blumen blühen im Maria-Sibylla-Merian-Garten, alle sind sie in einem ihrer Bücher zu finden. Auch ein Insektenhotel hat man eingerichtet. Mit etwas Glück wird man in dem geschützten Idyll zwischen

Heidenturm und Himmelsstallung auch einer Raupe begegnen und vielleicht sogar einem Schmetterling. (Aktuelle Öffnungszeiten: www.kaiserburg-nuernberg.de)

Anna Klein

Ein Sprung in die Moderne, ins späte 19. Jahrhundert. Nürnberg hat sich zu einem Zentrum der Industrialisierung entwickelt, aber auch der Handel blüht wieder wie einst in den schönsten Zeiten. Mit einem Produkt ist man sogar Weltmarktführer. Keine andere Stadt, die so intensiv mit Hopfen handelt. Wer beschreibt das lebhafte Treiben im Spätsommer, wenn die Fuhrwerke aus dem Umland, aus der Spalter Gegend, aus Hersbruck, Lauf und Altdorf, den Hopfen anliefern, wenn die Darrenarbeiter die Ballen schleppen, wenn die Schwefeldämpfe aufsteigen und die ganze Lorenzer Altstadt in gelben Nebel hüllen. Besonders rund um die Mauthalle und entlang der Karolinenstraße reiht sich ein Geschäft an das andere, müssen die Ballen mit der kostbaren Frucht sogar auf der Straße gestapelt werden.

Der größte Teil des Hopfenhandels liegt in jüdischer Hand. Auch der Vater von Anna Klein, der zum evangelischen Glauben übergetreten ist, handelt mit dem grünen Gold und auch mit Wein, ist damit wohlhabend geworden. Anna, sein drittes Kind, ist im Februar 1883 in Nürnberg geboren. Als sie sechs Jahre alt wird, erreicht der Nürnberger Hopfenhandel seinen Höhepunkt, 82.000 Zentner werden umgeschlagen. Früh zeigt sich das Talent des Mädchens zum Zeichnen und Malen, reich sind die Anregungen in der quirligen Großstadt. Die Liebe zur Kunst wird immer größer, wird übermächtig. Als Anna mit 17 Jahren die Schule verlässt, hat sie nur einen Wunsch: Sie will Malerin werden! Ihre Familie unterstützt sie, nicht selbstverständlich in einer Zeit, in der junge Frauen mit solchen Ideen noch schräg angesehen werden. So packt Anna Klein ihre Koffer und geht nach Dachau.

Es ist das Jahr 1900. In Dachau ist eine Künstlerkolonie entstanden, ein bayerisches Worpswede. Viele junge Leute zieht es hinaus aus den Städten, in denen die Schlote rauchen, sie wollen auf dem Land das echte Leben, das echte Licht finden, Motive aus dem bäuerlichen Jahreskreis. Anna Klein meldet sich bei einer privaten Malschule an; Hans von Hayek, ein junger Wiener, wird zu ihrem Lehrer. Einer seiner Schüler erinnert sich: »Im Sommer kamen zahlreiche Schüler und Schülerinnen zu ihm, die dann entweder im Atelier oder im Freien nach der Natur ihre Studien machten. So sah man dann in den verschiedenen Teilen der so abwechslungsreichen Dachauer Landschaft im Moos, an der Amper, in den Wiesen, um einen schönen Baum herum gruppiert, die Maljünger und ›Malweiber‹, wie damals die Malerinnen allgemein bezeichnet wurden, stehen oder sitzen und malen, oft sehr zum Ärger der Bauern, denen dabei das Gras zertrampelt und oft auch mit den Ölfarbresten verunreinigt wurde.«

Anna Klein ist zu einem »Malweib« geworden. Ihr Lehrer lenkt ihren Blick auf die einfachen Dinge: eine Schafherde an einem Altwasser, die Hütten der Torfstecher, die Moosdisteln, eine Holzbrücke über die Amper. Man will den Augenblick festhalten, eine besondere Stimmung des Lichts, impressionistische und naturalistische Studien. Manche geben die Malerei wieder auf oder betreiben sie nur als Zeitvertreib. Nicht so Anna Klein. Nach zwei Jahren geht sie nach Baden, nach Karlsruhe, nicht an die berühmte Großherzogliche Kunstakademie, wo man nur als Mann eine Chance bekam, sondern erneut an eine private Malschule. Neben Tierdarstellungen und Landschaftsmalerei beschäftigt sich die junge Künstlerin auch mit Illustrationen und dem Anfertigen von Exlibris, besucht ab 1903 die Damenakademie des Münchner Künstlerinnenvereins. Dieser hat es sich zur Aufgabe gemacht, »das künstlerische Verständnis in Frauenkreisen immer mehr zu entwickeln«, und ist eine der ersten Adressen für Künstlerinnen in Deutschland. Auch Gabriele Münter und Käthe

Kollwitz haben sich dort eingeschrieben. Den Schülerinnen wird die Freiheit zugestanden, ihre Lehrer selbst zu wählen, auch das Malen in der freien Natur ist möglich und wird gefördert.

Allmählich findet Anna Klein zu ihrem eigenen Malstil. Besonders animiert wird sie durch eine Reise in die Niederlande, die sie zusammen mit anderen Kunststudenten unternimmt; wieder ist Hans von Heyek ihr Lehrer. Großformatige Bilder entstehen: Bauern und Fischer bei ihrer alltäglichen Arbeit, der weite Himmel über dem flachen Land, das nur durch Baumgruppen und die Holländerhäuser strukturiert wird, Enten auf einer verregneten Dorfstraße, eine frühlingshafte Allee, durch die ein Schäfer seine Tiere treibt. Mit sicherem Gespür bildet die junge Nürnbergerin ab, wie Menschen und Tiere mit der Landschaft verschmelzen, in ihr aufgehen, wie die Kontraste sich auflösen. Aber auch die Details interessieren sie: die ländliche Tracht der Mägde, ihre farbigen Schürzen, die nackten Füße in den Holzschuhen.

Reich ist die Ausbeute, mit der sie nach München zurückkehrt. Auch in der anatomischen Darstellung will sie sich nun üben, will besonders die Tiere noch lebendiger darstellen. Einen Mann gibt es in München, der den Tieren eine besondere Seele einhaucht, der die natürliche Eleganz ihrer Bewegungen einfängt wie kein zweiter. Anna Klein schreibt sich in seinen Malkurs ein, ist überrascht von der Dynamik, der Farbigkeit, mit der ihr neuer Lehrer alle Kreaturen darzustellen weiß, staunt über einen Panther, der einen Stier anspringt. Obwohl nicht naturalistisch dargestellt, stimmt doch jeder Pinselstrich, ist die Anspannung jeder Sehnen, jedes Muskels zu spüren. Franz Marc ist einer der außergewöhnlichsten unter den Münchner Künstlern.

Von der Kunst jedoch leben, wer kann das schon? So beschließt Anna Klein, sich zur Lehrerin ausbilden zu lassen, besucht Kurse für das Zeichenlehramt an der Königlichen Kunstgewerbeschule in München, macht 1910 ihren Abschluss und bietet private Zeichenstunden an. Im Stadtteil Gern, in dem sie lebt, gründet sie mit einer Freundin eine eigene Schule, vertieft sich dazu in die Technik des Linol- und Holzdrucks, widmet sich auch der Gebrauchsgrafik.

Im Jahr 1914 ein erster großer Erfolg. Auf der Weltausstellung für Buchgewerbe und Grafik wird sie eingeladen, eigene Arbeiten zu präsentieren. Weitere Ausstellungen schließen sich an. Im berühmten Münchner Glaspalast nahe dem Alten Botanischen Garten stellt sie mehrfach aus, Ölgemälde, Landschaften und Genrebilder, auch Grafiken. Im Jahr 1927 dann eine Einzelausstellung in Berlin. Und doch geht es Anna Klein nicht gut, ein Schatten fällt auf ihr Leben. Schleichend hat sich eine heimtückische Krankheit in ihrem Körper eingenistet, die Bewegungen werden immer schmerzhafter, die Gelenke sind oft geschwollen und gerötet. Die Ärzte diagnostizieren Rheumatismus. Doch Anna Klein lässt sich nicht unterkriegen, sie malt und betreibt auch ihre Zeichenschule weiter.

Schlimmer noch als das Rheuma ist eine andere Krankheit, eine Krankheit der Zeit. Ein anderer Münchner Künstler, der es nur zum Postkartenmaler gebracht hat, wiegelt die Menschen auf, geht auf die Straße, hält Hetzreden, sammelt mehr und mehr Anhänger um sich. Als Hitler es tatsächlich schafft, an die Macht zu gelangen, als er Reichskanzler wird, geht er mit brutaler Härte gegen unschuldige Menschen vor, besonders gegen die Juden. Dass Anna Klein getaufte Christin ist, spielt für ihn keine Rolle. Nicht auf das Bekenntnis kommt es an, nur auf die Abstammung. Anna Klein stammt aus einer jüdischen Familie, also ist sie Jüdin, wird darum aller ihrer Rechte beraubt. Die Nazis schließen 1933 ihre Zeichenschule, zwingen sie zur Arbeit in einer Matratzenfabrik. Wie die anderen Juden muss sie den gelben Stern tragen, darf die Straßenbahn nicht benutzen, muss sich zu Fuß von Gern nach Haidhausen schleppen. 1941 fährt ein Auto vor, Anna Klein wird inhaftiert.

Eine lange Zugfahrt nach Osten. Eingepfercht wie die Tiere werden Menschen quer durchs Deutsche Reich transportiert, durch das besetzte Polen nach Litauen. In der Stadt Kaunas hat die SS ein Ghetto errichten lassen, alle Juden werden dort hineingetrieben, ein ganzer Stadtteil ist mit hohem Stacheldraht umgeben, wie ein Käfig für wilde Tiere. In dieses Ghetto sperrt man auch Anna Klein, fünf Tage verbringt sie dort. Dann wird sie erschossen.

Was von ihr bleibt, sind ihre Werke. Wunderbare Bilder sind darunter, Landschaften voll von melancholischem Zauber, aber auch anrührende Szenen aus dem Alltag, zufällige Begebenheiten, liebevoll wiedergegeben. Wer die Werke der Nürnberger Künstlerin sehen will, der fahre nach Dachau. Anna Kleins Nachlass wurde der Dachauer Gemäldegalerie geschenkt.

Hans Sachs – eine Verteidigung

»Wer über die neuere deutsche Literatur reden will, muss daher mit Luther beginnen, und nicht etwa mit einem Nürnberger Spießbürger namens Hans Sachs, wie aus unredlichem Misswollen von einigen romantischen Literatoren geschehen ist. Hans Sachs, dieser Troubadour der ehrbaren Schusterzunft, dessen Meistergesang nur eine läppische Parodie der frühen Minnelieder und dessen Dramen nur eine tölpelhafte Travestie der alten Mysterien sind, dieser pedantische Hanswurst, der die freie Naivität des Mittelalters ängstlich nachäfft, ist vielleicht als der letzte Poet der älteren Zeit, keineswegs aber als der erste Poet der neueren Zeit zu betrachten.«

Uns stockt der Atem! Wer ist es, der in solch despektierlichem Ton über den guten Hans Sachs schimpft, ihn gar einen Hanswurst nennt? Man möchte es kaum glauben, aber die höhnischen Zeilen stammen von niemand Geringerem als von Heinrich Heine höchstpersönlich. Was hat Heine nur geritten, eine solche Batterie von Gemeinheiten abzufeuern? Noch dazu gegen einen dichtenden Kollegen, der 300 Jahre vor ihm gelebt hat, der sich also nicht mehr wehren konnte. Es ist an uns, Hans Sachs beizuspringen und seine Ehre zu retten. Wir wollen versuchen, Heinrich Heine in allen Punkten zu widerlegen.

Beginnen jedoch wollen wir mit einem Eingeständnis. Womit Heine recht hat, ist der Hinweis auf den Schuhmacher. Ja, Hans Sachs hat sein Brot damit verdient, den Nürnbergern hübsche Schuhe zu schustern. Heinrich Heine hat leicht spotten, er hatte es nicht nötig, einem Brotberuf nachzugehen. Hätte Hans Sachs auch einen reichen Onkel gehabt, er hätte noch ganz andere Sachen geschrieben. Vielleicht. Vielleicht aber schöpfte er gerade auch aus seinem Brotberuf viele Ideen und so manche Inspiration. Als Handwerker verlor er nie den Kontakt zu den Bürgern, wusste genau, wo dem einfachen Mann der Schuh drückte. Viele von Hans Sachs' Gesängen verraten den kundigen Psychologen. Nichts Menschliches war ihm fremd, eben weil er nicht einsam in seiner Dichterstube saß, sondern als Mensch unter Menschen lebte.

So fremd, wie es scheint, sind sich Heinrich Heine und Hans Sachs im Grunde nicht. Im Gegenteil. Beide sind ihrer Natur nach Sänger. *Buch der Lieder* hat Heine seine erste Gedichtsammlung genannt, auch Hans Sachs kam über das Lied zur Dichtung. Nachdem er bis zum 15. Lebensjahr in seiner Heimatstadt Nürnberg die Lateinschule besucht hatte, begann er seine Lehre zum Schuster. Die obligate Gesellenwanderung führte ihn nach Salzburg, Innsbruck, Passau, München, Landshut, Würzburg, Frankfurt, Koblenz, Köln und Aachen und manch andere Stadt, wodurch sich sein Horizont erweiterte. In Heinrich Heines Düsseldorf ist er allerdings nicht gekommen – ob Heines Groll daher rührt?

Gerne kehrten die Handwerker nach getaner Arbeit ein und pflegten die Kunst des Gesangs. Hans Sachsens erstes Lied, ein Meisterlied, dichtete er am 1. Mai 1514 in München, mit heißem Herzen vermutlich, denn er hatte sich in die Tochter seines Meisters verliebt. Ein Leinenweber, Lienhard Nunnenbeck, unterrichtete ihn in der Kunst des Gesangs. Zwar sagen manche, dass sich die Dichtungen und Melodien des Meistersangs vom Minnesang ableiten, aber wo ist die Kunst, die nicht auf den Schultern ihres Vorgängers steht? Deshalb aber abfällig von einer Parodie der frühen Minnelieder zu sprechen, lieber Heinrich Heine, was erwartest du? Sollte Hans Sachs im Zeitalter der Reformation noch mit einer Klampfe von Burg zu Burg ziehen? Der Meistersang gehorchte strengen Regeln, kein Zufall, dass unter seinen größten Künstlern viele Handwerker waren, denn auch zur Beherrschung des Meistersangs gehörte das Erlernen strenger Regeln und eine große Disziplin. Troubadour der Schuster? Welche Arroganz! Als könnten nur Akademiker dichten. Hochmut ist gänzlich fehl am Platz, wie wir zeigen werden.

»Ich weiß nicht, was soll es bedeuten, dass ich so traurig bin ...« Zu Recht bewundern wir dich, Heinrich Heine, wegen solcher Lieder. Doch Hans Sachsens Lyrik ist ebenfalls nicht zu verachten:

»Ach, wie traurig, ach wie schaurig
Ist es mir ums Herze heut',
Heiße Liebe, leise Triebe –
Wie seid ihr so weit, so weit!«

Hattest du das überlesen, lieber Heine? Gewiss, ein Gedicht wie dein folgendes, von dem wir die erste Strophe zitieren, beschreibt das Leid der Liebe auf geniale Weise:

»Ein Jüngling liebt ein Mädchen,
Die hat einen Andern erwählt;
Der Andre liebt eine Andre,
Und hat sich mit dieser vermählt.«

Aber hat Hans Sachs das gleiche Phänomen nicht ebenso hübsch erfasst?

»Das Herz, das ist ein Taubenhaus:
Ein Lieb' flieg ein, das andre aus.«

Wer über die neuere deutsche Literatur reden wolle, müsse mit Luther beginnen, und nicht etwa mit Hans Sachs. Nun, geschätzter Heinrich Heine, niemand anderem als Hans Sachs und seinen Versen ist es zu verdanken, dass Luther so populär geworden ist:

»Wacht auf, es nahet gen dem Tag!
Ich hör singen im grünen Hag
Ein wonnigliche Nachtigall.«

Hans Sachs hat als erster Dichter Martin Luther besungen, als *Wittenbergisch Nachtigall*, ein Wort, das schnell in ganz Deutschland die Runde machte und die Reformation in Nürnberg beschleunigte. Richtig schlimm aber, werter Herr Heine, ist die Beschimpfung des dichtenden Schuhmachers als Spießbürger. Spießbürger? Hans Sachs hat jede Menge Ärger mit der Obrigkeit gehabt, ja er wurde sogar mit der Zensur belegt und durfte manche Schrift nicht drucken, eben weil er kein Spießbürger war, sondern engagiert und den Herrschenden zum Trotz seine Meinung äußerte. Er traute sich, den Papst in Rom mit deutlichen Worten zu kritisieren, sprach in seinen Versen klar und deutlich aus, was er vom Ablasshandel und all den anderen fragwürdigen Geschäften hielt – zu klar und zu deutlich für den Geschmack des Nürnberger Rates, der ihn scharf sanktionierte. Lieber Heinrich Heine, du hast doch selbst unter der Zensur gelitten, du müsstest doch wissen, welchen Mut es braucht, sich als politischer Dichter treu zu bleiben. Spießbürger? Mutbürger wäre das richtige Wort.

Vielleicht soll sich das Wort vom Spießbürger auf die häufig recht moralischen Botschaften des Nürnberger Schusters beziehen. Es stimmt schon, Hans Sachs war ein Moralist, aber er war kein Doppelmoralist, und nur zu einem solchen würde das Etikett

Spießbürger passen. Es gibt ein hübsches Zitat von Hans Sachs, das beweist, dass er unter Moral keineswegs die Aufrechterhaltung einer spießigen Ordnung versteht: »Ausgelebte Untreue ist sinnvoller als eine erzwungene Treue.« Voilà! Dem könntest wohl auch du zustimmen, nicht wahr, lieber Heine? Doch noch einmal zurück zur politischen Dichtung. Deine Nachtgedanken

»Denk ich an Deutschland in der Nacht,
Dann bin ich um den Schlaf gebracht.«

sind immer noch brandaktuell. Ja, du warst ein hellsichtiger Denker, ein überaus scharfsinniger und scharfzüngiger Dichter, ganz unbestritten. Was aber sagst du zu den folgenden Zeilen aus Hans Sachsens Feder?

»Blind, überblindes Deutschland
An Geist und an Verstand.«

Klingt das wirklich so verschieden? Zeitgenossen von dir kamen zu einem völlig anderen Urteil über Hans Sachs, nicht nur die von dir angesprochenen »romantischen Literatoren«, bei denen du wohl an Wackenroder und Tieck gedacht hast. Nicht nur die Romantiker, auch die Klassiker sind schon des Lobes voll gewesen. Wieland schrieb an Lavater: »Haben Sie schon gewusst, dass Hans Sachs würklich und wahrhaft ein Dichter von der ersten Größe ist? Ich weiß es erst seit 6–8 Wochen. Wir beugen uns alle vor seinem Genius, Goethe, Lenz und ich.« Goethe setzte sich sogar hin und verfasste ein hübsches Langgedicht im Stile des schreibenden Schuhmachers: *Hans Sachsens poetische Sendung*. Darin heißt es:

»Nichts verlindert und nichts verwitzelt,
Nichts verzierlicht und nichts verkritzelt«

… und es schließt mit den Zeilen:

»Ein Eichkranz, ewig jung belaubt,
Den setzt die Nachwelt ihm aufs Haupt;
In Froschpfuhl all das Volk verbannt,
Das seinen Meister je verkannt.«

Im Froschpfuhl wollen wir dich nicht sitzen sehen, lieber Heinrich Heine, aber ein bisschen Reue dürfte schon sein:

»Dass im Poetenhimmel erklingen Dichterfaxen,
das wünscht aus Nürnberg Hans Sachsen.«

Die Produktivität von Hans Sachs war unglaublich: Um die 6.200 Gedichte hat er verfasst, 4.286 Meisterlieder, 1.900 Spruchgedichte und über 200 Tragödien, Komödien und Fastnachtspiele, die auch heute noch gerne aufgeführt werden, hinzu kommen etliche Prosaschriften. So bieder und heiter, wie er auf seinem Sockel hockt, ist sein Leben nicht verlaufen. Manche schwere Stunde hat der Schuhmacher durchleiden müssen. Keines seiner vielen Kinder überlebte ihn, auch seine erste Frau starb vor ihm. Im Alter heiratete er ein zweites Mal, ein spätes Glück. Hans Sachs starb im Januar 1576 mit 81 Jahren in seiner Heimatstadt. Wer ihm besonders nah sein will, der begebe sich auf den Johannisfriedhof und nehme ein Buch mit, um an seinem Grab den *Lobspruch der Stadt Nürnberg* zu lesen, die schönste Liebeserklärung des Dichters an seine Heimatstadt.

Welcher ist Ihr Lieblingsbrunnen? – Ein Psychotest

Nürnberg ist eine Stadt der Brunnen. Jedes Zeitalter hat neue Fontänen in Nürnberg spritzen lassen, das ist bekannt. Was jedoch weitgehend unbekannt ist: Anhand der Wahl Ihres Lieblingsbrunnens können wir Ihnen Ihr ganz persönliches Psychogramm erstellen. In den springenden Wassern spiegeln sich dem Kundigen nämlich Ihre geheimen Vorlieben, Wünsche, Ihre ganze Persönlichkeit. Überlegen Sie, was Ihr Nürnberger Lieblingsbrunnen ist. Ist es der Schöne Brunnen auf dem Hauptmarkt? Der Tugendbrunnen bei Sankt Lorenz? Der Neptunbrunnen im Stadtpark? Der Dudelsackpfeifer am Unschlittplatz? Das Gänsemännchen hinterm Rathaus? Der Kunstbrunnen auf dem Klarissenplatz? Oder gar das Ehekarussell am Weißen Turm? Nennen Sie uns Ihren Favoriten, und wir sagen Ihnen, was für ein Mensch Sie sind und wer am besten zu Ihnen passt.

1. Der Schöne Brunnen

Gratulation! Als Anhänger des Schönen Brunnens outen Sie sich zugleich als Ästhet und als Träumer. Sie lieben Harmonie und Ordnung, wie sie sich im Brunnen widerspiegeln, sind wertkonservativ und ein Mensch mit Geschmack. Außerdem verfügen Sie über eine umfassende Bildung, ohne diese heraushängen zu lassen.

Der Schöne Brunnen ist wie eine Pyramide aufgebaut, auf manchen wirkt er wie eine gotische Kirchturmspitze. Auf der untersten Ebene sitzt am Beckenrand versonnen die Philosophie mit den sieben klassischen Unterrichtsfächern der mittelalterlichen Wissenschaft, den Freien Künsten. Sokrates mit dem Buch verkörpert die Philosophie, Pythagoras mit der Hirtenflöte die Musik, Euklid vermisst als Vertreter der Geometrie einen Winkel, Ptolemäus als Astronom mit seinem Sextanten die Sterne. Nikomachos ist Mathematiker, auch wenn er heimlich auf eine Rechentabelle schielen muss, Aristoteles gibt den Dialektiker, seine Handouts hat er wohl in seine Tasche gesteckt, Ciceros Tasche hat Schnallen, damit ihm die Manuskripte zur Redekunst nicht von wortkargen Franken gestohlen werden, Donatus ist für die Grammatik zuständig, die er einem Mausgeseeser Bauernjungen nun schon seit über 600 Jahren vergebens beizubringen versucht: »Es heißt *Georgs Garten*, nicht *dem Gerchla sei Gärtla.*«

Der Liebhaber des Schönen Brunnens offenbart sich als Bildungsbürger. Nicht jedoch als wahlloser Faktenanhäufer oder gar als gefährlicher Freidenker, sondern als Anhänger einer Wissenschaft, welche sich unter die Aufsicht einer moralischen Instanz stellt. Diese wird durch die vier Evangelisten und die vier Kirchenväter repräsentiert, die hinter den Freien Wissenschaften thronen und diesen auf die Finger schauen. Drei bedeutende jüdische Helden sind zu sehen: Josua, der in der Nachfolge Moses das gelobte Land eroberte, Judas Makkabäus, der Streiter für die Religionsfreiheit seines Volkes, und König David. Es folgen mit Julius Caesar, Alexander dem Großen und Hektor von Troja drei klassische Helden, mit König Artus, Karl dem Großen und Gottfried von Bouillon drei Helden christlichen Glaubens. Schließlich stehen noch die sieben Kurfürsten stumm Spalier, die sich beim Männleinlaufen an der Fassade der nahen Frauenkirche sportlicher zeigen. Ganz oben aber, auf der höchsten Ebene, stehen Moses und sieben Propheten des Alten Testaments: Hosea, Daniel, Jeremias, Hesekiel, Amos, Jesaia und Joel.

Der Schöne-Brunnen-Typ zeigt sich also trotz seiner Liebe zur althergebrachten Ordnung als durchaus toleranter Mensch. Kein christliches Symbol thront über den jüdischen Promis, weder Maria noch Vater, Sohn und Geist (auch wenn sich gelegentlich eine Taube auf die Spitze setzt). So viel Toleranz ist auf dem Hauptmarkt nicht selbstverständlich, stand hier doch einst das jüdische Ghetto, das mit Zustimmung Karls IV. von den Nürnbergern vernichtet wurde, eines der größten Verbrechen der Stadtgeschichte.

Trotz seines intellektuellen Anspruchs steckt im Liebhaber des Schönen Brunnens zugleich ein echter Romantiker. »In alten Zeiten, wo das Wünschen noch geholfen hat …«, beginnt ein Märchen der Brüder Grimm. An Wünsche und ihre Erfüllung glaubt der Schöne-Brunnen-Typ ebenfalls und dreht offen, häufig aber auch klammheimlich, an dem berühmten Messingring. Echte Nürnberger erkennt man daran, dass sie die japanische Schlange meiden und sich auf die gegenüberliegende Seite begeben, wo sie statt des Touristenringes an dem Eisenring drehen. Mindestens so wirksam. Doch Vorsicht! Wer den Ring dreimal dreht, der wird im nächsten Jahr eine Wickeltasche mitbringen müssen.

Der Schöne-Brunnen-Typ verliebt sich häufig in einen ebensolchen, auch wenn ihre Wünsche nicht immer deckungsgleich sind. Gelegentlich flirtet er auch mit dem Ehekarussell oder dem Neptunbrunnen-Typ. Die Avancen des Tugendbrunnens versucht er zu ignorieren, der Dudelsackpfeifer ist ihm oft zu crazy. Gerne geht er früh zu Bett und lässt den Dudelsackpfeifer alleine weiterfeiern.

2. Der Gänsemännchenbrunnen

Sie sind ein echter Tierfreund! Und mit hoher Wahrscheinlichkeit sogar Vegetarier, wenngleich diese in Nürnberg selten sind. Einst wollte ein Knoblauchsländer Bauer zwei Gänse zum Nürnberger Markt tragen, als die beiden Tiere angesichts ihres nahen Endes jämmerlich zu schnattern begannen. Der Bauer wurde von einer schmerzhaften Rührung ergriffen, kehrte um und ließ die Schnattergänse auf seinen Hof flattern. Es ist dem Nürnberger Rat hoch anzurechnen, diesem frühen Tierschützer ein Denkmal gesetzt zu haben. Der Entwurf stammt wohl von Hans Peisser, das Kunstwerk wurde um 1550 vermutlich von Pankraz Labenwolf in Erz gegossen, einem Schüler und Schwiegersohn Peter Vischers. Früher spuckten die Gänse ihr Wasser auf dem Gänsemarkt, dem heutigen Obstmarkt, nach dem

Zweiten Weltkrieg wurde der Brunnen in den Hof des Rathauses versetzt.

Der Gänsemännchenbrunnen-Typ hat das Herz am rechten Fleck, Mitleid setzt er in tätiges Handeln um. Er engagiert sich für die Flüchtlingshilfe oder grillt beim Schulfest seiner Kinder Würstchen für den Förderverein. Mit seiner Leidenschaft für den Gänsemännchenbrunnen steht er nicht allein. Johann Wolfgang von Goethe gefiel der Brunnen so gut, dass er sich ein kleines Tonmodell nach Weimar schicken ließ; auch Ludwig II., der Kini, bestellte sich eine Nachbildung und ergötzte sich in Hohenschwangau an dem Sinnbild der Mitmenschlichkeit.

Der Gänsemännchenbrunnen-Typ meidet die City an den Samstagen und hält sich lieber im Grünen auf. Man kann ihm im Luitpoldhain begegnen, wo er auf einer Decke sitzt und seine Tofu-Semmel auspackt. Dabei ist er keinesfalls menschenscheu, schätzt durchaus die Diskussion. Besonders liebt er den Neptunbrunnen-Typ, aber auch der Schöne-Brunnen-Typ kann durchaus Chancen bei ihm haben.

3. Der Dudelsackpfeiferbrunnen

Kompliment! Sie sind ein Mensch, der das besitzt, was man »Chuzpe« nennt, jene Portion an Unverfrorenheit, die den wahren Lebenskünstler auszeichnet. Dazu sind Sie ein Genussmensch, jemand, der die Musik genauso liebt wie einen guten Tropfen, und der, wenn er in einer Gesundheitssendung hört, wie ungesund das Trinken ist, klare Konsequenzen zieht und künftig aufs Fernsehen verzichtet. Auch der Dudelsackpfeifer hat ein stattliches Alter, die ursprüngliche, geschnitzte Figur wurde vermutlich zwischen 1550 und 1600 geschaffen (das Original aus Lindenholz befindet sich in den Staatl. Museen zu Berlin), und dies ist seine Geschichte:

Fünf- bis sechsmal hatte die Pest in Nürnberg gewütet, die Toten wurden in aller Eile von Menschen in spezieller Kleidung aus der Stadt geschafft. Dabei warf man versehentlich auch den Dudelsackpfeifer auf den Karren. Er war aber gar nicht tot, sondern schlief nur sturzbesoffen in der Gosse. Als er durch das Rütteln des Karrens wach wurde und sich auf einem Berg von Leichen wiederfand, klemmte er sich spontan seinen Dudelsack unter den Arm und blies den Toten ein letztes Lied. Bis ins Mark erschrocken hielt der Kutscher an, und der lustige Musikus sprang hinunter. Angesteckt hat er sich nicht, die Pest ließ ihn in Ruhe. Man sagt, das habe er dem Alkohol zu verdanken, der hätte alle Pestkeime abgetötet.

Sie sehen, Sie liegen völlig richtig damit, sich Ihren Tropfen nicht madig reden zu lassen. In vernünftigen Dosen genossen (also aus gepflegten Gläsern), kann er durchaus heilsam wirken. Die Nürnberger sind zu loben, den kecken Dudler zur steten Beruhigung aller Genussmenschen in Bronze gegossen zu haben. Ursprünglich pfiff er am Ende der Tucherstraße, seit 1946 spielt er uns am Unschlittplatz auf, lustig und lebendig wie Sie!

Der Dudelsackpfeifer sucht sich am liebsten einen weiteren Dudelsackpfeifer! Zu zweit dudelt es sich doch noch viel schöner durchs Leben. Allerdings kann diese Kombination leicht zu einem gewissen Lotterdasein führen und zu etlichen Lokalverboten, weshalb der Dudelsackpfeifer klug beraten ist, eher mit dem Ehekarussell oder dem Schönen Brunnen eine Liaison einzugehen. Nicht aber mit dem Tugendbrunnen! Das geht garantiert schief.

(Nürnberg ist übrigens die Hauptstadt der Dudelsackpfeifer. Ein zweiter musiziert in der Lammsgasse.)

4. Der Tugendbrunnen vor Sankt Lorenz

Entschuldigen Sie, dass wir etwas misstrauisch sind. Wer sich so offen zum Tugendbrunnen bekennt, hat möglicherweise etwas zu verbergen. Nichts gegen den Tugendbrunnen, er ist sicherlich einer der gelungensten Nürnberger Brunnen überhaupt. Der Figurenkranz der sechs Tugenden ist von einer Lebendigkeit, als wäre er gestern erst gegossen, dabei hat ihn der Rotgießer Benedikt Wurzelbauer bereits 1589 hergestellt. Christliche und weltliche Tugenden harmonieren dabei im Kreis aufs Schönste. Fides trägt Kreuz und Kelch als Symbol für den Glauben, Caritas, die Liebe, sorgt sich liebevoll um ihre beiden Kleinen, Spes wirft der Hoffnung Anker aus. Die weltlichen Tugenden werden von Fortitudo und ihrem tapferen Löwen repräsentiert, von Temperantia, der Mäßigung, mit ihrem Krug und von der Geduld mit dem Lamm. (Natürlich hätte auch Prudentia, die Klugheit, bestens nach Nürnberg gepasst.) Glaube, Liebe, Hoffnung – Tapferkeit, Mäßigung und Geduld. Und über allem, als oberste Instanz mit Waage und Schwert und verbundenen Augen, Justitia, die Gerechtigkeit. Wer könnte ernsthaft etwas dagegen einwenden? Dennoch tun wir uns schwer, Ihnen all diese Charaktereigenschaften zuzubilligen. Nicht, weil wir Sie für einen schlechten Menschen halten, sondern weil es einen solchen Menschen nicht gibt, es sei denn, er wäre ein Heiliger. Hinter dem Tugendbrunnen-Typ verbirgt sich oft ein Mensch, der sich schwer damit tut, seine Schattenseiten zu akzeptieren. Er will für seine Ideale leben, verkennt aber oft, dass unterdrückte Triebe Schaden anrichten können. Er rümpft die Nase über den Nürnberger, der statt in Kirchen und Museen lieber mit Freunden in eine Kneipe geht oder mit seiner Freundin zur Liebesinsel spaziert. Am schlimmsten ist für ihn der Dudelsackpfeifer-Typ, besser kommt er mit dem Schönen Brunnen zurecht, seltsamerweise aber nicht mit einem weiteren Tugendbrunnen-Typ, wohl, weil ihm dieser den Spiegel vorhält.

Vielleicht gehören Sie ja zu diesem zweiten Tugendbrunnen-Typ. Der sieht nicht auf die tugendhaften Symbole, hat kein Auge für die Allegorien. Er ergötzt sich ganz allein an der lieblich sprudelnden Milch, die in feinen Strahlen den Brüsten der Damen entspringt. Einen solchen kollektiven Milcheinschuss gibt es in Nürnberg kein zweites Mal, und doch ist er keineswegs übertrieben. Jede Nürnberger

Hebamme weiß, dass gut gefüllte Mütterbrüste auf ähnliche Weise ihre Milch verspritzen können, manch Nürnberger Säugling kann ein Lied davon singen, wenn eine solche Dusche danebenging und er sich die benetzten Augen blinzelnd und ein wenig empört trocken reiben musste. Sollten Sie zu diesem zweiten Tugendbrunnen-Typ gehören, dann sind Sie ein Mensch, der eine intensive Mutterbeziehung pflegt, nicht ohne Grund heißt die weibliche Brust ja Mamma. Im erweiterten Sinn lieben Sie Mutter Erde als die uns nährende und segnende Kraft, ohne die kein Leben sein kann. In Ihnen steckt eine barocke Natur, die mit allen Sinnen genießen will. Sie sind kein vertrockneter puritanischer Tugendprediger, sondern im Gegenteil ein höchst lebenszugewandter Mensch, der mit offenen Augen durch Nürnberg schreitet und sich an allem Schönen erfreuen kann. Mit dem Dudelsackpfeifer und dem Kunstbrunnen ergibt sich eine lustige Verbindung, mit dem Schönen Brunnen ebenfalls, wenngleich etwas gesitteter.

5. Der Neptunbrunnen

In Ihrer Gegenwart fühlt man sich stets wohl. Sie sind ein durch und durch friedlicher Mensch, neigen nicht zum Streit und protestieren selbst dann nicht, wenn man Ihnen zu Ihren Nürnberger Bratwürsten süßen Senf serviert. Sie sind dem Humanismus verpflichtet und glauben daran, dass sich die Welt zum Guten wandelt. Aberglaube und anderer Hokuspokus sind Ihnen fremd. Am liebsten schlendern Sie an einem sonnigen Sonntagnachmittag tiefenentspannt aus der Stadt hinaus und besuchen den Stadtpark, in dem der Neptunbrunnen steht.

Seine Entstehung geht auf den Friedensschluss des Dreißigjährigen Krieges zurück, von allen Nürnberger Brunnen hat er die wohl seltsamste Geschichte. In Weinlaune war beim Friedensmahl die Idee eines Friedensbrunnens entstanden, den man für alle sichtbar auf dem

Hauptmarkt aufstellen wollte. Für den Guss wollte man gemäß dem Motto »Schwerter zu Pflugscharen« die nicht mehr benötigten Kanonen einschmelzen. Man beauftragte den Bildhauer Georg Schweigger und den Goldschmied Christoph Ritter, einen Barockbrunnen zu entwerfen. 1668 war das prächtige Ding fertig, nun aber fehlte das Geld, ihn aufstellen zu lassen. So stand Neptun über hundert Jahre auf dem Trockenen im städtischen Bauhof herum, was natürlich arg unter der Würde eines römischen Meeresgottes war. 1797 endlich begann er, in repräsentativer Umgebung zu sprudeln, nicht jedoch auf dem Hauptmarkt in Nürnberg, sondern im Park der Sommerresidenz von Schloss Peterhof in Sankt Petersburg. Zar Paul I. hatte den Brunnen den Nürnbergern für 66.000 Gulden abgekauft. Die Nürnberger aber bereuten diesen Entschluss, hundert Jahre später wünschten sie ihn wieder zurück. Doch Zar Alexander III. wollte sich von dem hübschen Brunnen nicht mehr trennen. Immerhin aber gestattete er den Nürnbergern einen Zweitguss, worauf sie nach Sankt Petersburg fuhren und Maß nahmen. Der jüdische Mäzen Ludwig Gerngros übernahm großzügig die Kosten, am 22. Oktober 1902 wurde der Neptunbrunnen endlich an dem für ihn bestimmten Platz auf dem Hauptmarkt eingeweiht. Allgemein war man von seiner Wirkung und der Sorgfalt seiner Ausführung begeistert, in seiner Pracht stand er dem Original in nichts nach, und zum Schönen Brunnen, seinem Nachbarn, ergab sich ein reizvoller Kontrast. Als aber die Nazis an die Macht kamen, störte sie das jüdische Geschenk. Besonders Julius Streicher hetzte gegen den Brunnen, auch sei er den Aufmärschen zu den Reichsparteitagen im Wege. Mit einem Friedensbrunnen konnten die Nazis natürlich nichts anfangen, die Nürnberger aber leisteten beharrlich Widerstand. Erst als sich Hitler persönlich einschaltete, mussten sie sich geschlagen geben, schmolzen ihren Neptun aber nicht ein, sondern bauten ihn auf dem heutigen Willy-Brandt-Platz wieder auf, direkt vor das Gauhaus der NSDAP. 1942 kam dann auch das historische Vorbild nach Nürnberg, als Raubkunst aus Russland.

Nach dem Krieg holten sich die Russen das Original wieder ab, und auch die Kopie musste erneut auf Wanderschaft gehen. Neptun hatte dem modernen Verkehr zu weichen, wurde ein weiteres Mal abgebaut und fand seinen Platz im Stadtpark, wo er bis heute sprudelt. Friedensbrunnen haben es eben nicht immer leicht in dieser Welt.

Der Neptunbrunnen-Typ kommt aufgrund seiner Friedfertigkeit mit fast allen anderen Brunnentypen aus. Anstrengend ist für ihn bisweilen die Unternehmungslust des Dudelsackpfeifers, leise protestiert er auch, wenn ihn der Tugendbrunnen-Typ zu den Fastenpredigten in die Lorenzkirche schleppt, denn als Humanist hat er es nicht so mit der Religion (am ganzen Neptunbrunnen findet sich kein christliches Symbol). Seelenverwandt fühlt er sich mit dem Kunstbrunnen, der auch um seinen angestammten Platz kämpfen muss. Am meisten genießt er die Gegenwart des Gänsemännchens, mit dem er gerne ein vegetarisches Restaurant im Johannisviertel besucht; zusammen bastelt man dann an einem Modell für eine bessere, eine friedlichere Welt.

6. Der Kunstbrunnen auf dem Klarissenplatz

Eigentlich heißt er *Hexagonal Water Pavilion*, viele nennen ihn aber nur das Wasserlabyrinth oder den Kunstbrunnen. Aus unsichtbaren Düsen schießt das sechseckige Zauberding plötzliche und unvorhersehbare Wasserwände in die Höhe, mal vorne, mal hinten, mal in Winkeln versetzt, mal innen, mal außen, mal gleichzeitig an verschiedenen Stellen. Hierdurch baut er von spritzendem Wasser gesäumte Wege, die den Mutigen einladen, sich auf ein Abenteuer einzulassen. Der deutsch-dänische Künstler Jeppe Hein hat den verrückten Brunnen geschaffen, eigentlich nur als temporäres Kunstwerk für das Jahr 2012. Vielen Nürnbergern aber hat das Wasserlabyrinth so gut gefallen, dass sie Unterschriften und Geld sammelten und man sich nun weiter von ihm nass spritzen lassen kann.

Der Wasserlabyrinth-Typ ist jung oder jung geblieben. Er erfreut sich an Überraschungen, liebt es spontan und ungezwungen. Eine leichte Tendenz zur Schadenfreude ist ihm nicht fremd, er kann es aber auch vertragen, wenn andere über ihn lachen. Am besten gefällt ihm das alte Nürnberg, wenn es sich in modernen Fassaden spiegelt. Er mag weite, lebendige Plätze, liebt es, die Menschen lachen zu hören, und fällt gerne in dieses Lachen mit ein. Er ist alles, aber nicht wasserscheu. Mit dem Dudelsackpfeifer geht er gerne auf Tour und macht sich einen Spaß daraus, den Tugendbrunnen zu foppen. Gelegentlich verwirrt er seine Freunde, indem er abtaucht und einem anderen Kunstwerk Platz macht. Umso schöner ist dann das Wiedersehen. (Im Kapitel »Ein Spaziergang entlang der Nürnberger Stadtmauer« werden wir dem Kunstbrunnen wiederbegegnen.)

7. Das Ehekarussell am Weißen Turm

Die Aufregung war groß, als im Jahr 1984 das Ehekarussell errichtet wurde. Wüste Beschimpfungen gab es, viele ältere Nürnberger gingen kopfschüttelnd an dem Brunnen vorbei und zogen ihre Enkel an der Hand hinter sich her, damit diesen der Anblick der drastischen Szenen verborgen bliebe. Die Aufregung hat sich gelegt, heute ist das Werk von Jürgen Weber ein beliebter Treffpunkt, bei dem man sich gerne fotografieren lässt. Auf einem marmornen Maiskolben tanzt Hans Sachs, eingemeißelt ist sein Gedicht *Das bittersüße ehlich Leben*, dessen Kernaussagen der Kranz der Karussellfiguren illustriert, Szenen einer Ehe.

Ist dieser Brunnen Ihr Lieblingsbrunnen, dann beweisen Sie nicht nur Humor, sondern darüber hinaus auch einen echten Sinn für Realismus. Sie sind ein Charakter, der zu differenzieren weiß und mit allen Formen der Dialektik vertraut ist, besonders wenn es um Fragen der Partnerschaft geht. So wie Hans Sachs in seinem Gedicht die Ambivalenz zu seiner Ehefrau beschreibt (»Sie ist ein Himmel meiner

Seel, sie ist auch oft mein Pein und Höll«), so ist auch Ihnen das jeder Beziehung innewohnende Für und Wider bewusst. Sie sind vom Leben gestählt und geben sich keinerlei Illusionen mehr hin (»Sie ist mein Engel auserkoren, sie ist mein Fegefeuer worden«). Dabei spielt Ihr Geschlecht keine Rolle, auch manche Frau nickt dem Ehekarussell beifällig zu und übersetzt Hans Sachsens Zeilen in ihrem Sinne (»Er ist mein Wünschelrut und Segen, ist oft mein Schauer und Platzregen«). Der Ehekarussell-Typ kommt erstaunlich gut mit dem Gänsemännchen zurecht, lustwandelt mit ihm gerne durch den Bürgermeistergarten oder zu einem anderen lauschigen Plätzchen. Andere Verpartnerungen aber sind nicht ausgeschlossen, eben weil der Ehekarussell-Typ um die Schwächen jeder Beziehung weiß. Er schraubt seine Ansprüche nie zu hoch und tröstet sich still mit Zitaten von Hans Sachs.

Wer noch auf der Suche nach seinem Lieblingsbrunnen ist, dem sei das schöne Buch *Nürnberger Brunnen in der Altstadt* von Rüdiger Braun und Ludwig Carbon empfohlen. 50 Brunnen in der Altstadt warten auf Entdecker.

Zehn Dinge, die jeder Nürnberger einmal im Leben gemacht haben muss

1. Er muss sich einmal den Senf von der Jacke wischen, der ihm aus seinen »Drei im Weggla« herausgetropft ist.

2. Er muss einmal am 24. Dezember um 13 Uhr den Christkindlesmarkt besuchen. Kenner wissen: Am gemütlichsten ist der Christkindlesmarkt, kurz bevor er an Heiligabend um 14 Uhr schließt. Dann herrscht eine einzigartige Atmosphäre, dann sind die Nürnberger unter sich, dann kann man lustig mit den Marktleuten anstoßen und sich auf das echte Christkind freuen.

3. Er muss einmal einen Gang über sämtliche Pegnitzbrücken der Altstadt machen.
Am schönsten leuchtet die Stadt am Wasser. Geht man immer im Zickzack von der Lorenzer zur Sebalder Seite und zurück, tun sich die schönsten Perspektiven auf.

4. Er muss einmal einen Lebkuchen backen.
Nicht nur, um hineinzubeißen, das kann man viel bequemer in ein Exemplar, das man sich in einer der hervorragenden Nürnberger Bäckereien besorgt hat, sondern um die Wohnung mit dem köstlichen Duft zu schwängern. Nichts riecht besser nach Weihnachten. Wie man einen Lebkuchen backt? Das wird in einem der folgenden Kapitel beschrieben.

5. Er muss seinem Nachbarn einmal die Tränen nach einem Abstieg des Clubs getrocknet haben.
Selbst der hartgesottenste Fan, der schon alles erlebt hat, leidet doch bei jedem Abstieg stets aufs Neue. Und der Club ist Deutscher Meister im Absteigen. Trösten Sie Ihren Nachbarn! Geteiltes Leid ist halbes Leid. Und der nächste Aufstieg schon beschlossene Sache.

6. Er muss einmal zur Pegnitzquelle wandern.
Zurück zu den Quellen. Die Wiege des schönen Nürnberger Flusses sollte man unbedingt einmal besucht haben. Der Quelltopf der Pegnitz befindet sich – wie könnte es anders sein? – in Pegnitz. Im kristallklaren Wasser jagen die Forellen um einen Springbrunnen, ein idyllisches Plätzchen. Bevor Sie losfahren, informieren Sie sich jedoch. Im Trockenjahr 2015 ist die Pegnitzquelle für einige Zeit versiegt.

7. Er muss einmal ein Häschen zeichnen.
Es muss ja nicht gleich ein Dürer werden, dennoch, in jedem Nürnberger steckt ein Künstler. Hatte das nicht schon Beuys festgestellt?

8. Er muss einmal einem chinesischen Touristen das Männleinlaufen erklären.
Hier noch mal zur Erinnerung: Wenn Punkt zwölf am Giebel des Michaels-Chors der Frauenkirche die Männlein zu laufen beginnen, verneigen sich nacheinander vor seiner Majestät Karl IV. die Erzbischöfe von Mainz, Köln und Trier, der König von Böhmen, der Herzog von Sachsen, der Pfalzgraf bei Rhein und der Markgraf von Brandenburg. Das Schauspiel erinnert an den Erlass der Goldenen Bulle 1356 und ist seit 1509 in dieser Form zu bewundern.

9. Er muss einmal beim Drehen des richtigen Rings den richtigen Wunsch tun.
Was der richtige Ring ist, weiß der Nürnberger. Richtig zu wünschen aber ist eine Kunst. Wie viel dabei schiefgehen kann, beweist manches weise Volksmärchen. Deshalb brummt so mancher Nürnberger, der sich unwillig zum Drehen des Rings hat nötigen lassen, wenn es aus dem Schönen Brunnen wispert, was er sich denn wünsche: »Basst scho!«

10. Er muss einmal die Stadtmauer umrunden.
Dieses Vorhaben ist so umfangreich, dass ihm das ganze nächste Kapitel gewidmet werden soll.

Ein Spaziergang entlang der Nürnberger Stadtmauer

Zu den zehn Dingen, die jeder Nürnberger einmal in seinem Leben gemacht haben muss, zählt der Gang um die Stadtmauer. Keine zweite europäische Großstadt, bei der die mittelalterliche Stadtbefestigung noch in solch eindrucksvoller Weise erhalten ist; bis heute prägt die Mauer mit ihren Gräben, Toren und Türmen das Stadtbild in spektakulärer Weise. Wir möchten Sie zu einem Spaziergang einladen. Das Einzige, was Sie mitbringen müssen, ist genügend Zeit. Die Nürnberger Stadtmauer ist stolze fünf Kilometer lang, will man sich zwischendurch noch umsehen oder den spannenden Mauergeschichten lauschen, sind schnell zwei Stunden vergangen. Auch für Kinder ist die kleine Wanderung gut geeignet, etliche Spielgelegenheiten liegen am Weg.

An welcher Stelle man beginnt, ist bei einem in sich geschlossenen Gebilde im Prinzip egal. Wir entscheiden uns für das Westtor, genießt man doch von hier (besser noch von der gegenüberliegenden Seite des Altstadtrings) eine der schönsten Perspektiven auf die Burg, unter deren Schutz sich die Sebalder Altstadt drängt. Schon Albrecht Dürer hat den bekannten Blick treffend festgehalten, man müsste heute nur die Straßenbahn ergänzen.

Vielen Rätseln werden wir auf unserem Spaziergang begegnen, schon das Westtor ist ein solches. Kein Tor ist nämlich zu sehen, und eigentlich existierte an diesem Platz auch keines. Als die Stadtmauer um das Jahr 1400 fertig wurde, gab es nur sieben Wege, um nach Nürnberg zu gelangen, fünf Haupttore, davon vier neu gebaute, die im Schutz mächtiger Tortürme lagen, und das Tiergärtnertor, das noch aus den Zeiten der älteren, engeren Stadtmauer stammte. Hinzu kamen zwei Türchen für den wandernden Besucher, das Wöhrder Türlein beim »Grüß Gott« der Pegnitz und das Hallertürlein bei ihrem »Ade«. Im Laufe der Jahrhunderte aber wuchs die Stadt und mit ihr der Wunsch nach weiteren Toren. Eines der sieben Neulinge war das Westtor, das 1863 entstand. Dem Westtor aber war trotz seiner hübschen, in Nürnberg sehr beliebten Neogotik nur eine kurze Lebensspanne vergönnt. Als mit dem Wandel zur modernen Industriestadt der Verkehr weiter anschwoll, riss man das Westtor bereits wenige Jahrzehnte später wieder ab.

Der Mohrenturm schaut nun auf die Lücke, und dieser Turm hat es in sich. Treten Sie ein! Nicht nur Kindern wird es schwindelig, auch erwachsene Besucher verlieren den Glauben an ihre Sinne. Im »Turm der Sinne« wird auf anschauliche Weise deutlich gemacht, wie wenig wir ihnen trauen dürfen. Sie glauben nur, was Sie selbst gesehen haben? Wenn Sie sich da mal nicht täuschen! Manchmal kann es durchaus sinnvoll sein, sich ent-täuschen zu lassen. »Eine der bedeutendsten Erfahrungen im Leben eines Menschen ist das Erlebnis, dass wir uns täuschen können«, spricht der Turm der Sinne, »Fundamentalisten sind Menschen, denen diese Erfahrung fehlt.« Einen diebischen Spaß bereitet es dem Museum, uns auf falsche Fährten zu locken und scheinbar Selbstverständliches zu hinterfragen. Der Turmaufstieg lohnt sich allein schon wegen des wunderbaren Blicks über die Stadt, und dieses prächtige Bild ist garantiert keine Täuschung.

Beginnen wir nun unsere Mauerwanderung. Es gibt, wie im gesamten weiteren Verlauf, verschiedene Alternativrouten. Urban gesinnte Geister und agoraphobe lieben den stadtseitigen Gang, freiheitsliebende und auch klaustrophobe Naturen eher die äußere, lichtere Perspektive, die sich von dem 15 Meter breiten Zwinger aus bietet. Dieser wird durch eine weitere, aus dem sich anschließenden tiefen Graben herauswachsende Mauer begrenzt. Auch der Graben, 1452 als Schutz vor den Hussiten gebaut, im Durchschnitt zwölf Meter tief und bis zu 20 Meter breit, ist über weite Strecken begehbar, noch schöner aber ist es, über die Mauer zu laufen, ein sehr seltener, aber besonderer Genuss. Wir haben uns bei unserer Tour für einen Routenmix entschieden, für jeden ist etwas dabei (im Winter muss auf Teile des Zwingers und andere Gartenanlagen verzichtet werden).

Vom Turm der Sinne zum Sinn der Türme: Natürlich dienten die Türme in erster Linie militärischen Zwecken, teils als Beobachtungsposten, teils als Gefechtsstände für die Artillerie. Damit im Ernstfall jeder wehrfähige Nürnberger an die richtige Stelle rannte, hatte man die Türme fein säuberlich durchbuchstabiert; weil es aber deutlich mehr Türme gab als Buchstaben im Alphabet, färbte man die Buchstaben in unterschiedlichen Farben ein. Das »Siebenfarbige Alphabet« verwendete für die 153 Holzläden der städtischen Aktenarchivierung die Farben Weiß, Grün, Rot, Gelb, Braun, Blau und Schwarz. Vier Farben reichten für die gut 130 Mauer- und Grabentürme, von denen noch an die 60 erhalten sind: Rot, Grün, Schwarz und Blau

Der Turm »Rotes Y«, der zweite, an dem wir auf unserem Weg entlang der Spittlertormauer vorbeikommen, wenn wir in Richtung Plärrer spazieren, ist ein echter Ritterturm. Er dient dem »Wallensteiner Ritterbund« als Ritterburg. Wenn Sie sich schon als Kind gewünscht haben, einmal zum Ritter geschlagen zu werden, hier haben Sie die Gelegenheit. Die lustige Ritterschaft ist für neue Mitglieder offen, ein »von und zu« brauchen Sie nicht mitzubringen, bürgerliche Nürnberger werden kurzerhand geadelt, und das Schwert wird nach dem Ritterschlag gleich wieder beiseitegelegt. Schon zu früheren Zeiten dienten viele Türme friedlichen Zwecken, teils als Wohntürme, teils als Aussicht für Nachtwächter oder als preiswerter Wohnraum für städtische Arbeiter mit ihren Familien. Die Türmer mussten nur mit dem Feuer vorsichtig umgehen, über ihren Köpfen auf den Dachböden lagerte oft das Schießpulver.

Achten Sie einmal auf die Mauersteine. Finden Sie, dass manche frisch behauen aussehen, täuschen Sie sich nicht. Nicht nur der Krieg hinterließ seine Spuren, auch die berühmte Steinlaus scheint gerne an den typisch roten Sandsteinen zu knabbern – zumindest entsteht dieser Eindruck beim Anblick des Steinmehls am Mauerfuß. So mussten viele Steine ersetzt werden. Aufmerksamen Spaziergängern wird zudem auffallen, dass wir das Turm-Alphabet rückwärts ablaufen, also gegen den Uhrzeigersinn. Bitte beschweren Sie sich nicht! Sie wissen, das Wort »konzentrieren« stammt von der Methode, beim Lernen konzentrische Kreise abzuschreiten. Am wirksamsten aber ist der Kreisgang, wie jeder Nürnberger Staatsschauspieler bestätigen wird, wenn man gegen den Uhrzeigersinn läuft.

Im nächsten Turm haben die JuHus, die jungen Humanisten und Humanistinnen, ihr Hauptquartier. Sie beweisen, dass man auch vorbildlich leben kann, ohne Mitglied einer Kirche zu sein; die JuHus setzen sich für Nürnberger ein, die nicht auf der Sonnenseite wohnen. Die Fraktion der Konfessionslosen wird auch in Nürnberg immer größer. Die katholischen Christen (ca. 25 Prozent) und auch die evangelischen Christen (ca. 28 Prozent) haben sie bereits überholt.

Die oberen Stockwerke der Türme sind oft aus Fachwerk gebaut, ein hübscher Kontrast zum massiven Mauerwerk. Auch andere Mauerdetails lockern das mächtige Trutz- und Schutzwerk auf und lassen es abwechslungsreich, ja manchmal direkt filigran erscheinen, die spitzen Schindeldächer etwa oder die hölzernen Wehrgänge. Letztere sind nicht allgemein zugänglich, selbst für die Tauben nicht, die man mit einem Gitter ausgesperrt hat. Eine Stadtumrundung durch Nutzung der Wehrgänge wie in Rothenburg ob der Tauber ist in Nürnberg ob der Pegnitz leider nicht möglich.

Manche Türme gehen mit der Zeit und tragen moderne Hausnummern. Turm Spittlertormauer 5 dient der Jugend des Bundes Naturschutz als Gruppenraum. So manches haben wir den jungen Nürnberger Ökoaktivisten zu verdanken, zum Beispiel befreien sie die Biotopflächen in Kornburg von dreist sich ausbreitenden Kiefern und geben Grasnelke, Silbergras und Kompagnons wieder Luft zum Atmen. Wer Lust hat, sich zum Segen der Natur die Hände dreckig zu machen und zugleich viel Spaß zu haben, einfach melden: jbn-nuernberg@gmx.de.

Was man nicht unbedingt vermutet: Auch entlang der steinernen Nürnberger Stadtmauer hat sich ein höchst spezielles Ökosystem gebildet, besonders im Graben. Zimbelkraut und Mauerraute beweisen, dass ein Mauerblümchen noch lange kein Mauerblümchen sein muss; gut genährt werden die Pflanzen unten am Mauerfuß, hier kann man dem weißen Gänsefuß begegnen, die dunklen, feuchten Grabenmauern hingegen lassen dichte Moosteppiche wachsen.

Wir kommen zu einer bogenförmigen Durchfahrt, dem Fürther Tor. Ein kleiner blauer Hinweis mit gelbem Muschelsymbol weist den Jakobspilgern den Weg. Auch Nürnberg liegt auf einem der alten Pilgerwege, die Jakobskirche ist nicht weit weg. »Ich bin dann mal weg?« Einfach aus der Stadt hinausmarschieren, in etwa drei Monaten sind Sie in Santiago de Compostela. Oder in einer Stunde in Fürth. Wie Sie wollen. Nördlich des Tores befindet sich der Tucherzwinger, 1526 errichtet, die erste in Nürnberg gebaute Rundbastei, im Volksmund »Pastete« genannt. Gelegentlich soll man am Fürther Tor jugendliche Club-Fans antreffen, die mit Inbrunst einen Ball hineinjagen. Das Fürther Tor zu treffen, was kann es für einen Glubberer Schöneres geben? Bis 1894 erhob sich an dieser Stelle der Turm »Rotes S«, der dem Fürther Tor weichen musste. Zwar hatte man bereits 1866 das nahe Ludwigstor gebaut, der Verkehr von und nach Gostenhof aber forderte eine weitere Maueröffnung. Oberhalb des Fürther Tores thronte einst die stattliche Gaststätte »Ludwigstorzwinger«. Ihre schlimmste Stunde erlebte sie am 20. Oktober 1922, als Julius Streicher die Nürnberger Ortsgruppe der NSDAP gründete. Auch das hat die Stadtmauer erleben müssen.

Im Turm »Rotes R«, dem Ludwigsturm, hat ein Künstler sein Atelier. Das in Nürnberg wohl bekannteste Kunstwerk von Markus Lange-Czechowicz ist seine Interpretation der Noris. Er schuf eine dralle, fröhliche Frau, die lustvoll eine Bratwurst aufspießt und statt einer Fackel einen Krug in den Himmel hebt, während sie auf einem Bierfass hockt. Die *Bratwurst-Noris* sorgte für einige Aufregung. Saß sie zunächst auf der Stadtmauer am Krakauer Haus, musste sie dem Proteststurm ehrbarer Nürnberger weichen. Heute kann ihr, wer will, am Inselrestaurant *Valzner Weiher* zuprosten. Am besten nach einem Club-Sieg. *Bratwurst-Noris* und die Renovierung des Ludwigsturmes sind Kurt Klutentreter zu verdanken, von dem großzügigen Mäzen werden wir noch hören.

Dem nun folgenden Ludwigstor erging es wie dem Westtor. Kaum erbaut, musste es schon dem Verkehr weichen. Bald darauf erreichen wir den Spittlerturm, den ersten der vier mächtigen Rundtürme. Ursprünglich war er viereckig, weil aber die Artillerie immer dickere Kanonenkugeln abschießen konnte, umgab man die wichtigsten Ecktürme mit einem runden Mantel, der die Geschosse besser abprallen lassen sollte. Zwischen das Rund und den alten Viereckturm schüttete man jede Menge lockere Steine und Ziegel. Erfahrene Statiker wissen: Hierdurch wird das Bauwerk in elastischer Weise geschützt.

Auch die übrige Mauer musste im Laufe der Jahrhunderte immer wieder aufgerüstet werden, ein steter Wettlauf mit den neuen Waffentechniken. Eine solch reiche und mächtige Stadt wie Nürnberg hatte viele Verehrer, nicht jeder kam in friedlicher Absicht. Waren es lange die Raubritter, die Ärger machten, übernahmen deren Job bald die benachbarten Markgrafen, die Nachfolger der Burggrafen, allesamt Hohenzollern, bei denen die Kriegsgene traditionell fröhlich sprossen. Im Ersten Markgrafenkrieg (1449–1450) musste man Albrecht Achilles was auf die Mütze geben, beim Zweiten Markgrafenkrieg (1552–1555) seinem Verwandten Albrecht Alcibiades von Brandenburg-Kulmbach. Im Dreißigjährigen Krieg (1618–1648) musste man sich dann vor den Kaiserlichen in Acht nehmen; die größte Schlacht dieses furchtbaren Krieges fand vor den Toren von Nürnberg nahe der Veste Zirndorf statt, wo sich Wallenstein und Gustav Adolf im Schlamm wälzten. Nürnberg wurde nie eingenommen. Nur gegen die Flugzeuge des Zweiten Weltkriegs waren die Mauern machtlos. Sie konnten die Stadt nicht mehr schützen und mussten ohnmächtig zusehen, wie von oben die Bomben hinabregneten. Auch die Mauer selbst wurde an vielen Stellen zerstört, nicht alles wurde wiederaufgebaut.

Heute wirkt es so, als wolle der Spittlertorturm mit seiner Mauer dem Verkehr wehren, der über den Plärrer braust. Auf der anderen Seite des Verkehrsknotens erhebt sich als modernes Pendant das

Plärrerhochhaus, das bei seiner Erbauung 1953 höchste, nun bereits denkmalgeschützte Bürogebäude Bayerns. Sehen Sie die Kamera auf dem Dach? Sie funkt Panoramabilder ins Frühprogramm des *Bayerischen Rundfunks*, für Nürnberger im Exil heimwehsüße Bilder.

Betritt man durch das Spittlertor die Stadt und geht geradeaus weiter, so gelangt man zum Inneren Spittlertorturm, besser als Weißer Turm bekannt. Er war Teil der vorletzten Stadtbefestigung. Um 1250 waren beide Stadthälften, die Sebalder und die Lorenzer, separat ummauert gewesen, die Pegnitz floss zwischen ihnen hindurch. Ab 1320 machte man sich daran, die beiden Umwallungen zu einer einzigen zu vereinen, alte Mauern wurden abgetragen, neue, verbindende gebaut. Nicht lange aber, da platzte die Reichsstadt aus allen Nähten, eine neue, größere Umwallung musste her. Neben dem Weißen Turm erinnern noch weitere Relikte an den Vorgänger der heutigen Stadtbefestigung: Henkerturm und Wasserturm am Weinstadel, der Schuldturm an der Pegnitz nahe dem Heilig-Geist-Spital und manche Grabenreste entlang der Peter-Vischer-Straße oder südlich des Laufer Schlagturms.

Der Name »Spittler« leitet sich von einem Spital ab, das in unmittelbarer Nähe gestanden hat, das Elisabethspital. »Spittler« hießen dessen Bewohner, die gerne durch dieses Tor hinaus ins Grüne hinkten. Zum Spittlertorturm gehörte ein eindrucksvoller Waffenhof, der heute noch besichtigt werden kann. Im Turm selbst ist eine Außenstelle des Garnisonsmuseums, auf Anfrage sind Führungen möglich. Könnten wir wie ein Adler hoch über Nürnberg fliegen, so würden wir sehen, dass die Stadtmauer keine runde Sache ist, sondern eine eckige. Sie erinnert an ein Rechteck, das man etwas gestaucht hat, ein Parallelogramm. Die Ecken mussten besonders gut geschützt werden, deshalb der dicke Spittlertorturm.

Nun empfehlen wir dringend den Gang über den Zwinger, also an der Außenseite der Mauer entlang, besonders wenn Sie Kinder dabeihaben. Auf der inneren Seite der Mauer beginnt nämlich Nürnbergs sündige Meile, das Rotlichtmilieu. Die hübschen Damen sind sehr fleißig und arbeiten im Schichtdienst rund um die Uhr, selbst am Sonntagvormittag sind sie auf dem Posten. Als wir zum ersten Mal durch Nürnberg liefen und völlig arglos über die Frauentormauer abkürzen wollten, winkte uns aus einem Fenster eine freundliche junge Frau zu und gleich darauf die nächste. Wir staunten nicht schlecht, hatte man uns doch erzählt, dass die Franken eher zurückhaltende Leute sind; diesen Eindruck hatten wir ganz und gar nicht und winkten freundlich zurück. Nach der vierten oder fünften Begegnung aber keimte ein Verdacht in uns auf, auch die luftige Kleidung der Damen ließ uns misstrauisch werden, und wir verließen die sündige Meile auf schnellstem Weg wieder. Aus wissenschaftlicher Lauterkeit dürfen wir Ihnen nicht verschweigen, welche Sehenswürdigkeiten Sie durch den züchtigen Schwenk vor die Mauer verpassen. Ein gelbes Plakat verspricht in schönster Zuhälterlyrik »Mädels, Mädels, Mädels, so weit das Auge reicht« (vermutlich bis zur rosa Plüschwand) und »teilweise splitternackt«. Eine Formulierung, die uns ins Grübeln bringt. Splitternackt, schön und gut, aber »teilweise splitternackt«? Was hat man sich darunter vorzustellen? Auch Häuser, die nicht der Liebe dienen, finden sich in der Straße. Ein wohl ziemlich genervter Bewohner einer der dortigen Türme, der sein Haus wohl des Öfteren unfein befeuchtet vorfand, malte ein lustiges und sehr anschauliches Verbotsschild gegen das wilde Pinkeln, das in jeder Sprache verständlich ist, weil es ohne Worte auskommt.

Doch zurück zum Zwinger. Er wirkt in diesem Bereich recht flach, weil der begleitende Graben zugeschüttet wurde. Schimpfen Sie nicht über die vielen Löcher in der Mauer. Das ist kein Pfusch am Bau, die Löcher dienten den Färbern, die ihre hölzernen Trockengestelle schließlich irgendwo befestigen mussten. Vorsicht vor dem nächsten Turm! In ihm geht es magisch zu. Hier können Sie sich an vielen Sonntagen verzaubern lassen, 13 Minuten vor 11 Uhr oder 13 Minuten vor 15 Uhr. Jungfrauen aufgepasst! Man soll schon sägende Geräusche gehört haben.

Auf hübsche Weise kann man an den Türmen unterschiedliche mittelalterliche Sanitäranlagen betrachten. Ein hoher Erker an den Türmen scheint das WC gewesen zu sein, ältere Modelle entschieden sich für die luftige Abfallbeseitigung durch freien Fall, modernere haben sich eine holzummantelte Verkleidung geschaffen. Am Jakobstor zeigt ein geschmiedetes Schild die Symbole der Zimmerer. Wandernden Gesellen, die es auch heute wieder gibt, dient der Turm als Herberge. Einen Schlüssel brauchen sie keinen, nur die Zahlenkombination des Schlosses dürfen sie nicht vergessen, sonst müssen sie die freundlichen Damen auf der anderen Seite der Mauer um Quartier bitten.

Das Färbertor ist wieder eines der verschwundenen Tore, schönste Neogotik, die dem Verkehr weichen musste. Einem Weltkriegsbunker fiel der alte Turm »Rotes H« zum Opfer. Immer noch gehen wir den Weg über den Zwinger, noch ist die Luft jenseits der Mauer liebesdurchtränkt. Auf der Höhe des Opernhauses kommen wir zu einem wichtigen Mahnmal. Es erinnert an die Opfer grausamer Verbrechen, die nicht verschwiegen werden dürfen, will man der Geschichte gerecht werden. Hier der Versuch einer Chronologie:

Am 9. September 2000 steht Enver Simsek an seinem mobilen Blumenstand an einer Ausfallstraße im Osten Nürnbergs. Um die Mittagszeit wird der zweifache Vater türkischer Abstammung mit acht Schüssen aus zwei Pistolen niedergestreckt, wenige Tage später stirbt er im Krankenhaus, ohne das Bewusstsein wiedererlangt zu haben.

Am 13. Juni 2001 hilft Abdurrahim Özüdogru in einer Änderungsschneiderei in der Südstadt aus, als zwei Männer den Laden betreten. Ein erster Schuss trifft den ehemaligen Siemensianer mitten ins Gesicht, als er zu Boden sinkt, setzt der zweite Mann seine Pistole an und schießt ihm in die Schläfe. Dann machen die beiden Mörder ein Foto von ihrem verblutenden Opfer und verschwinden. Zu Hause basteln sie ein Video. Ein Geschäft mit der Aufschrift »Türkische Schneiderei«. Man sieht den rosaroten Panther hineingehen, es blitzt zweimal auf, dann erscheint das Foto des Toten und eine Stimme ertönt: »A. Özüdogru ist nun klar, wie ernst uns der Erhalt der deutschen Nation ist.«

Am 9. Juni 2005 steht Ismail Yasar in seinem Imbissstand an der Scharrerstraße. Gegen 10 Uhr betreten zwei Männer den Imbisscontainer. Die erste Kugel verfehlt Yasar, streift nur sein rechtes Ohr. Der Wirt versucht sich hinter der Theke zu verstecken, die nächste Kugel trifft seinen Kopf, drei weitere seinen Oberkörper. Die Männer verschwinden auf ihren Fahrrädern.

Drei Opfer des sogenannten NSU fanden in Nürnberg den Tod. An sie und sechs andere Ermordete erinnert seit 2013 eine Gedenktafel. Vier Ginkgobäume wurden in ihrer Nähe gepflanzt, einer für jeden der drei Nürnberger Toten, der vierte für alle ungenannten Opfer, wie Oberbürgermeister Maly bei der Einweihung der Gedenkstätte sagte. Die Patenschaft für die Bäume hat der nahe CVJM übernommen.

Wir treten durch das Kartäusertor und schauen in die Stadt hinein. Hier lag das Kartäuserkloster, dessen Reste den Kern des Germanischen Nationalmuseums bilden. Die Kartäusergasse ist zur Straße der Menschenrechte geworden, beschriebene Säulen geleiten zum Haupteingang des GNM und weiter zu einem stilisierten Triumphbogen, der an Paris erinnert, denn dort wurden die Menschenrechte 1948 von den Vereinten Nationen feierlich verkündet: das Recht auf Leben, Freiheit und Sicherheit, Arbeit und Bildung, auf Gesundheit und Wohlbefinden, um nur einige aufzuzählen. Dem Internationalen Nürnberger Menschenrechtspreis ist das nächste Kapitel gewidmet.

Weiter geht's im Inneren der Stadtmauer entlang, auf der Rückseite des GNM. Am abgerissenen Sterntor findet sich ums Eck ein versteckter, aber besonders lauschiger Teil des Zwingers, der das Betreten lohnt. Steigt man auf eine kleine Außentreppe, genießt man den schönsten Blick auf das Nürnberger Opernhaus. Zwei gotische Bögen an der Mauer geben Rätsel auf. Welchem Zweck mögen sie gedient haben? Kein Hinweis gibt Auskunft. Den Weg Richtung Königstor gehen wir entlang der Zwingermauer und gelangen zu einer weiteren Gedenktafel, diese erinnert an die homosexuellen Opfer des Nationalsozialismus. Hier stand einst eine Straßenbahnhaltestelle mit öffentlicher Toilette, einer der verbotenen Treffpunkte schwuler Nürnberger. Ergreifend die Lebensgeschichte des 1918 geborenen Nürnbergers Rudolf K., von dem die Tafel erzählt. Einer von vielen, denen schreckliches Unrecht angetan worden ist.

Doch genug der finsteren Erinnerungen, heiterer wird's zum Glück nun auf dem Zwinger im Skulpturengarten, der 2004 von Bürgern und Nürnberger Institutionen gestiftet wurde. Seltene Tiere begrüßen uns hier und abstrakte Formen. Haben Sie Kinder dabei, dann schicken Sie sie auf Entdeckungsreise. Wer möchte einmal als Kaiser nach Nürnberg einziehen? Der suche die Krone. Auch für die Kaiserin ist eine versteckt.

Nun geht's wieder in die Stadt hinein, wir kommen zu einem der schönsten Nürnberger Plätze, dem Klarissenplatz. In jedem zweiten Sommer (viele hoffen, bald in jedem) sprudelt in seiner Mitte der Kunstbrunnen, nicht nur bei Sonnenwetter herrscht hier das lustigste Treiben. Lassen Sie Ihre Kleinen nur laufen, mehr als nass werden können sie nicht. Und Sie haben Zeit, das kontrastreiche Gebäudeensemble zu bewundern. Hinter der sanft geschwungenen hundert Meter langen Glasfassade sind einige Exponate des Neuen Museums zu erkennen. Das sich so wunderbar in die Altstadt einfügende Haus wurde von Volker Staab entworfen, der auch die Ausschreibung zur Bebauung des Augustinerhofs gewann. Bis diese letzte innerstädtische Brache aber verschwunden ist, werden die vorliegenden Seiten wohl längst vergilbt sein. Erfreuen wir uns so lange am Neuen Museum. Freunde von Kunst und Design kommen hier auf ihre Kosten. Lieben Sie Beuys, futuristische Sitzmöbel oder moderne

Videoinstallationen? Dann treten Sie ein! Seit 2013 beherbergt das Haus auch eine der bedeutendsten Sammlungen Gerhard Richters. Viele kommen allein, um einmal die Wendeltreppe zu erklimmen, die noch eleganter ist als ihre Schwester im New Yorker Guggenheim Museum.

Der Klarissenplatz wird nach Süden von der Stadtmauer begrenzt. Im Turm »Blaues S« hausen die Falken. Dabei handelt es sich um Turmfalken der besonderen Art, solch rote Falken findet man sonst nirgends. Die sozialistische Jugendorganisation trifft sich hier, um die Welt zu verbessern und Spaß dabei zu haben. Durch ein Tor betritt man den Handwerkerhof, ein beliebtes Touristenziel. In dem ehemaligen Waffenhof ist eine kleine Fachwerkstadt entstanden, in der man einkehren und allerlei Kunsthandwerk besehen und erstehen kann. Bewacht wird der Markt vom mächtigen Frauentorturm, einem der vier dicken Haupttürme der Stadtmauer. Privat durften wir ihn mal besichtigen. Eine reizende ältere Nürnbergerin, die im oberen Geschoss wohnt, empfing uns zu einem Tee und erzählte uns viel vom alten Nürnberg. Sie mochte an die 90 Jahre alt sein. Um sich die Einkäufe zu erleichtern, ließ sie an einem Strick einen Korb durch das kreisrunde Treppenhaus hinab und zog hinauf, was ihr freundliche Helfer hineingelegt hatten. Wir staunten nicht schlecht über die gemütliche Turmstube, mit der man nicht rechnet, wenn man den Turm von außen betrachtet. Gerne hätten interessierte Gastronomen sie schon aus ihrem Nest vertrieben, aber da macht die resolute Dame nicht mit. Das Frauentor hat seinen Namen durch die Klarissen bekommen, deren Kloster in der Nähe lag. Über die Geschichte des Klarissenklosters und eine der mutigsten Frauen Nürnbergs haben wir im Kapitel »Drei besondere Frauen« ja bereits einiges erfahren.

Am Königstor aufgepasst! Hier strömt es gewaltig, muss doch alles, was vom Bahnhof kommt oder dorthin zurückwill, an dieser Stelle vorbei. Nicht nur Touristen sei die Tourist-Info auf der anderen Straßenseite empfohlen. Im Erdgeschoss des modernen

Glasgebäudes, dem sogenannten Kopfbau des Künstlerhauses, findet man jede Menge aktuelle Veranstaltungshinweise. Der gläserne Würfel, der 2002 an das 1910 eröffnete, überwiegend durch Spenden finanzierte gründerzeitliche Künstlerhaus angebaut wurde, steht mit seiner lichten Transparenz für die Offenheit, mit der Nürnberg seine Gäste empfängt. Das Künstlerhaus hat eine bewegte Nachkriegsgeschichte erlebt. Stark zerstört, sollte es schon abgerissen werden, als es sich zum Treffpunkt junger Leute entwickelte, die es kreativ in Besitz nahmen. Nicht unerheblich daran beteiligt war Kulturreferent Hermann Glaser, der den Stadtrat überzeugte, das Haus für einen vierwöchigen Medien-, Musik- und Diskussionstreffpunkt zur Verfügung zu stellen. Daraus wurde dann das »Komm«. Ab dem Sommer 1973 nisteten sich die unterschiedlichsten Gruppen ein, die man damals mit dem Begriff »alternativ« etikettierte. Bundesweite Schlagzeilen machte das »Komm« am 5. März 1981. An die 300 junge Leute schauten sich einen Film über holländische Hausbesetzer an, als davon alarmiert die Polizei anrückte. Die Emotionen kochten hoch, ein spontaner Protestzug formierte sich und zog durch die Stadt, Scheiben wurden eingeworfen und Autos beschädigt. Zunächst griff die Polizei nicht ein, als die Demonstranten aber ins »Komm« zurückkehrten, wurde das Gebäude umstellt und 141 Personen in Gewahrsam genommen, ein Ereignis, das als Massenverhaftung von Nürnberg in die Justizgeschichte eingehen sollte. Viele Schüler waren darunter, deren Freunde und Lehrer am nächsten Tag auf die Straße gingen, um für deren Freilassung zu kämpfen. Viele Bürger beurteilten die Polizeiaktion als unverhältnismäßig und solidarisierten sich mit den jungen Leuten. 1997 kam das Ende für das »Komm«. Zunächst unter dem Kürzel K4 als städtisch verwaltetes Kulturzentrum genutzt, haben heute die Künstler die Macht übernommen.

Das Künstlerhaus stellt die Fortsetzung der alten Stadtmauer dar, die in diesem Bereich fehlt. Geht man stadtseitig an dem

Multikulti-Gebäude vorbei, am Filmhaus, KulturKellerei, KulturGarten und Werkbund Werkstatt, gelangt man zum ehemaligen Bauhof. Ein schwarzer Stahlkörper erhebt sich dort, der Eingang zum Kunstbunker. Tief unter der Erde befinden sich in der ehemaligen Fluchtanlage mehrere Veranstaltungsräume. Bunkerkunst im Kunstbunker. Der ehemalige Bauhof wird umrahmt von städtischen Ämtern, die sich um die Nürnberger Bauplanung kümmern. Schon 1615 residierte hier Nürnbergs oberster Baumeister, sein von Jakob Wolff dem Jüngeren errichteter Amtssitz schmückt den Platz bis heute. Verlässt man den Bauhof in Richtung Marientor (Sie ahnen es schon: Mitte des 19. Jahrhunderts neugotisch in die Mauer eingepasst, Ende des 19. Jahrhunderts dem Verkehr geopfert), begrüßt einen an der Ecke zur Lorenzstraße die Kunsthalle mit einem großen Plakat: »Was würde Dürer sagen, wenn er die Freunde von heute sähe? Alle, die uns fehlen! Würde er sich auf die Seite derer schlagen, die das Neue in der Kunst bekämpfen?« Kritische Worte, die uns zum Nachdenken bringen. Vermutlich würde Dürer den zeitgenössischen Kollegen die Hand verständnisvoll auf die Schulter legen und seufzen, dass es ihm nicht anders ergangen sei. Auch er hat sich zuweilen beklagt, dass ihn seine Nürnberger nicht genügend schätzten, wohingegen Venedig ihm zu Füßen lag. Die Brabanter hätten ihn ebenfalls gerne geholt, hohe Ablösesummen waren im Spiel, dennoch blieb Dürer Nürnberg treu. Zum Trost sei den unbekannten Plakatkünstlern zugerufen, dass für zeitgenössische Kunst noch nie so hohe Preise gezahlt worden sind wie heute, mehr als für manches Bild der klassischen Moderne. Frau Dürer hätte ihre helle Freude daran!

Mit der Querung der Lorenzstraße lassen wir das KunstKulturQuartier hinter uns und gönnen uns einen kurzen Blick auf die Lorenzkirche. Blickt man beim Weiterschreiten nach links, lacht einen in der Kühnertsgasse ein anmutiges Ensemble frisch restaurierter Fachwerkhäuser an. Es handelt sich um einige der letzten Handwerkerhäuser der Innenstadt, welche die Altstadtfreunde zum

»Museum 22/20/18« umgestaltet haben. Museen über Museen! Und noch ist lange nicht Schluss damit. Wenn es am stattlichen neobarocken Gewerbemuseum wenige Schritte weiter etwas stiller wäre, könnte man es ticken hören. In dem Haus hat die Uhrensammlung Karl Gebhardt ihr Zuhause gefunden, tausend Exponate erzählen viele Jahrhunderte Uhrengeschichte. Es ist kein Zufall, dass die Sammlung nach Nürnberg kam. Erstens ist Nürnberg schon seit Peter Henleins Tagen ein Zentrum der Feinmechanik, und zweitens hat im Gewerbemuseum die 1949 gegründete »Deutsche Gesellschaft für Chronometrie« ihren Sitz. Die Zeit zu messen – eine faszinierende Sache. Schon Dürers Melancholia hatte ihre Sanduhr dabei, auch wenn man dem Trauerengel zurufen möchte: »Mach es wie die Sonnenuhr, zähl die heit'ren Stunden nur.« Vor dem Gebäude findet sich eine solche, und zwar ein absolutes Luxusmodell, das nicht nur mit der Himmelsrichtung der Sonne arbeitet, sondern zugleich mit deren Distanz zum Horizont, wodurch sich bei Kenntnis der Uhrzeit auch die Jahreszeit ablesen lässt. Wofür man das braucht? Das fragen Sie ernsthaft? Wo sich die Jahreszeiten immer mehr angleichen? Wir hören schon die Nürnberger Mutter rufen: »Gerchla, schau mal auf die Uhr und sag mir, ob es schon Winter ist.«

Weiter geht's. Ein massiver grauer Betonbau wird nun zum Stadtmauerersatz. Darin befindet sich das Gedächtnis Nürnbergs, das Stadtarchiv. Dass eine geschichtsträchtige Stadt wie Nürnberg ein etwas größeres Archiv benötigt, leuchtet ein. Dennoch ist in dem Gebäude noch Platz für das Naturhistorische Museum: Völkerkunde, Altertum und Natur unter einem (Beton)-Dach. An die Beton-Ersatzmauer schließt sich eine der schönsten historischen Stadtmauerpassagen an, wir kommen ans Ufer der Pegnitz, an ihren südlichen Arm. Ausgerechnet von der unscheinbarsten der Altstadtbrücken, der Agnesbrücke, genießt man einen der interessantesten Blicke.

Für jeden Stadtmauerarchitekten stellte ein Fluss eine besondere Herausforderung dar. Jede Kette ist nur so stark wie ihr schwächstes

Glied. Und der schwächste Abschnitt einer Stadtmauer war oft der Eintritt und Austritt eines Flusses. Will man vermeiden, dass eine Stadtmauer zur Staumauer mutiert, muss man sich etwas einfallen lassen. Und die Nürnberger haben sich etwas einfallen lassen. Sie verstärkten das Mauerwerk an dieser Stelle mit Kasematten, schufen einen gebogenen Durchgang, der nicht durchschossen werden konnte, pflanzten Verteidigungstürme an die Ufer und spannten einen hohen steinernen Bogen über den Fluss, den sie mit einem ebenfalls gemauerten Wehrgang versahen und von dem aus sich ein Gatter in den Fluss versenken ließ. Das Gatter war wichtig, um die Marine des Feindes aufzuhalten. Man fürchtete weniger bewaffnete Boote als vielmehr unbemannte Drohnen. Doch, so etwas gab es bereits im Mittelalter, zumindest zu Wasser. Schurken bauten ein Floß, stellten Fässer voller Pech darauf, zündeten das Ganze an und ließen das Flammenschiff in die belagerte Stadt treiben. Feurio!

Die Nürnberger sind für ihren Mut zu bewundern, einem Fluss Eintritt in ihre Mauern zu gewähren. Nicht nur verteidigungstechnisch war das mit einem hohen Risiko verbunden, auch auftretende Hochwasser stellten eine permanente Gefahr da. Welche andere mittelalterliche Stadt erlaubt einem Fluss den Einlass? Köln lässt wohlweislich den Rhein außen vor, das alte Regensburg die Donau, München die Isar, Würzburg den Main. Doch: No risk, no fun. Durch die zentrumsnahe Pegnitz erhielt Nürnberg eine prächtige Energieversorgung. Ein Nürnberger mit dem passenden Namen Stromer zeichnete 1601 einen Stadtplan, auf dem zwölf Mühlenanlagen und 131 Wasserräder eingetragen waren, manche allerdings auch außerhalb der Mauern. Entlang der »Bengerdz«, wie manch alter Nürnberger seinen Fluss noch liebevoll nennt, herrschte ein reges Leben, wurde gemahlen, gehämmert, gesägt, geschliffen und poliert, alles mit Wasserkraft, ein gewaltiger Vorteil gegenüber anderen Städten. Allerdings gab es auch früher schon Dreckspatzen. Beschwerden über Abfälle, die einfach in den Fluss geworfen wurden, beschäftigten die städtische Rechtsabteilung nicht selten. Etwa wenn die ewig blutigen Schlachtergesellen an der Fleischbank wieder einmal ihre Reste ins Wasser geworfen hatten und sich Ochsengedärme um die nachfolgenden Mühlräder wickelten und diese zum Stillstand brachten. Auch die Pegnitzfischer waren »not amused« über Umweltsünder. Fische schwammen in der Pegnitz nämlich reichlich, noch bis 1906 gab es einen Berufsfischer auf dem nicht schiffbaren Fluss.

Schlimmer noch als die Abfälle waren die Hochwasser, die zwar nicht oft, dann aber mit großer Gewalt wüteten. Weil sich jedoch Rat und Mühlenbetreiber nicht einigen konnten, wurde der notwendige Hochwasserschutz immer wieder von der Tagesordnung genommen. Noch im Jahr 1908 kam es zu Überschwemmungen, der Hauptmarkt war geflutet wie sonst nur der Markusplatz von Venedig, zur Freude allerdings von Hermann Kesten, dem Nürnberger Dichter, der als lesehungriger Schüler eine günstige Kiste voller Bücher in einer gewässerten Buchhandlung erstand und sich daheim ins bedruckte Wellpapier vertiefte. Hochwasser sind Indikatoren für frühere Flussläufe. Mit dem Hauptmarkt hatte die Pegnitz wieder ihr altes Bett bezogen, das man mit dem Bauschutt des abgerissenen Judenviertels verfüllt hatte.

Brutal konnte es auch im Winter zugehen, wenn mächtige Eisschollen durch die Stadt knirschten. Wie eisige Rammböcke drückten sie gegen Uferbefestigungen und Brückenpfeiler. 1595 stürzte der Henkersteg ein und riss acht Schaulustige in die Tiefe. Nach dem Zweiten Weltkrieg nutzte man die Chance, im zerstörten Stadtkern mehr Raum für die Pegnitz zu schaffen, bislang hat es kein schwereres Hochwasser mehr gegeben.

Blicken wir von der Agnesbrücke über die Pegnitz stadteinwärts, mischt sich Moderne mit Tradition. Links erhebt sich das Cinecittá, das Lichtspielhaus, wo man sich in cineastischen Traumwelten verlieren kann oder auch in Albtraumwelten, je nach Geschmack.

Reißen wir uns von dem malerischen Anblick los. Die Pegnitz hat ja in diesem Bereich noch einen zweiten Arm, wir werden ihr also bald wieder begegnen. Über die Agnesbrücke gelangen wir auf die Insel Schütt, eine der beiden Pegnitzinseln der Altstadt. (Quizfrage: Wie heißt die zweite? Antwort: Je nachdem. Merkantile Geister nennen sie Trödelmarkt oder Trempala, Romantiker Liebesinsel, zumindest ihre östliche Spitze.) Rechter Hand befindet sich eine lange Rampe, die Kinder magisch anzieht. Sie führt hinauf zum Obergeschoss der alten Stadtmauer. Steht das Tor offen, gelangt man in malerische Himmelsgärten, von denen aus man hinaus zur Wöhrder Wiese schauen kann.

Dieser Abschnitt heißt Tratzenzwinger, mit dem Wehrturm »Blaues A« beginnt der blaue Bereich, recht passend, weil hier einst das Bier in Strömen floss. Der Name Tratzenzwinger geht auf einen Gastwirt zurück. Johann Mathias Dratz betrieb hier seit 1824 eine beliebte Wirtschaft. Heute gibt es eine alkoholfreie Nutzung, der Kreisjugendring trifft sich in der Bastei und dem hübsch renovierten Wehrturm. Die Kriegsschäden hat die Firma Diehl beseitigen lassen, was nicht ohne Pikanterie ist, verdient die Firma Diehl ihr Geld doch unter anderem mit Rüstungsgütern. Das Pendant dieses Wehrturms am nördlichen Pegnitzarm glänzt wieder, weil Kurt Klutentreter in die Tasche gegriffen hat. Wir sind dem Mäzen bereits beim Ludwigsturm begegnet. Kurt Klutentreter hatte als junger Mann eine geniale Idee. Er beobachtete, wie in der Nachbarschaft Altpapier angeliefert und verbrannt wurde. Papier war damals ein teurer Wertstoff. Warum ihn achtlos vernichten? Kurt Klutentreter bot an, das Altpapier auf andere Weise zu entsorgen. Man ließ ihn gewähren, und er verkaufte es an eine Wellpappenfabrik. Dann dachte er sich: Warum das Papier verkaufen? Wellpappe kann ich auch! 1948 machte er seine eigene Fabrik auf, »Papyrus Wellpappe« florierte und machte ihn zu einem reichen Mann. Verliebt in seine Heimatstadt, wurde er zu einem der größten Privatmäzene, zur Freude vieler Bürger, nicht immer jedoch zur Freude der Stadt, mit der sich der lebhafte Mann oft anlegte. Nicht jedes seiner Geschenke gefiel, manches wurde sogar zurückgewiesen, worüber Klutentreter sich ärgerte und gerne zurückärgerte. In der Regel aber überwand er in den Weg gestellte Hürden souverän, nicht ohne Grund hatte es der gebürtige Nürnberger zum süddeutschen Meistertitel im Hürdenlauf gebracht. Kurt Klutentreter starb im Februar 2000 in Nürnberg. Amüsant seine *Erinnerungen eines etablierten 64 Jahre alten Trottels*. Was von ihm bleibt, sind neben diesen Memoiren viele wiederaufgebaute Teile der Stadtmauer, besonders sein Beitrag zum Krakauer Haus, vor dem wir jetzt stehen. Krakau ist eine von Nürnbergs Partnerstädten. Das Krakauer Haus ist die inoffizielle Krakauer Botschaft in Nürnberg. Viele interessante Veranstaltungen kann man hier besuchen, wer möchte, kann auch einkehren und sich mit Piroggen oder einem dampfenden Borschtsch stärken. Sie haben einen fränkischer Magen? Keine Angst, auch der kommt auf seine Kosten.

Um den nördlichen Pegnitzarm zu queren, auf den wir jetzt stoßen, müssen wir einen kleinen Umweg entlang dem Flussufer machen, hin zu einer kleinen Fußgängerbrücke, dem »Hohen Steg«. Von hier hat man einen schönen Blick bis zum Heilig-Geist-Spital und zurück zur Stadtmauer. Sie wirkt an dieser Stelle niedriger, weil sich auf der anderen Seite, am Prinzregentenufer, stattliche Häuser erheben. Besonders schön ist der Giebel eines Jugendstilhauses, hellgelb, zartgrün und gülden glänzen die floralen Motive herüber. In der Hoffnung, das Schmuckstück noch aus größerer Nähe bewundern zu können, gehen wir am nördlichen Pegnitzufer zurück und steuern auf ein Ensemble moderner Gebäude zu, die sich unter überdimensionierten Dächern verstecken. Konzession an die berühmte Nürnberger Dachlandschaft? Nun ja … Es handelt sich um die Mensa des Studentenwerks. Was glauben Sie, ist das dortige Lieblingsessen? Sechs auf Kraut? Leider nein! Currywurst mit Pommes. Sehen wir es den Studenten nach, Jugendsünden eben. Auf dem Weg zurück zur Mauer begegnen uns etliche gesichtslose Nachkriegsbauten, die aussehen wie wärmesanierte Gewo-Wohnblocks in Castrop-Rauxel.

Wir schwingen uns um einen kleinen Kindergarten herum. Erst am Hübnersplatz wird es wieder idyllischer, auch jenseits der Mauer, wo es wieder einen Zwinger gibt, der zu einer Außenrunde einlädt. Wir aber bleiben zunächst innerhalb der Mauer, ist es dort doch deutlich ruhiger.

Nun haben wir in etwa die Hälfte der Mauer geschafft und schon einen guten Eindruck von der Größe des mittelalterlichen Nürnbergs bekommen. Ginge man heute die nicht mehr existierende Münchner Stadtmauer ab, wir hätten schon bald unseren Ausgangspunkt erreicht. München war gegenüber Nürnberg ein Dorf. Jetzt geht's wieder bergauf, wir erklimmen das Sebalder Ufer. Die Mensa hat es schon angedeutet, wir haben das akademische Viertel betreten. Viele der nun folgenden Türme sind in der Hand studentischer Verbindungen, was man an den fantasievollen Farben erkennt und den leeren Kästen neben der Tür. Burschenschaften und Bier, eine feste Verbindung. Aber muss es ausgerechnet Oettinger sein? Im fränkischen Bierland? Einer schwäbischen Verbindung hätten wir das Schwabenbilligbier noch nachgesehen, aber einer fränkischen?

Im Alcibiades-Turm residiert die Studentenverbindung Franko-Alemannia. Ihre Wurzeln hat sie in Würzburg, wo sie am 6. Februar 1896 von angehenden Maschinenbauern gegründet wurde; seit 1909 existiert der Nürnberger Ableger, der 1966 den Alcibiades-Turm bezog. Trägt der Turm seinen Namen aus Respekt oder aus Spott? Albrecht II. »Alcibiades« von Brandenburg-Kulmbach (1522–1557) war schließlich einer der übelsten Kriegsherrn weit und breit. Schon früh interessierte er sich nur für zwei Sachen: für Pferde und Waffen. Und für Trinkgelage. Einmal soff er seinen Hofmeister und vier weitere Zecher unter den Tisch, alle fünf starben an Alkoholvergiftung, Alcibiades aber überlebte. Wieder nüchtern, machte er sich daran, seine kleine Markgrafschaft in ein stolzes Herzogtum zu verwandeln. Herzog von Franken, das war sein Ziel! Die katholischen Landstriche plünderte der Protestant nach Herzenslust, aber auch das zur Reichsstadt Nürnberg gehörende Umland. An der Stadt selbst jedoch biss sich der Gierbalg die Zähne aus. Die Stadtmauer wankte keinen Zentimeter, Alcibiades musste seine fränkischen Herzogspläne begraben. Wütend ritt er nach Westen, eroberte Frankfurt, Mainz, Speyer, Worms, Metz, Verdun und viele weitere Städte – der Hunger des Markgrafen war unersättlich. Er plünderte und erpresste, was er holen konnte. Zweimal verhängte der Kaiser die Reichsacht über ihn, Alcibiades lachte nur darüber. Bei der Schlacht von Sievershausen im Solling aber wurde seinem wilden Treiben schließlich ein Ende bereitet. Eine Koalition deutscher Fürsten unter der Führung von Moritz von Sachsen trieb ihn in die Flucht und verheerte seine fränkischen Stammlande, Kulmbach, Hof und Bayreuth. Alcibiades starb im Exil. Ob die Studenten in dem nach ihm benannten Turm ähnlich trinkfest sind wie einst der große Säufer? Stadtmauertürme, so viel jedenfalls wird uns immer klarer, sind beliebt bei Institutionen, die gerne mal lustig feiern. Was gegen Kanonenkugeln schützte, das schützt die Nachbarn auch vor Lärmbelästigung. Aus der Stadtmauer ist nun eine Lärmschutzmauer geworden. Warum auch nicht? Man muss mit der Zeit gehen.

Bei einem der nächsten Türme ist nur ein dicker Messingkrebs an der Haustür angebracht. Ebenfalls eine Burschenschaft? Oder die Vereinigung der Nürnberger Schalentierfreunde? Wir können das Rätsel nicht lösen. Auch die Narrhalla hat einen Turm der Stadtmauer bezogen, hier kann sie fröhlich ungezwungen narrhallern, ohne Proteste faschingsfeindlicher Nachbarn befürchten zu müssen.

Wir haben die Innere Cramer-Klett-Straße erreicht, ein riesiges Loch klafft hier in der Mauer, mächtig fährt der Ostwind frei in die Stadt hinein. Bis ins Jahr 1871 musste er sich an der Wöhrdertorbastei vorbei durch das Wöhrder Türlein zwängen; zwängen mussten sich auch viele der bis zu dreitausend Arbeiter der Cramer-Klett-Fabrik, die vor dem Tor zu einem Giganten heranwuchs. Im Jahr 1927 wurde nahe der alten Mauer das erste Nürnberger Planetarium eröffnet, eines der modernsten seiner Art in Deutschland. Gauleiter Streicher aber missfiel das Sternguckerkino, er bezeichnete es als »architektonischen Missgriff«, wohl weil ihn der Kuppelbau an eine Synagoge erinnerte, und ließ ihn wieder abreißen. Was würde der selbst ernannte Frankenführer erst zu der Architektur sagen, die uns nun zu unserer Linken begleitet? In weitem Bogen zieht sich eine lange Fassade aus Sandstein den Hang hinauf, eine moderne Reminiszenz an die alte Stadtmauer; die schmalen Glasbänder sollen wohl an alte Wehrgänge erinnern. Sebalder Höfe heißt das Karree auf dem Gelände der alten Sebaldus-Druckerei, ein bunter Mix aus Geschäften, Büros und Wohnungen; auch die »Pfütze«, eines der bekannten Nürnberger Kindertheater, hat hier seine neue Bühne gefunden. Optisch läuft die äußere Gebäudemauer auf den nächsten der vier mächtigen Rundtürme zu, den Laufer Torturm »Schwarz M«. Ziemlich verloren steht der Koloss da. Ohne Stadtmauer, ohne Tor, ohne Kasematten oder Zwinger fehlt es ihm an Sinn und Zweck, ja an jeglicher Orientierung. »Von wo kommt denn nun der Feind?«, scheint er sich zu fragen.

Einst hatten die Torwächter, die dieses Stadttor bewachten, eine Menge zu staunen, begann doch hier die Goldene Straße, der Weg nach Prag. Was, glauben Sie, was ließ die Augen der Wächter heller leuchten, die Waren, die Nürnberg verließen, oder diejenigen, die von Prag kamen? Die Antwort fällt überraschend deutlich aus: Nürnberg hatte die klar bessere Handelsbilanz. Das lag an der Wertschöpfung, die in der Noris wesentlich höher war, weil man jeglichen Rohstoff kunstvoll zu verarbeiten verstand. Aus Prag kamen im Gegenzug Fette, Felle, Häute, Wachse, aber auch Edelmetalle wie Kupfer, Silber oder Gold. Bauherr der Goldenen Straße war Kaiser Karl IV., der den bisherigen und kürzeren Weg über Waidhaus nach Sulzbach und Weiden verlegte, um den Herrschaftsraum der Landgrafen von Lichtenberg zu umgehen. Heute noch werden über die Goldene Straße hochwertige Waren aus der Altstadt transportiert, zumindest bis zu den Villen von Erlenstegen, wo die feinen Damen wohnen. Schöne Geschäfte hätte bereits im Mittelalter die Nürnberger Versicherung machen können, die sich in Sichtweite einquartiert hat. Die »Nürnberger« ist zwar alt, so alt wie die Goldene Straße aber auch wieder nicht. Das Traditionsunternehmen wurde 1884 als Nürnberger Lebensversicherungs-Bank gegründet und bot die erste Unfallversicherung Bayerns an, »Schutz und Sicherheit im Zeichen der Burg«; bis heute ist es einer der verlässlichsten Förderer der Stadt.

»Graue Straße« hätte man die Goldene Straße wohl genannt, wenn sie so bebaut gewesen wäre wie heute. Wer kann, erspare sich den Blick in die Äußere Laufer Gasse, an dem nur der weiter hinten gelegene Laufer Schlagturm erfreut, ein Überbleibsel der älteren Stadtmauer, und gehe zügig geradeaus, direkt auf einen eckigen Turm zu, der die durchbrochene Stadtmauer wiederaufnimmt. Hier beginnt die Maxtormauer, außen herum geht's über den Laufertorzwinger und den Küblerzwinger, ein Erlebnisspielplatz lädt die Jugend ein, sich ein wenig von der geballten Bildung zu erholen. Auch der Graben taucht plötzlich wieder auf, weite Teile hatte man zugeschüttet. Über die Ausmaße des Stadtgrabens kann man nur staunen. Als im Jahre 1427 ein Angriff der Hussiten drohte, schaufelte man zehn Jahre lang; alle Nürnberger, die älter als zwölf Jahre waren und sich nicht freikaufen konnten, wurden zu Schanzarbeiten verpflichtet. Mit dem Stadtgraben wuchs der Befestigungsgürtel auf eine Breite von bis zu 35 Meter an. Wollte man durch das Tor aus der Stadt hinaus, wurde eine gewaltige Zugbrücke hinuntergelassen.

Am Turm »Schwarzes K« klebt ein Logo mit einem weißen K auf blauem Grund. Im Januar des Kriegsjahres 1915 hatte im nordamerikanischen Detroit ein Mann namens Allen Browne die Organisation Kiwanis ins Leben gerufen. Kiwanis ist ein Wort indianischen Ursprungs, das man mit »Erweiterung der eigenen Persönlichkeit« übersetzen kann. Kiwanis ist eine Art weltliche Bruderschaft mit dem hehren Ideal, die humanen und geistigen Werte zu verbessern, vergleichbar den Zielen von Rotary und Lions. Heute gibt es weltweit geschätzte 15.000 Clubs, einen davon in Nürnberg. Kiwanis hat sich besonders der Förderung von Kindern verschrieben. Eine besondere Benefizaktion ist das sommerliche »Dinner in Weiß«. Alle Teilnehmer kleiden sich in festliche weiße Gewänder. Erst am Veranstaltungstag erfährt man per SMS oder E-Mail den Veranstaltungsort, zu dem man dann sein Picknick mitbringt.

Die nun folgenden Wehrtürme hat wiederum der selige Kurt Klutentreter restaurieren lassen. In ihnen wohnen Studenten, nur einen Katzensprung entfernt von der Wirtschafts- und Sozialwissenschaftlichen Fakultät der Universität Erlangen-Nürnberg, deren Fahnen stolz auf dem Vorplatz wehen. Die Nürnberger WiSo kann auf eine stolze Geschichte zurückblicken. 1918 hatte die Stadt beschlossen, nach langer akademischer Abstinenz wieder in die Riege der Hochschulstädte zurückzukehren, und gründete in der Findelgasse gegenüber dem Heilig-Geist-Spital eine Hochschule für den Handel, was nahelag, hatte dieser doch Nürnberg über Jahrhunderte geprägt. Die »Nürnberger Schule« sorgte für Aufsehen, als sie unter der Leitung von Wilhelm Rieger und Wilhelm Vershofen die Sozialwissenschaften integrierte, ein damals revolutionärer Schritt, der aber gut zu Nürnberg passte. Was taugt die beste Wirtschaft, wenn sie unsozial wird? Kein Zufall, dass zu den Absolventen auch ein besonderer Fürther zählte, Ludwig Erhard, der Vater der sozialen Marktwirtschaft, der es sogar bis zum Bundeskanzler schaffte, als erster und bislang einziger Franke. (Der erste Nürnberger, der an den Stäben des Kanzleramts rüttelt, könnte den Vornamen Markus tragen.) 1961 vermählte sich die WiSo mit der Erlanger Universität, die Studentenzahlen kletterten in die Höhe, man brauchte ein neues Haus und wählte dieses hopfendurchtränkte Gelände, auf dem einst die Tucherbrauerei ihren Sitz hatte, bevor man sie gefährlich nah an die Fürther Stadtgrenze verlegte.

Und wieder haben wir eine Ecke des Parallelogramms erreicht, von nun an geht's streng nach Westen. Nach wenigen Minuten erreichen wir das Maxtor, ein weiteres jener nur noch dem Namen nach existierenden Stadttore. Blicken wir in die Stadt hinein, fallen gestaffelte Häuserzeilen auf. Die Sieben Zeilen sind ein Stück Nürnberger Sozialgeschichte. Über einige Jahrzehnte bestanden in friedlicher Koexistenz der letzte und der vorletzte Mauerring gemeinsam, auch die Tore der inneren Linie wurden jede Nacht versperrt. Die erste Bresche in die innere Mauer brach man in diesem Bereich und füllte 1487 den alten Stadtgraben auf, um Platz zu gewinnen für eine der ersten Arbeitersiedlungen. In den Sieben Zeilen siedelte man Weber aus der Nähe von Augsburg an, weshalb die Anhöhe bei den Nürnbergern auch den Namen Schwabenberg trug. Im Keller standen die Webstühle, darüber wohnten die Weber mit ihren Familien. Sieben Zeilen à drei Handwerkerreihenhäuser, da wird's ganz schön geklappert haben. Die fleißigen Schwaben webten ein leichtes Mischgewebe aus Leinen und Baumwolle, das sich gut einfärben ließ, Barchent genannt. Große Schande: Die einzigen vom Krieg nicht zerstörten Weberhäuser, die in der südlichsten Zeile standen, wurden 1973 für einen Neubau abgerissen – der Weckruf für engagierte Aktionen der Altstadtfreunde. So etwas durfte sich nicht wiederholen!

Ab dem Maxtor heißt der Befestigungsring nun Vestnertormauer. Wir umrunden den Spielplatz und gelangen zu einer schmalen Gasse gleichen Namens, die uns hinauf Richtung Burg leitet, zum Luginsland »Schwarz A«, jenem Turm, von dem aus die Nürnberger dem ungeliebten Burggrafen in die Suppe spucken konnten. Auf dem Weg dorthin aber kommen wir noch an einem kleineren Turm vorbei, dem ND-Turm. ND steht für den Bund Neudeutschland. Der ND ist eine katholische Schülerorganisation, die nach dem Ersten Weltkrieg ins Leben gerufen wurde, eine Art christliche Form der bündischen Jugend. Von den Nazis verboten, gründete sich der ND nach dem Zweiten Weltkrieg neu und gliedert sich heute in die KSJ, die Katholische Studierende Jugend und die Schülergemeinschaft. Längst sind auch Mädchen und studierende

Frauen mit dabei. Neben der Jugendarbeit bietet der ND-Turm auch Studentenapartments.

Und schon sind wir beim Luginsland. Der Luginsland war einst auch ein Polizeigefängnis. Sein wohl prominentester Insasse: Kaspar Hauser. Am Pfingstsonntag, als halb Nürnberg in Erlangen auf der Bergkirchweih feierte, hatte er plötzlich am Unschlittplatz gestanden. Man hatte nicht gewusst, wohin mit dem seltsamen Jungen, der nicht sprechen konnte und nur seinen Namen auf ein Stück Papier zu kritzeln verstand. Das Seltsamste aber war: In der kargen Zelle des Luginslands fühlte sich Kaspar Hauser wohl, wohler als in der Gesellschaft all der neugierigen Menschen. Die Zelle erinnerte ihn an sein Verlies, und sein Verlies war ihm über Jahre hinweg Heimat gewesen. Es klingt brutal und es ist brutal: Kaspar Hauser sehnte sich nach seinem Gefängnis zurück. Die Welt, in der man ihn ausgesetzt hatte, war ihm fremd und unheimlich. Vertraut waren ihm nur die nackten Kellerwände, die Dunkelheit, die Einsamkeit. Im Gefängnis im Luginsland gewöhnte er sich erst allmählich an sein neues Leben.

Ihr Leben lassen mussten an diesem Ort 16-jährige Jungs, die offensichtlich wertvolle Kunstwerke vor den Bomben der Alliierten in Sicherheit bringen wollten. Eine Gedenktafel erinnert an sie, gestiftet von den überlebenden Kameraden. Die mutigen Schüler kamen beim Luftangriff vom 2. Januar 1945 ums Leben, dem schwersten, der Nürnberg heimgesucht hatte. Der australische Bordfunker Frank Petch war dabei: »Die Nacht war kristallklar, Sterne funkelten am Himmel, und der Mond schien so hell, dass es nahezu Tageslicht war [...] Nürnberg erwartete wohl keinen Angriff. Es schien uns, als ob wir in Dachhöhe mit unseren Lancasters die Stadt überflogen. Die von Schnee bedeckten mittelalterlichen Gebäude erinnerten an eine Weihnachtskarte. Es schien nicht recht zu sein, diese friedliche Szene mit Bomben zu zerstören. Meine Nerven waren zum Zerreißen gespannt, als wir mit offenem Bombenschacht langsam und stetig über das Stadtzentrum flogen ...« In dieser Nacht kamen fast zweitausend Nürnberger ums Leben, in der Altstadt tobte ein Feuerinferno, dessen blutroter Lichtschein noch in Erlangen zu sehen war. Auch der Luginsland, der mächtige, stolze Turm, wurde fast völlig zerstört.

An den Luginsland schließt sich die wohl schönste Jugendherberge der Welt an. Viel können Sie nicht von ihr sehen, der Eintritt ist nur Gästen gestattet. Ins Foyer aber dürfen Sie einen Blick werfen, Sie werden glauben, in einem mehrsternigen Hotel gelandet zu sein. Die ehemalige Kaiserstallung, zuvor eine der Nürnberger Kornkammern (Fertigstellung 1495), wurde vor einigen Jahren auf das Feinste herausgeputzt – auch der Architekt Hans Beheim der Ältere wäre begeistert gewesen. Er war einer der fleißigsten Nürnberger Baumeister. Mit dem Unschlitthaus und der Mauthalle schuf er zwei weitere gewaltige Kornhäuser, damit Nürnberg selbst bei längerer Belagerung genügend Weggla für seine Rostbratwürste backen konnte. Auch am Heilig-Geist-Spital und dem alten Rathaus wirkte er mit, die Untere Waage, die Landauer- und die Holzschuherkapelle standen gleichfalls auf der Auftragsliste von Hans dem Baumeister.

Groß und mächtig erhebt sich nun die Burg vor uns, Mauer und Festung verschmelzen hier zu einer Einheit. Halten wir uns rechts und gehen zur niedrigen Mauerbrüstung, fällt der Blick tief hinunter in den Graben und weit über die Vorstädte und das nordöstliche Umland. Nur etwas für Schwindelfreie. Dieser Teil der Stadtumwallung verlangte besondere Architekturkunst, hier war eine ihrer schwächsten Stellen. Geschickt angeordnete Basteien waren notwendig, mögliche Angreifer abzuschrecken.

Schicken Sie nun Ihre Kinder auf die Suche. Irgendwo auf der Stadtmauer findet sich ein Hufabdruck. Er stammt von dem berühmten Raubritter Eppelein von Gailingen, der den Nürnbergern mit einem beherzten Sprung über den Stadtgraben entkommen sein soll, was zu dem Spottwort führte: »Die Nürnberger hängen keinen – sie hätten ihn denn.« Der Sprung verlängerte Eppeleins Leben nur unwesentlich. Man fasste ihn 1381 bei einem Trinkgelage in Postbauer und band ihn im nahen Neumarkt aufs Rad. Auf die ausgesetzten tausend Gulden aber warteten die Häscher lange vergebens, bis Nürnberg 1998 endlich zahlte – mit tausend Schokoladentalern.

Besuchen wir nun den Burggarten und erfreuen uns an der Nürnberger Gartenbaukunst. Die Basteien hat man zu schmucken Gärten umgestaltet. Im Sommerhalbjahr gibt es kaum einen schöneren Weg als das grüne Band auf den Verteidigungsanlagen, den Rosengarten, den Bürgermeistergarten und die lauschigen Treppen hinab Richtung Neutor. Unterwegs dürfen wir aber nicht den kleinen Mauerdurchbruch verpassen, der zum Wehrgang führt, den wir ein Stück zurückgehen. Was für ein idyllischer Anblick! Vor uns liegt der Tiergärtnertorplatz, für viele der schönste aller Nürnberger Plätze. Schmucke Fachwerkbauten und Sandsteinhäuser umrahmen die schräg und recht steil abfallende Fläche, mit dem Dürerhaus und dem Pilatushaus haben wir zwei der schönsten Nürnberger Häuser vor uns. Pilatus war kein Kollege von Dürer. Der Name stammt von der Tradition, an diesem Haus den Kreuzweg zu starten, der hinaus zum Johannisfriedhof führte. Bekanntermaßen begann Christi Leidensweg damit, dass ihn Pilatus zum Tode verurteilte, um sich gleich darauf die Hände zu waschen. Vielleicht machte er das bei alten Passionsspielen an dem Ziehbrunnen, den man wiederhergestellt hat. Das Pilatushaus erkennen Sie an dem vieleckigen Dacherker, der vorwitzig auf dem schmucken Fachwerkbau reitet. Das spätgotische Bürgerhaus gehörte von 1852–57 dem Freiherrn Hans von Aufseß, dem wir die Gründung des Germanischen Nationalmuseums zu verdanken haben. Im Pilatushaus präsentierte er seine Kunstsammlung, bevor sie ins Museum wanderte.

Der Tiergärtnertorturm (ein schwieriger Turm für jeden echten Franken, vier »hadde D« hinderänanner, allmächd!) ist in mehrfacher Hinsicht einer der interessantesten der Stadtmauer. Er ist der älteste der letzten Stadtbefestigung und verteidigte bereits die vorletzte Stadtmauer erfolgreich. In diesem geografisch kniffligen Gelände hatten sich die Nürnberger nicht getraut, die Stadt zu erweitern. Der Multi-T-Turm »Grün N« wurde zudem als Einziger der fünf Haupttürme nicht rund ummantelt, vermutlich, weil es an Platz fehlte und zudem der besonders tiefe Graben und die Basteien Sicherheit boten. Wer erstaunt fragt, woher der Turm seinen Namen hat, zum Tiergarten müsse man doch zum Wöhrdertor hinaus, dem sei verraten, dass sich Nürnbergs wohl ältester Zoo einst vor diesem Mauerareal erstreckte. Die Burggrafen hatten ein Wildgehege angelegt, das sich bis zum heutigen Klinikum Nord erstreckte. Es diente wohl weniger dem Tieregucken als vielmehr der Aufbesserung des burggräflichen Speiseplans. Zum Tiergärtnertor spazierten einst viele Studenten hinaus, denn hier geht's nach Erlangen. Haben Sie sich sattgesehen, kehren wir um, treten wieder durch die Mauer und halten uns links, um zum Neutor hinabzusteigen. Hier erhebt sich rundummantelt der letzte der fünf ehemaligen Haupttortürme. So neu, wie sein Name verspricht, ist das Neutor nicht, es wurde bereits 1377 erwähnt. Neuer aber war es als das benachbarte Tiergärtnertor, daher wohl die Namensgebung. Drei berühmte Städte lockten den Fernwehkranken, durch dieses Tor hinauszuwandern: Frankfurt, Würzburg und Fürth. Aber natürlich führte die alte Handelsstraße noch weiter, nach Brabant, wo man mit Brüssel und Antwerpen beste Geschäftsbeziehungen pflegte. Norimberga und Brabantia verstanden sich so gut, dass die Damen bis heute als allegorische Figuren die Ostwand des großen Rathaussaales zieren.

Tun Ihnen bereits die Füße weh? Dann besuchen Sie den Heilpflanzengarten im Neutorzwinger. Schuhe und Socken ausgezogen und die Füße mit ein paar frischen Blättern Beifuß eingerieben, schon kann's weitergehen. Am Hallertor steht ein weiterer Turm, der das Symbol der JuHus trägt, der Jungen Humanisten. Zwei Humanistentürme in Nürnberg? Ja, wo denn sonst! Das humanistische Erbe ist in Nürnberg eben lebendig geblieben! Diesen Turm aber müssen sich die jungen Humanisten mit »velophil« teilen. Google schweigt, aber ein Fahrradsymbol verrät, dass hier Nürnberger Radlfreunde eingezogen sein müssen.

Nun geht's hinunter zum Hallertürlein, dem schmalen Fußgängerdurchgang nahe der Pegnitz, der zur Hallerwiese hinausführt. Doch Vorsicht! Auch Radler dürfen hier passieren, und nicht alle sind humanistisch gesinnt. Manche scheinen es nicht erwarten zu können, endlich ins alte Nürnberg zu kommen, und treten gar kräftig in die Pedale.

Über die Pegnitz gelangen wir, indem wir den Kettensteg benutzen. Bei dieser Brücke handelt es sich um die älteste eiserne Hängebrücke Deutschlands. Früher war sie eine schwankende Angelegenheit. Um sie vor dem Übermut junger Leute zu schützen, hat man sie auf feste Bohlen gebettet, nun schaukelt nichts mehr. Schade, findet manches Nürnberger Mädchen, denn Jungs, die über schwankende Brücken gehen, verlieben sich signifikant schneller. Das liegt an dem psychologischen Prinzip der Fehlattribution. Durch ein schwankendes Abenteuer erregt, erscheint einem ein Mädchen plötzlich viel attraktiver. Der Kettensteg wurde 1824 nach Plänen von Conrad Georg Kuppler konstruiert, der übrigens auch wichtige Planungen für die Ludwigseisenbahn leistete und zur Freude der japanischen Touristen die verrosteten Männlein der Frauenkirche wieder zum Laufen brachte.

Vorläufer des Kettenstegs war ein Trockensteg, eine überdachte Holzbrücke für Fußgänger, von der es eine schöne aquarellierte Zeichnung Dürers gibt. In der Mitte des Kettenstegs müssen Sie unbedingt Ihr Smartphone zücken, schönere Fotomotive lassen sich kaum denken. Flussaufwärts spiegeln sich die Innenstadtbrücken in den Wellen, flussabwärts überbrückt ein massiver, überdachter Wehrgang die Pegnitz. Eine solche Strecke mit gemauerten Steinen zu überbrücken, Respekt vor den mittelalterlichen Baumeistern! Für den Fall, dass sich freche Fürther trauten, dennoch den Angriff zu wagen, baute man den Schlayerturm »Grünes F« (!) auf der kleinen

Flussinsel, die hier aus dem Wasser ragt. Die Pegnitz eilt nun weiter der Hallerwiese zu und der Weidenmühle, um sich bei Fürth mit der Rednitz zu vermählen. Den letzten Teil ihres Laufes hat man behutsam renaturiert und damit einen grünen Park geschaffen, der von Jung und Alt gerne besucht wird. Ein Wasserschöpfrad dreht sich wieder, der Biber nagt an den Uferbäumen, und vielleicht wird man der Pegnitz bald auch eine stehende Dauerwelle föhnen, auf der sich wie am Münchner Eisbach die Surfer tummeln.

Die Kinder fangen an zu maulen? Keine Angst, es ist gleich geschafft. Wir sind bereits wieder auf der Lorenzer Seite und schlüpfen durch den Durchgang des Turms »Grünes E«, der mit den benachbarten Türmen »Grünes C« und »Grünes D« in den Bau eines Altenheimes miteingebunden wurde. Studenten, Burschenschaften, Senioren, Zauberer, ein Museum, moderne Ritter, Faschingsjecken, christliche Jugendgruppen, humanistische, sozialistische ..., erstaunlich, was für Mauerspechte sich alles in den Türmen der Stadtmauer eingenistet haben und miteinander friedlich koexistieren. Vielleicht sollte man einmal im Jahr zusammen ein Stadtmauerfest feiern ...

Wir dürfen gratulieren, die Tour ist geschafft. Sie haben die ganze Stadtmauer umrundet. Haben wir zu viel versprochen? Die Wanderung war doch eine runde Sache. Und wenn die Kinder noch stöhnen sollten, können Sie ihnen mit bestem Gewissen versprechen, nicht so schnell auf eine Stadtmauer zu treffen, die länger ist als die Nürnberger.

Die aktuellen Öffnungszeiten des »Turms der Sinne« entnimmt man am besten der Homepage: www.turmdersinne.de

2003. Ein Gefängnis im Iran. Nicht irgendein Gefängnis, das Evin-Gefängnis, ein Gefängnis für missliebige Intellektuelle, ein politisches Gefängnis. Vor dem vergitterten Gebäude steht eine Frau, sie will das Unrecht dokumentieren, zieht eine Kamera hervor, fotografiert. Die Journalistin wird beobachtet. Man nimmt sie fest, foltert und vergewaltigt sie, reißt ihr die Fingernägel aus, bricht ihre Hände, schlägt ihr brutal ins Gesicht. Sie fällt ins Koma, stirbt zwei Wochen später.

Ihre Eltern klagen an. Zu ihren Anwälten zählt Abdolfattah Soltani. Entschlossen setzt er sich dafür ein, die Mörder dingfest zu machen, zusammen mit seiner Kollegin Shirin Ebadi, die für ihr Engagement den Friedensnobelpreis erhalten hat. Auch Abdolfattah Soltani hat Erfahrung beim Einsatz für politische Gefangene. Er ist Mitglied des Teheraner Zentrums für Menschenrechtsverteidiger.

Menschenrechte? Nicht im Iran! Brutal unterdrückt das Regime alles, was ihm nicht genehm ist. Auch Soltani wird wiederholt verhaftet, wird zu fünf Jahren Haft verurteilt wegen angeblicher »Propaganda gegen das System«. Zwar muss ihn das Revisionsgericht von den Vorwürfen freisprechen, dennoch hindert man den Aktivisten an der Ausreise.

4. Oktober 2009. In Nürnberg wird zum achten Mal der Internationale Menschenrechtspreis verliehen, mit dem seit 1995 viele mutige Persönlichkeiten ausgezeichnet wurden, Frauen und Männer, die für die Einhaltung der Menschenrechte kämpfen. Mit den Nürnberger Rassegesetzen waren einst jüdische Mitbürger von den Nazis ihrer Rechte beraubt worden, deshalb hatte die Stadt beschlossen, ein Zeichen setzen, will sich bewusst zu ihrer historischen Verantwortung bekennen, indem sie engagierte Menschenrechtler auszeichnet. Die Verleihung des Preises ist stets ein großes Fest. Dieses Mal jedoch kann der Preisträger nicht mitfeiern, der Iran hat Abdolfattah Soltani

erneut verhaften lassen, ohne Angabe von Gründen. Wenige Minuten vor dem Abflug in Teheran hat man ihm den Pass entzogen und ihn ins Gefängnis gesteckt. Erstmals muss der Preis in Abwesenheit verliehen werden.

2016. Ein Gefängnis im Iran. Nicht irgendein Gefängnis, das Evin-Gefängnis, ein Gefängnis für missliebige Intellektuelle, ein politisches Gefängnis. Hier sitzt Abdolfattah Soltani seit vielen Jahren. Wegen der Verbreitung regimefeindlicher Propaganda, wegen der Annahme einer ungesetzlichen Auszeichnung, des Internationalen Nürnberger Menschenrechtspreises.

Wenn Sie Zeit haben, kommen Sie zur Friedenstafel, an der die Nürnberger die Verleihung des renommierten Preises fröhlich feiern, Reminiszenz an das Friedensmahl anlässlich der Beendigung des Dreißigjährigen Kriegs. An der langen Tafel entlang der Straße der Menschenrechte nehmen Hunderte von Menschen Platz, eine eindrucksvolle Bürgerdemonstration für eine bessere Welt, ein Picknick für Frieden und Toleranz. Reservieren Sie sich rechtzeitig einen Tisch! www.kunstkulturquartier.de

Ich back mir einen Nürnberger Lebkuchen

Um das Geheimnis des Nürnberger Lebkuchens zu ergründen, muss man selbst den Rührlöffel geschwungen haben. Keine Angst, die Herstellung der runden Köstlichkeit ist weniger kompliziert als gedacht. Selbst der Elisenlebkuchen, der König aller süßen Lebkuchensünden, gelingt auch dem Laien.

Rezepte gibt es viele, jedes Jahr finden zudem aufwendige Tests statt, wer den besten Nürnberger Lebkuchen backt. Unser Sieger steht fest. Es ist Helene M. aus Sankt Johannis. Für ihre Lebkuchen laufen wir meilenweit. Dankenswerterweise hat uns die rüstige

Großmutter ihr Hausrezept verraten. Sind Sie bereit? Und während wir zusammen backen, dürfen wir Ihnen etwas über die Geschichte der Nürnberger Lebkuchen verraten.

Fangen wir mit den Zutaten an. Damit unser Lebkuchen ein Original-Nürnberger wird, wäre es schön, regionale Produkte zu verwenden. Das war schon im Mittelalter so. Zwar musste man die exotischen Gewürze aus fremden Ländern importieren, zu diesen aber gesellten sich immer auch lokale Nürnberger Spezialitäten. Vielleicht macht ja gerade das den Reiz der Lebkuchen aus, dass sich in ihnen Vertrautes und Fremdes mischen. Zwei wichtige Zutaten gibt es, die man weiterhin aus bester Nürnberger Produktion erhält.

Das eine sind die Eier. Am besten, Sie übernehmen gleich die Patenschaft für ein echtes Nürnberger Huhn. Bei Rent-a-Huhn nehmen Sie für 120 Euro im Jahr ein Biohuhn unter Ihre Fittiche; glücklich wird es über das Gelände der Naturerlebnisgärtnerei beim nahen Marienpark gackern und Ihnen wöchentlich sechs frische Bioeier legen, genau die Menge, die wir für unsere Lebkuchen brauchen.

Die zweite Zutat ist mindestens so wichtig: bester Bienenhonig. Es ist nicht übertrieben, Nürnberg als heimliche deutsche Honighauptstadt zu bezeichnen. Wenigstens traf das im Mittelalter zu. Damals schwärmten Dutzende von Imkern aus, um in den Reichswäldern den Honig zu ernten, »excidere« (herausschneiden) nannte das der lateinisch gebildete Nürnberger Humanist, weshalb sich die frühen Imker »Zeidler« nannten. Die Nürnberger Wälder eigneten sich deshalb so gut als Bienenweide, weil sie bereits früh aus Nadelhölzern bestanden, welche die emsigen Insekten besonders lieben. In etwa sechs Meter Höhe schlugen die Zeidler künstliche Löcher in den Baum, die sie dann mit einem Brett verschlossen. Ein hineingebohrtes Flugloch lockte die Bienen nun in die ideale Höhle. Das summte und brummte so lebhaft, dass die Nürnberger Reichswälder den Namen »Des Heiligen Römischen Reiches Bienengarten« bekamen. Einen Zeidler erkannte man an seiner grünen Tracht und der langen Zipfelmütze. Weil die Zeidler die Reichswälder wie ihre Westentasche kannten, hatten sie zudem die Aufgabe, den Kaiser sicher nach Nürnberg zu geleiten. (In Feucht informiert das Zeidel-Museum über die Kulturgeschichte des Zeidlerwesens.)

Heute können Sie Ihren Honig von modernen Zeidlern beziehen. Zum Beispiel bei den Nürnberger »Bienenhütern«, die besten Biohonig produzieren. Für unseren Lebkuchen empfehlen wir den klaren Robinienhonig von der Weidenmühle oder auch den dunklen Waldtauhonig mit hohem Eichenblattanteil, der besonders Club-Fans schmeckt, wird er doch in den Nähe des Stadions geerntet.

Und hier die übrigen Zutaten:

180 g brauner Zucker
2 TL Zimt
1 Prise Salz
je 250 g gemahlene Haselnüsse und Mandeln
je 200 g fein zerkleinertes Orangeat und Zitronat
1 TL Lebkuchengewürz
eine Packung Oblaten (70 mm)

Und los geht's! Bioeier, zwei Esslöffel Biohonig und den Zucker in eine Rührschüssel und den Schneebesen angeschmissen. Was Ihnen sicher aufgefallen ist: Auf der Zutatenliste findet sich kein Mehl. Der Elisenlebkuchen ist nicht nur der schmackhafteste, er gilt auch als der gesündeste aller Lebkuchen. Einst erkrankte einem Nürnberger Lebküchner sein geliebtes Töchterchen. Die Mutter hatte das Fieber schon hinweggerafft, nun griff der Tod mit kalter Hand nach der kleinen Elise. In größter Not lief der Vater in seine Lebzelterei und wählte aus den Zutaten die besten aus. Daraus buk er den besten Lebkuchen seines Lebens und gab seiner Kleinen davon zu essen.

Und das Wunder geschah: Sein todkrankes Töchterchen kam wieder zu Kräften und gesundete. So die Legende.

Jetzt müssten die Eier schön schaumig sein. Mischen Sie nun die übrigen Zutaten unter. Statt fertiges Lebkuchengewürz zu verwenden, können Sie die Mischung natürlich auch selbst herstellen. Das hat den Vorteil, dass Sie die Gewürze frisch mahlen können. Wir empfehlen folgende Kombination: 9 g Nelken, 2 g Koriander, 2 g Kardamom, 1 g Muskat, 2 g Piment. (Ein Gramm ist nicht mehr als eine Prise oder eine knappe Messerspitze.) Die Gewürze fein mahlen, falls nicht in solchem Zustand gekauft, und mit 2 g Ingwerpulver vermischen. Den Zimt (35 g) haben wir ja auf der Zutatenliste extra aufgeführt. Man mag es nicht glauben, aber selbst hergestellt würzt er noch besser.

Machen wir uns klar, welchen Weg diese Gewürze genommen haben. Im Mittelalter war die Beschaffung eine echte Herausforderung. Muskatnüsse wuchsen zum Beispiel nur auf speziellen Inseln im tropischen Asien, auf den Banda-Inseln und den nördlichen Molukken. Sie waren sündhaft teuer und damit eine absolute Spezialität. Nürnberg war privilegiert, das reichhaltigste Gewürzbord Deutschlands zu haben.

Verteilen Sie nun die Oblaten (man kann auch größere verwenden) und bestreichen Sie diese nicht zu dick mit dem Teig. Backpapier aufs Blech und bei 150 Grad Ober- und Unterhitze in den Ofen. Jetzt haben Sie eine halbe Stunde Zeit, die wir Ihnen verkürzen wollen, indem wir Ihnen noch ein bisschen von der Nürnberger Lebkuchenbäckerei erzählen.

Man weiß ziemlich sicher, dass Nürnberg bereits im 14. Jahrhundert nach Lebkuchen geduftet hat. Und zwar keineswegs nur zur Weihnachtszeit. Lebkuchen waren ein Ganzjahresgebäck. Sonst hätten die Mitglieder der Lebkuchenzunft, die der Rat 1643 genehmigte, zu viel Urlaub gehabt. Der Name Lebkuchen geht wohl auf das lateinische Wort für Fladen zurück: libum. 1996 stellte die Europäische Union den Nürnberger Lebkuchen unter regionalen Herkunftsschutz – ausschließlich in Nürnberg gebackene Lebkuchen dürfen diesen exklusiven Namen tragen. So wie die köstlichen Dinger, die in Ihrem Ofen zu duften beginnen. Für viele ist der Duft das Beste. Man sollte stets Freunde einladen, wenn man Lebkuchen backt. Wie flüchtig ist doch dieser besondere Moment.

Wer seine Lebkuchen besonders saftig mag, kann sie bereits nach 20 Minuten aus dem Ofen ziehen. Oma M. gönnt ihnen eine halbe Stunde. Je nach Geschmack kann man sie nach dem Erkalten mit Kuvertüre überziehen oder auch mit zitronigem Zuckerguss. Künstler drücken Mandeln hinein. Man muss sich sehr beherrschen, nicht gleich zuzugreifen. Perfekt aber schmecken die Lebkuchen erst nach zwei Wochen Lagerzeit. Legt man sie in Plastikdosen und gönnt ihnen zudem die Gesellschaft einer halben Biozitrone, wird jeder Feinschmecker verzückt die Augen verdrehen: Nürnberger Lebkuchen, einfach himmlisch!

Die glücklichen Bioeier gibt's wie gesagt bei Rent-a-Huhn: www.noris-inklusion.de; den Biohonig z. B. bei Gemüse Thormann in der Bismarckstraße oder im Naturkostladen Lotos am Unschlittplatz. Biozitronen werden auch in Nürnberg leider nicht mehr angebaut, selbst in den Hesperidengärten sucht man vergebens.

Café Kraft? Bogglhadd!

Eigentlich ist der Franke jemand, der nicht so leicht abhebt. Eigentlich. Eine kleine Gruppe von Franken aber hat sich darauf spezialisiert, die Schwerkraft zu überwinden und wie Höhlenspinnen an unmöglichen Wänden entlangzuklettern. Die fränkischen Spidermen und -women finden in der Umgebung zahlreiche Möglichkeiten, ihren Klettertrieb auszuleben. Im Frankenjura und in der Fränkischen

Schweiz hat die Natur die bizarrsten Felsformationen hingestellt, wie geschaffen dafür, von mutigen Kletterern bestiegen zu werden.

Klettern hat in Franken eine lange Tradition. Einem Nürnberger ist es zu verdanken, dass die schöne Sportart neu belebt und um eine spezielle Variante erweitert worden ist. Kurt Albert, Jahrgang 1954, kam über eine katholische Jugendgruppe zum Klettern; gerade mal 17 war er, als er die berüchtigte Eiger-Nordwand bezwang. Mit den Jahren aber wurde ihm der gewöhnliche Klettersport zu technisch. All die Ausrüstung, all die Hilfsmittel – wurden sie dem Felsen tatsächlich gerecht oder waren sie nicht Ausdruck einer unlauteren Vergewaltigung der Natur? So begann der Nürnberger damit, Felspassagen ohne Haken oder Seilzug zu klettern, nur mit seinen eigenen Körperkräften, den stahlharten Fingern vor allem. Jede Steinwand, die er bezwungen hatte, markierte er mit einem roten Punkt. Damit begann eine neue Epoche des Kletterns. Immer mehr Menschen mit eingebautem Gämsentrieb wollten es ihm nachmachen, überall in der Fränkischen Schweiz und im Frankenjura sah man sehnige Kletterer in den Felsen hängen, teilweise sogar unterhalb von hervorkragenden Felsnasen, in Rückenlage die Gesetze der Physik aushebelnd. Bouldern nennt sich der neue Trendsport, das Klettern in Absprunghöhe.

Nach den kräftezehrenden Touren trafen sich die fränkischen Geckos in einem kleinen Café im Pegnitztal, dem *Café Kraft*, und tauschten ihr Kletterlatein aus. Die Wirtin wird ein wenig verwundert geschaut haben, hatte aber nichts dagegen, als zwei Gäste sie baten, den Namen des Cafés für ein Kletterprojekt auszuleihen. Beim gemeinsamen Kraxeln in Spanien waren Reto Faulenbach und Hannes Huch auf die Idee gekommen, im heimatlichen Nürnberg eine Kletterhalle zu bauen. Nicht irgendeine Kletterhalle, sondern einen unverwechselbar fränkischen Sehnsuchtsort. Eine ehemalige Lagerhalle in Nürnberg-Schafhof bot sich an. Dort ließen die beiden Pioniere Felsen in die Höhe wachsen und benannten sie nach Bergen und Tälern der Region. Anfängern ist der Schwierigkeitsgrad »zaach« zu empfehlen, »hadd« ist deutlich härter und »bogglhadd« nur etwas für trainierte Könner. Nach dem letzten Absprung kann man es sich im angeschlossenen Café bei Apfelkuchen und Schlagsahne gemütlich machen und dazu einen Kaffee trinken, das einzige Dopingmittel, das der Kletterer kennt. Der Andrang wurde inzwischen so groß, dass das *Café Kraft* eine zweite Kletterhalle bauen musste, eine dritte gar in Stuttgart – durch und durch fränkisch auch der schwäbische Ableger.

Schade nur, dass Kurt Albert, der Nürnberger Pionier, den großen Erfolg seiner Sportart nicht mehr miterleben kann. Am 28. September 2010 war der Boulderpionier im Höhenglücksteig in der Fränkischen Schweiz unterwegs, als er an einer Stelle, die unter Kletterern als »Scharfes Eck« bekannt ist, mit den Füßen ins Rutschen geriet, den Halt verlor und abstürzte. Neun Meter fiel er in den Abgrund, schlug auf einem grasbewachsenen Felsvorsprung auf, wurde in eine harte Steilrinne geschleudert, stürzte weitere neun Meter tief und blieb leblos auf einem vorbeiführenden Wanderweg liegen. Man brachte ihn noch in die Erlanger Uniklinik, dort aber starb er nur zwei Tage später. Die Welt hatte eine Kletterlegende verloren, die fränkischen Kletterer einen guten Freund.

Der Nürnberger Trichter

»Wie war's in Nürnberg doch vordem, mit diesem Trichter so bequem …« Einfach einen Trichter auf den Kopf gesetzt und sich das fehlende Wissen eingeflößt, der Traum jedes faulen Schülers. Leider jedoch hat die Sache bislang nicht funktioniert, auch wenn es in den Andenkenläden Nürnbergs Trichter in allen Formen und Farben zu kaufen gab. Was hat es mit dem Nürnberger Trichter auf sich, wer war sein Erfinder?

In der Barockzeit kam es in Nürnberg zu einem Dichterwettstreit. Anlässlich einer Patrizierdoppelhochzeit hatte man einen Preis ausgelobt. Doch die beiden Dichter, die den Preis gewannen, wollten ihn nicht annehmen und steckten sich den Lorbeer gegenseitig ins Haar. Der eine war Johann Klaj, ein armes Lehrerlein an Sankt Sebald, der andere Georg Philipp Harsdörffer, ein angesehener Patrizier. Der Poetenwettstreit war der Startschuss für eine wunderbare Freundschaft. Gemeinsam gründete man im Jahr 1644 die Dichtergesellschaft »Gekrönter Blumenorden von der Pegnitz«, der dann als Pegnesischer Blumenorden bekannt werden sollte. Jeder Nürnberger, der dichten konnte, durfte mitmachen. Und jede Nürnbergerin. Das war sensationell, und auch die Standesunterschiede spielten keine Rolle. Um die Gleichheit zu unterstreichen, wählte sich jeder einen Blumennamen. Flower Power an der Pegnitz! Gerne traf man sich im Grünen, zunächst in den Pegnitzwiesen nahe der Weidenmühle, später dann in einem eigens angelegten Garten bei Kraftshof. Diesen hatte man als Irrhain angelegt, um den verzwickten Lebensweg des Menschen zu versinnbildlichen. Ein großes Anliegen der ersten »Pegnesen« war es, die Schönheit der deutschen Sprache zu entdecken. Im Zeitalter des Humanismus galt nur das Lateinische als Sprache von Kunst und Wissenschaft. Harsdörffer und seine Freunde aber wollten zeigen, dass es sich auf Deutsch genauso schön dichten ließ. Ja, Harsdörffer versuchte sogar den Beweis zu erbringen, warum deutsche Gedichte besonders schön klingen. Eine Eigentümlichkeit der deutschen Sprache ist ihre Onomatopoesie. Nicht selten kann man aus dem Klang eines Wortes auf dessen Bedeutung schließen. Das Wort Gong etwa klingt wie eine Glocke lange nach, wenn wir es donnern lassen, grollt das Gewitter aus der Ferne, und wenn die Bratwürste brutzeln, brutzeln, brutzeln, läuft uns augenblicklich das Wasser im Munde zusammen. Zwitschern, scheppern, quaken, kreischen oder brummen – wo man auch hinhört, überall die schönste Lautmalerei. Die Pegnesen aber gingen noch über die vorhandenen Lautmalereien hinaus. Fehlten die passenden Wörter, so wurden sie kurzerhand erfunden, wie von Johann Klaj:

»Es krecken und kerecken und quecken
grüngelbliche Frösche«

Jeder Mensch ist ein Künstler, behauptete Joseph Beuys. Jeder Mensch ist ein Dichter, dachte sich Georg Philipp Harsdörffer. Er war sich sicher, jedem einigermaßen gebildeten Mitbürger die Dichtkunst beibringen zu können. Hierzu verfasste er ein Lehrbuch, in dem er die wichtigsten Regeln festhielt. Das Lehrbuch war nicht zu dick, man konnte es in sechs Stunden durcharbeiten, weshalb Harsdörffer den Titel wählte: *Poetischer Trichter. Die Teutsche Dicht- und Reimkunst ohne Behuf der Lateinischen Sprache, in VI Stunden einzugießen*. Der Nürnberger Trichter war geboren.

Man darf Harsdörffer aber nicht missverstehen. Er wies ausdrücklich darauf hin, dass man zwar nur sechs Stunden für die Lektüre seines Lehrbuches benötige, dass dabei aber selbstverständlich Pausen einzulegen seien, um dem neuen Wissen eine Chance zu geben, sich zu festigen. »Wie nun kein Acker so schlecht und unartig zu finden, den man nicht durch Fleiß und beharrliche Pflegung und Arbeit sollte fruchtbar machen können: Also ist auch keiner so unreinen Hirns, der nicht durch Nachsinnen auf vorher erlangte Anweisung eine gebundene Rede oder ein Reimgedicht zusammenbringen sollte lernen können: jedoch einer viel glückseliger als der andere.« So eine Anleitung zum Dichten mag seltsam erscheinen, Harsdörffer aber war seiner Zeit weit voraus. Wir Deutschen sind in diesem Punkt noch hinterher, in den USA sind Studiengänge zum Erlernen des kreativen Schreibens gang und gäbe. Auch die Dichtkunst ist ein gutes Stück Handwerk, wenngleich manch »reines Hirn« glückseligere Verse schmieden kann als ein anderes, wie Harsdörffer bemerkt.

Eingetrichtert wird in Nürnberg heute noch. Nicht nur dank des Kultusministeriums in München, das hartnäckig an dieser Lernmethode festhält, allen Wünschen von Lehrern und Schülern zum Trotz, sondern auch, weil die Nürnberger Trichter Karnevalsgesellschaft den Brauch seit vielen Jahrzehnten kultiviert. Im Jahr 1909 als zweitälteste Nürnberger Karnevalsgesellschaft gegründet – der Nürnberger Fasching ist natürlich viel älter und geht weit in das Mittelalter zurück –, begannen die Jecken 1966 mit der Verleihung des Goldenen Nürnberger Trichters. Trichterträger zu werden ist eine hohe Auszeichnung. Der erste Geehrte war Helmut Schmidt, es folgte 1967 Max Merkel. Auch Luis Trenker, Iwan Rebroff, Hans-Dietrich Genscher, Roy Black, Markus Söder und vielen anderen wurde kräftig eingetrichtert. Ob immer mit Erfolg, sei dahingestellt.

Neugierig auf den Nürnberger Trichter war eine Reisegruppe aus Schilda, zu Recht, denn unter Schildbürgern versteht man ja Menschen, die den Trichter besonders dringend nötig haben. Die Nürnberger machten sich einen Spaß daraus, die ganze Gruppe mit Trichtern zu versorgen, brachten den Schildbürgern bei, wie der Trichter über dem Kopf zu halten war, und gossen dann kräftig Wasser hinein. Andächtig ließen die Schildbürger diese Gabe über sich hinabfließen, bis sie alle nass waren wie die Pudel, glaubten sie doch, das so sehnlichst vermisste Wissen in sich eindringen zu spüren. Wieder daheim, erzählten sie ganz Schilda stolz von ihrer frisch erworbenen Bildung, bis ein Schuljunge Niespulver verstreute. Darauf hob ein schreckliches Niesen an, und alle zu Nürnberg eingeflößten Erkenntnisse entwichen den Schildbürgern wieder durch die Nase. Aus war's mit der Hoffnung auf den Hauptschulabschluss!

Der Ausdruck »eintrichtern« ist älter als Harsdörffers Buch, der Nürnberger Trichter aber ist seine Erfindung. Wer will, kann dem Dichter an seinem Grab auf dem Johannisfriedhof seinen Erstling rezitieren. Harsdörffer würde es freuen. Seinen Blumenfreund Johann Klaj traf das Schicksal nicht weniger Dichter: Er starb an den Folgen seiner Trunksucht. Klaj liegt in Kitzingen begraben, wohin es ihn als Pfarrer verschlagen hatte.

Der schönste Blick über Nürnberg

Wo genießt man den schönsten Blick über Nürnberg? Ein Hinweisschild an den Bürgermeistergärten auf der Burgbastei behauptet selbstbewusst, den Ort zu kennen. Es schickt einen auf den Wehrgang am Tiergärtnertor. Wir kennen den Blick, haben ihn im Mauerspaziergang beschrieben. Er ist von einem ganz eigenen Reiz, ohne Frage, und doch zeigt er nur einen Ausschnitt der Stadt. Das Gleiche gilt für die Aussicht vom Vorplatz der Burg. Man staunt über die Dachlandschaft der Altstadt, kann aber nicht zugleich die Burg bewundern. Einen Überblick über die gesamte Stadt bietet natürlich der Fernsehturm, aber erstens kann er nur selten besichtigt werden, und zweitens steht man auf dem höchsten Gebäude Bayerns so weit oben, dass unten alles sehr winzig wird. Erfahrene Fluggäste genießen den Start vom Nürnberger Flughafen, speziell den sich so rasch vollziehenden Perspektivenwechsel kurz nach dem Abheben. Gerade die Flüchtigkeit dieses Moments lässt ihn einzigartig erscheinen.

Wo aber kann man den Blick über Nürnberg genießen, ohne abheben zu müssen? Die Erlanger sagen: »Fahrt hinauf auf die Marloffsteiner Höhe und wandert Richtung Atzelsberg!« Bei klarem Wetter, speziell am frühen Morgen oder kurz vor Sonnenuntergang, zeichnet sich die Silhouette Nürnbergs zauberhaft vor dem Horizont ab. Auch von Kalchreuth bietet sich ein ähnlicher Blick, und dennoch sind diese Fernperspektiven eher etwas für romantische Träumer, ahnt man doch die Altstadt mehr, als dass man sie tatsächlich erkennen kann.

Es ist nicht so leicht, einen Ort für den perfekten Blick zu finden, viele Kriterien sind dabei zu berücksichtigen. Der Ort darf nicht zu weit weg, aber auch nicht zu nah dran sein. Er muss einen guten Überblick gewähren, darf jedoch nicht zu hoch liegen. Hier unser Geheimtipp: Um den schönsten Blick auf Nürnberg zu genießen, muss man auf einen Turm steigen. Dieser Turm gehört nicht zum Stadtgebiet von Nürnberg, sondern liegt in westlicher Richtung. Der Turm erinnert an einen Florentiner Geschlechterturm; die Stadt, in der er sich erhebt, hat mit Florenz aber nur den ersten Buchstaben gemein. – Sie haben einen Verdacht? Richtig geraten! Für den schönsten Blick auf Nürnberg muss man nach Fürth fahren. Der Fürther Rathausturm hat den idealen Abstand zur Nürnberger Innenstadt und zugleich die richtige Höhe. Ein einmaliges Erlebnis. Über die Nürnberger Straße und Gostenhof hinweg geht der Blick Richtung Plärrer, dahinter präsentiert sich in bester 3-D-Optik die Altstadt mit ihren Türmen, Dächern und der Burg. Hätte man's geglaubt? Endlich wird klar, warum die Fürther solch einen Rathausturm gebaut haben! Um heimlich von Nürnberg zu schwärmen.

Welcher ist der größte Nürnberger Hit aller Zeiten?

Haben Sie Ihren Computer eingeschaltet? Oder Ihr Smartphone zur Hand? Oder können Sie zumindest Ihr Enkelkind um elektronischen Beistand bitten? Gut. Für dieses Kapitel brauchen wir nämlich Unterstützung aus dem Netz, lässt sich Musik doch nur schlecht in Worte fassen.

Nürnberg war immer auch eine Stadt der Musik. Man denke nur an die jahrhundertelange Tradition der Meistersinger. Dennoch besaß es einen entscheidenden Standortnachteil: Weil Nürnberg stets eine Bürgerstadt war, nie aber eine Residenz, konnte es sich über lange Zeit kein eigenes Orchester und keinen eigenen Hofmusikus leisten. Während der Fürstbischof von Salzburg Wolfgang Amadeus Mozart verpflichtete, ein Beethoven in Wien gleich mehrere von reichen Adeligen unterstützte Orchester vorfand und Johann Sebastian Bach am Hofe von Leopold von Anhalt-Köthen komponierte, zog es keinen berühmten Komponisten nach Nürnberg. Für wen hätte er auch komponieren sollen? Für die vier Stadtpfeifer?

In Nürnberg war der Weg für einen begabten Musiker ein anderer. Man machte hier eine solide Grundausbildung, um sich dann in der großen Musikwelt nach einer passenden Anstellung umzuschauen. So ging es dem Blinden Conrad Paumann (1410/1415–1473), gebürtig in Nürnberg und Stadtorganist an Sankt Sebald, der von Herzog Albrecht III. von Bayern zu besseren Konditionen nach München gelockt wurde. Paumann muss ein echter Orgelstar gewesen sein. Trotz oder vielleicht wegen seiner Blindheit begeisterte er die Hörer, selbst im anspruchsvollen Italien, wohin ihn sein Dienstherr mit auf Reisen nahm. Auch Hugo Distler (1908–1942) stammte aus Nürnberg. Man mag es kaum glauben, wegen mangelnder Begabung wurde ihm eine Freistelle am Nürnberger Konservatorium verwehrt. Hugo Distler avancierte zu einem der großen Erneuerer der deutschen Kirchenmusik, machte seine Karriere in Lübeck, Stuttgart und Berlin.

Trotz der eher ungünstigen Rahmenbedingungen wurde jedoch auch in der Noris fleißig musiziert und komponiert, wobei Gesang und Kirchenmusik im Vordergrund standen. Welchem Werk aber gebührt die Krone, welches Musikstück schaffte es, überregional bekannt zu werden, welche Nürnberger Komposition wurde zum größten Hit? War es die *Silberweise* von Hans Sachs? Ein Meistersinger wurde man erst, wenn man eine neue Melodie erschaffen hatte. Die *Silberweise* von Hans Sachs erfreute sich schnell großer Beliebtheit, bis heute ist sie noch in manchen Variationen zu hören. Die bekannten und beliebten Kirchenlieder *Wachet auf, ruft uns die Stimme* und die Reformationshymne *Ein feste Burg ist unser Gott* gehen in Teilen auf Hans Sachsens Komposition zurück. Auch von dem in Wagners Oper wohl zu Unrecht als Pedanten gescholtenen Meistersinger Sixt Beckmesser sind melodische Meistertöne überliefert, sein dreistrophiges Weihnachtslied, im »überzarten Ton« komponiert, muss die Herzen berührt haben.

Äußerst populär waren auch die Lieder der modernen Meistersinger, der Peterlesboum, besonders in den 1960er- und 1970er-

Jahren. Der größte Hit des Nürnberger Mundartduos hieß *Die Baa*. Allerdings schrieben die Peterlesboum zwar ihre Texte selbst, nicht aber die Melodien, diese liehen sie sich von bekannten Schlagern. Musikgeschichte ganz anderer Art schrieb zur selben Zeit die Nürnberger Band »Ihre Kinder«, Krautrocker der späten 1960er- und frühen 1970er-Jahre, die früh den Mut besaßen, auf Deutsch zu singen und damit spätere Stars wie Udo Lindenberg beeinflussten. 1970 wurden »Ihre Kinder« von den Lesern der Zeitschrift *Musikexpress* zur besten deutschen Bluesband gewählt, leider sind ihre Hits heute weitgehend in Vergessenheit geraten.

Um das bekannteste aller Nürnberger Musikstücke zu finden, müssen wir weit in die Geschichte hinabsteigen, zu Johann Pachelbel. Der bekannte Organist und Komponist wurde 1653 in Nürnberg geboren. Kapellmeister Heinrich Schwemmer und Georg Caspar Wecker, Organist an Sankt Egidien, unterrichteten den jungen Musiker und erkannten seine Begabung. Nach der plötzlichen Verarmung seiner Familie ging Pachelbel nach Regensburg, wo er weiter gefördert wurde. Danach trat der Nürnberger eine Stelle als Organist am Wiener Stephansdom an und wechselte später nach Eisenach, wo er den älteren Bruder von Johann Sebastian Bach unterrichtete, während der kleine Johann Sebastian heimlich seine Kompositionen abschrieb. Nach Anstellungen in Erfurt, Stuttgart und Gotha wurde ihm von seiner Heimatstadt Nürnberg das Angebot gemacht, die freie Organistenstelle an Sankt Sebald zu besetzen. Pachelbel sagte zu. Von 1695 bis zu seinem Tode 1706 schuf er in Nürnberg sein Hauptwerk, über 90 Kantaten, die 94 Magnificat-Fugen und die Partiten-Sammlung *Hexachordum Apollinis*.

Zum populärsten Stück des Barockkomponisten aber wurde ein Kanon, der einzige, den er komponiert hat. Den Kanon aus *Kanon und Gigue in D-Dur* kennen nicht nur die Liebhaber der Kirchenmusik, ihn kennt jeder, selbst die jungen Leute rund um die Welt. Der größte Nürnberger Hit aller Zeiten besteht aus einer permanent wiederholten Bassfigur, aus der raffinierten zweitaktigen Akkordfolge D-A-h-fis/G-D-G-A, die eine spezielle Sequenz enthält, den Parallelismus, 28 Wiederholungen, 57 Takte, über welche die Akkordfolge streng eingehalten wird. Hierdurch entsteht ein einzigartiger Sog, eine meditativ zu nennende Entzückung, die bis heute zahllose Musiker anregt, das Stück in ihrer Weise zu interpretieren. Bevor wir uns den Kanon im Original anhören, hier nur eine kleine Auswahl moderner Lieder, die auf Pachelbels Wunderwerk fußen: *Don't sleep in the subway, Lemon tree, Streets of London, When a man loves a woman, Christmas time* ... The Who, David Bowie, Fleetwood Mac, Ozzy Osbourne, Britney Spears, so unterschiedlich diese Musiker sind, alle haben den *Kanon* von Johann Pachelbel variiert. Noch mehr Beispiele? Die Pet Shop Boys (*Go West*), U2 (*With or without you*), Bob Marley (*No woman no cry*), die Beatles (*Let it be*), ja selbst die russische Nationalhymne pachelbelt auf das Schönste. Außerdem die Coca-Cola-Werbung der Fußball-WM 2006.

Und nun googeln Sie »Pachelbel« und »Kanon«! Eine reiche Auswahl an Audio- und Videodateien wird sich öffnen. Klicken Sie eine an, vielleicht das Video mit dem Porträt des großen Nürnberger Komponisten, der uns aus seinem hageren Gesicht so klug anblickt. Schließen Sie die Augen und genießen Sie.

Johann Pachelbel liegt auf dem Nürnberger Rochusfriedhof begraben. Bis heute hält Nürnberg seine große kirchenmusikalische Tradition durch die ION, die Internationale Orgelwoche, lebendig. Die ION wurde erstmals 1951 durchgeführt und findet alljährlich von Ende Juni bis Anfang Juli statt. Der Rochusfriedhof kann übrigens durchaus mit dem Johannisfriedhof konkurrieren. Mit seinen erhabenen, an Sarkophage erinnernden Steingräbern, die mit einzigartigen Epitaphen geschmückt sind, strahlt er eine besondere Würde aus. Sympathisch und sehr nürnbergisch: Die Promi-Gräber unterscheiden sich nicht von denen der einfachen Bürger. Deshalb sind sie auch nur schwer zu finden. Nicht nur für Kinder interessant: Versuchen Sie mal, anhand der angebrachten Symbole den Beruf der Toten zu erraten. Johannis- und Rochusfriedhof sind immer noch lebendig, auch heute kann man sich noch dort begraben lassen. Vielleicht wird man einst ganz neue Epitaphien entdecken? Eine Sonne für einen Solarstudiobesitzer, ein Funksignal für einen IT-Spezialisten oder eine Nadel für einen Bauchnabelpiercer.

Ohne Moos nix los – Nürnberg und das liebe Geld

Wie hielt es Nürnberg mit dem Geld? Eine erfolgreiche Handelsmetropole kann nur funktionieren, wenn es ein praktikables Finanzsystem gibt. Zwar hatte man bereits 1219 das Recht erhalten, eigenes Geld zu emittieren, Münzverschlechterungen aber waren damit nicht ausgeschlossen. Speziell in den Münzwirren der Kipper- und Wipperzeit, wie man die gefürchteten Inflationen einst nannte, war es notwendig, die Geldflüsse sicher und verlässlich zu steuern. So regten 1615 Bartholomäus Viatis und sein Schwiegersohn Martin Peller im Namen des Handelsvorstands die Gründung einer öffentlichen Giro- und Wechselbank an, wie es sie bereits in anderen bedeutenden europäischen Handelsstädten gab. Sechs Jahre später, 1621, wurde der Nürnberger Banco Publico in einem neu geschaffenen Gewölbe unter dem Rathaus untergebracht, streng kontrolliert vom Inneren Rat, der eigentlichen Regierung Nürnbergs. Zwei Ratsherren wurden bestimmt, das Bancoamt auszuüben, gemeinsam mit zwei Stadtjuristen und vier Vertretern der Kaufmannschaft. Alle Nürnberger Händler waren mit der Gründung des Banco Publico verpflichtet, vollwertiges Geld entsprechend der Größe ihres Geschäfts in der Bank zu hinterlegen und alle größeren Zahlungen über die Bank bargeldlos abzuwickeln.

Der Banco Publico war die Bank der Händler und Geschäftsleute. Was aber war mit den einfachen Leuten? Wo konnten sie ihren Sparstrumpf leeren und etwas für schlechte Zeiten beiseitelegen? Erste Überlegungen für eine »Spahr- und Versorgungs-Cassa« wurden erst nach dem Ende der reichsstädtischen Zeit angestellt. Johannes Scharrer ist es zu verdanken, dass die Nürnberger Stadtsparkasse gegründet wurde, die erste Sparkasse Bayerns. Der Kaufmann Johannes Scharrer (1785–1844) war lange Zweiter Bürgermeister und erwarb sich durch großes Engagement für die Bürgerschaft bleibende Verdienste. Auch die Gründung der Polytechnischen Schule 1823, die Reform der Volksschulen und die Pläne für das Städtische Krankenhaus stammten von dem weitsichtigen Mann. Scharrer dachte zuvörderst an die einfachen Nürnberger, ihnen sollte Gelegenheit gegeben werden, für Armut und Alter vorzusorgen. Am 2. November 1821 wurde die Stadtsparkasse in den Räumlichkeiten des ehemaligen Augustinerklosters am Weinmarkt eröffnet. Aber nur viermal im Jahr konnte man dort seine Geldgeschäfte tätigen. An Lichtmess (2. Februar), Walburgis (1. Mai), Laurenzi (10. August) und Allerheiligen (1. November) stellten sich die Dienstboten und andere unbemittelte Nürnberger in der Schlange an, nur sie durften Kunden werden. Und die Kinder. Nach nur zwei Jahren hatten sich bereits über tausend Sparer Sparscheine zugelegt. Und die Erfolgsgeschichte ging weiter. Die Nürnberger sparten und sparten und hatten 1843 bereits über eine Million Gulden eingezahlt, was nun in hübschen Sparbüchern vermerkt wurde. Im Augustinerkloster wurde der Tresorraum zu klein, sodass man 1862 ins Rathaus umzog. Sahen die Statuten ursprünglich vor, nur für die allereinfachsten Arbeiter da zu sein, durften ab 1876 auch alle anderen Nürnberger Kunden der Sparkasse werden. Logisch, dass es nun weiterer Geschäftsstellen bedurfte, die erste öffnete 1913 am Aufseßplatz. Hektisch wurde es Anfang der 1920er-Jahre, als die Inflation galoppierte. Zwar bekam man plötzlich bis zu 60 Prozent Zinsen, was aber half das, wenn sich die Nullen auf den Geldscheinen nur so vermehrten? 1923 stoppte die Rentenmark die Geldentwertung, 200.000 Nürnberger Sparbücher aber taugten nur noch für das Altpapier. Langsam erholte sich auch die Sparkasse wieder. Im Jahr 1930 konnte man schon unter 13 Filialen wählen, die Zentrale befand sich seit 1916 in der Äußeren Laufer Gasse, seit 1958 residiert sie am Lorenzer Platz. Am 1. Januar 2001 fusionierte man mit der Kreissparkasse und brachte es nun auf eine Bilanzsumme von mehr als acht Milliarden Euro. Warum ganz Nürnberg von seiner Sparkasse profitiert, davon soll im nächsten Kapitel erzählt werden.

Von der Zukunftsstiftung der Sparkasse und anderen Wohltätern

Viele Nürnberger Cineasten waren geschockt, als die Betreiber des »Casablanca« 2009 verkündeten, das beliebte Kino in der Südstadt zu schließen. Diese Todesbotschaft wollten die Kinofans nicht akzeptieren. Sie setzten sich zusammen und gründeten einen Verein mit dem Ziel, das »Casablanca« zu retten und in eigener Regie weiterzubetreiben. Wie aber sollte man ein solches Projekt finanzieren? Die Räume waren stark renovierungsbedürftig, zudem fehlte es an einer modernen Projektionsanlage. Ein Kredit? Würde ihnen keiner gewähren. Stattdessen gab es ein Geschenk: 200.000 Euro von der Zukunftsstiftung der Sparkasse. Nun konnte man ans Werk gehen! Mit viel Enthusiasmus und Eigeninitiative wurde das Traditionskino wieder instand gesetzt, ein quicklebendiger kultureller Treffpunkt, den die Südstadt dringend benötigt.

Als städtisches Institut fühlt sich die Nürnberger Sparkasse von jeher dem Gemeinwohl verpflichtet, von ihren Gewinnen sollen alle Bürger der Stadt profitieren. Viele soziale und kulturelle Einrichtungen werden gefördert. Einzigartig ist die im Jahr 2000 gegründete Zukunftsstiftung, deren Kapital mittlerweile auf über 80 Millionen Euro angewachsen ist, die größte Sparkassenstiftung Deutschlands. Ein paar Beispiele, was damit unterstützt wurde? Die Renovierung des Albrecht-Dürer-Hauses, ein AWO-Spielplatz für Flüchtlingskinder, die Sanierung der Hauptorgel von Sankt Lorenz, die sprudelnden Wasserwände des Springbrunnens auf dem Klarissenplatz, die Fechtanlage an der Uhlandstraße, das JazzStudio in den Sandsteinkellern unterhalb der Burg – der älteste Jazzclub Europas, die Junge Bibliothek in der Stadtbibliothek, das Musizierende Klassenzimmer, das Literaturhaus ... Jeder, der ein gemeinnütziges und nachhaltiges Projekt ins Leben rufen will, ist eingeladen, einen Förderantrag zu stellen.

Gemeinnützige Stiftungen haben in Nürnberg eine lange Tradition. Sie trugen mit dazu bei, das soziale Klima der Stadt zu verbessern und dafür zu sorgen, dass Bedürftigen geholfen wird. Keiner, der unschuldig in Not geraten war, sollte Hunger leiden. Die wohl bekannteste Stiftung des Mittelalters geht auf Konrad Groß zurück, einen der reichsten Nürnberger des 14. Jahrhunderts. Das Heilig-Geist-Spital diente dem Zweck, alte und kranke Mitbürger zu versorgen. Mit reichen Pfründen und Zustiftungen versehen, erfüllt das Werk von Konrad Groß seine Aufgabe bis zum heutigen Tag. Eindrucksvoll waren auch die Zwölfbrüderstiftungen. Für alte und gebrechliche Handwerker ließen reiche Patrizier ansehnliche Wohnanlagen bauen, als Gegenleistung musste für das Seelenheil des Stifters gebetet werden.

Heute haben Staat und Sozialversicherungen die Fürsorgepflicht für Hilfsbedürftige übernommen. Und doch gibt es zahlreiche Aufgaben, die nur mithilfe großzügiger Spender geschultert werden können, von denen es in Nürnberg zum Glück etliche gibt. Wer erleben will, wie segensreich die Zusammenarbeit zwischen engagierten Bürgern und Sponsoren sein kann, der besuche das schöne »Casablanca« in der Brosamerstraße nahe dem Kopernikusplatz. Was sagte Humphrey Bogart noch in der Schlussszene des gleichnamigen Films? – »Ich glaube, dies ist der Beginn einer wunderbaren Freundschaft!«

Mit Freunden durch die Nordstadt

Sanft fällt der warme Schein der Abendsonne auf den halbrund vorragenden Balkon des hübschen Altbaus in der Meuschelstraße. Nur wenige Hundert Meter weiter, direkt vor unseren Augen, lässt die Burg ihre Fahnen im Frühlingswind flattern, das Weiß und Blau der bayerischen Flagge, höher aber noch den Frankenrechen.

»›Gärten hinter der Veste‹ heißt der Stadtteil eigentlich«, sagt Gertrud und serviert uns ihren wunderbaren Zitronenkuchen.

Seit fast 30 Jahren wohnen Gertrud und Horst in der Nordstadt. Gärten gibt es hier immer noch, allerdings recht versteckt in den Höfen der repräsentativen Wohnblocks, die zu Kaiser Wilhelms Zeiten errichtet worden sind. Aus dem frühen 20. Jahrhundert stammt auch das Haus, in dem mich meine Freunde empfangen. Gemeinsam haben sie der Altbauwohnung ihren Zauber zurückgegeben, haben die alten Holzdielen freigelegt und auch die Stuckdecken, die man aus welchen Grund auch immer hinter einer Zwischendecke aus Holz versteckt hatte. Zahlreiche verspielte Details waren mir schon beim Gang durch das Treppenhaus aufgefallen, Gipsmasken unter den Bögen, in geheimnisvollem Blau schimmernde Fensterscheiben, elegant geschwungene Treppengeländer aus Messing.

»Jugendstil?«

»Eher Art déco.«

Horst erzählt, wie in der Nordstadt Ende der 1980er-Jahre noch wild politisiert wurde. Im Erdgeschoss betrieb eine maoistische Gruppierung eine Druckerei; wenn die schwere Maschine zu rotieren begann, vibrierte das ganze Haus. Nicht weit entfernt trafen sich in der *Frankenstube* die unterschiedlichsten sozialistischen Gruppierungen, um konkrete Stadtteilarbeit zu machen und zugleich die Welt zu retten. Lebhaft sind den Freunden noch ihre ersten Eindrücke in Erinnerung. Als Gertrud bei den Renovierungsmaßnahmen den feinen tiefgelben Deckenstrich bewunderte und den Maler nach der

Farbe fragte, sagte der Mann: »Das wollen Sie nicht wirklich wissen.« Der ehemalige Hausbesitzer, der im vierten Stock wohnte, ließ den dritten Stock unvermietet, weil er Angst hatte, von unten beschossen zu werden. Unglaubliche Geschichten. Wir lachen und ziehen los.

Als Erstes steuern wir den Kobergerplatz an, das heimliche Zentrum der Nordstadt. Auf dem grünen Platz wird wie jeden Freitag Markt abgehalten, Bauern und Händler aus dem Umland haben ihre Stände aufgebaut, ein fröhliches, buntes Treiben. Gertrud spendiert uns Männern ein Eierlikör-Eis in der Waffel. Während wir genüsslich schlecken, erklärt uns eine lustige Standbetreiberin den Unterschied zwischen einem Geist und einem Likör, den sie im heimatlichen Pretzfeld selbst ansetzen. Oder destillieren. Je nachdem. Mit einem fruchtigen Fläschchen und einer Lammkeule vom Metzgerstand ziehen wir weiter, vorbei an wunderschönen Jugendstilhäusern, die sich mit schlichten Nachkriegsbauten abwechseln. Über diese Bausünden zu spotten wäre unfair. Die Wohnungsnot war groß, womit hätte man all die Bombenschneisen auf die Schnelle füllen sollen? Zum Glück hat sich in den »Gärten hinter der Veste« noch vieles aus der Vorkriegszeit erhalten. Immer wieder bleibt man stehen, um eine hübsche Fassade, einen aufwendig restaurierten Erker, ein verspieltes Türmchen zu betrachten. Wir betreten den *Grünen Laden*, einen der ersten Bioläden Nürnbergs, der vor Kurzem in die Kaulbachstraße umgezogen ist. Man glaubt sich in ein verwunschenes Genusslabyrinth versetzt, neugierig schnuppert man die bunten Regale entlang. Eigentlich wollten wir nur mal einen Blick hineinwerfen, dann aber können wir nicht widerstehen und kaufen noch einen herrlich duftenden Minztee.

In vielen Entwicklungen war die Nordstadt ihrer Zeit voraus. Vor einem Haus an der Kobergerstraße treffen wir zwei Frauen, die gerade ins Wochenende aufbrechen wollen. Sie sind in der Beratungsstelle tätig, die jungen Familien aus der Nachbarschaft Hilfe und Unterstützung bietet. Wie bereite ich mich auf die Geburt vor?

Was tue ich, wenn das Baby nicht aufhören will zu schreien? Wer hilft mir, wenn ich mit der neuen Situation seelisch überlastet bin? Ein Ausschnitt nur aus dem vielseitigen Beratungsangebot. Seit 1981 betreibt der gemeinnützige Trägerverein das Zentrum, kümmert sich um lebenswerte Bedingungen in einem lebenswerten Viertel. Dabei geht man mit der Zeit. Eben ist ein Nachmittag für die in die Gärtnerstraße gezogenen Kriegsflüchtlinge zu Ende gegangen. Während sich ein Team um die kleinen Kinder kümmert, werden ihre Eltern in Deutsch unterrichtet – ehrenamtliches Engagement scheint in den »Gärten hinter der Veste« selbstverständlich zu sein. Aber auch die Wissenschaften sind in diesem Stadtteil zu Hause. Gleich gegenüber der Beratungsstelle befindet sich das Interdisziplinäre Zentrum für Altersforschung. Zufall? Vielleicht auch nicht. Die Nordstadt geht ja mit gutem Beispiel voran: Wenn man sich nicht hängen lässt und sich ein bisschen bemüht, kann man auch nach einem guten Jahrhundert noch frisch und jugendlich aussehen. In der Krelingstraße locken mich Gertrud und Horst in eine kleine Weinhandlung, *In vino veritas* heißt sie. Ob der Spruch stimmt? Wir machen die Probe aufs Exempel und probieren einen tiefdunklen Chianti, dazu ein Stück italienisches Brot. An den Wänden funkeln die Flaschen, alle Regionen Italiens haben ihren Anteil daran. Wir prosten uns zu und nehmen einen Schluck. Es schmeckt nach schwarzen Kirschen und würzigem Eichenholz.

Was macht den Reiz der Nordstadt aus? Vielleicht ist es die Mischung. Neben den vielen kleinen, noch von Inhabern geführten Geschäften – es gibt auch eine Buchhandlung, und selbst ein Skiverleih fehlt nicht – fällt besonders auf, wie stark die Kunst und das Kunstgewerbe vertreten sind. Ich staune über die Vielzahl an Galerien, die mir die Freunde zeigen. Ein aufgespannter gelber Schirm signalisiert, dass die Ausstellung von Pia Rubner geöffnet ist. In der Mitte des Raumes lockt auf einer Stele ein schwarzes Kissen, das langsam ein- und auszuatmen scheint. Gertrud legt die Hände darauf und lässt die Bewegung auf sich wirken. Sehr entspannend. Auch an den Wänden hängt kinetische Kunst. Mit technikaffiner Neugierde betrachten wir eine Kettenmaschine, die sich in einem Holzrahmen bewegt. Plötzlich aber beginnt die Maschine, den Rahmen aus den Fugen zu sprengen. Überrascht fangen wir an zu lachen und schütteln die Köpfe. Was will uns der Künstler damit sagen? Das zu erörtern hätte wohl den Rahmen unserer Tour gesprengt; wir verabschieden uns – um kurz darauf in die nächste Galerie zu schlüpfen. »Kim–Kim–Kim«, drei Koreanerinnen, die in Nürnberg studieren, stellen in der »Galerie mit der blauen Tür« aus, magische Schneelandschaften neben angedeuteten Tierporträts und gekonnter Kalligrafie.

Weitere Galerien und kleine Schmuckgeschäfte begleiten unseren Weg, hübsch dekorierte Schaufenster laden zum Verweilen ein. Die Nordstadt, ein fränkischer Montmartre! Inklusive Freilichtausstellung, denn allein die vielen reizvollen Fassaden lohnen den Besuch. Geht man durch die Nordstadt, verlangsamt man unwillkürlich seine Schritte. Man strebt nicht mehr eilig auf ein Ziel zu, man beginnt zu schlendern, zu flanieren, lässt den Blick über die Jugendstilhäuser gleiten. Da schlängeln sich zwei dünne Stuckleisten über einem Fensterpaar, eine bärtige Maske beobachtet uns vom ersten Geschoss, im zweiten gibt eine leere Schrifttafel Rätsel auf, da vereinigen sich Rosenzweige über einem polygonal gebrochenen Erker, da begegnen uns Delfinmasken, kecke Vögel, Bäumchen mit Schlangen, quellen Früchtekörbe über. Übermütig aber wird der Nürnberger Jugendstil nicht. Meist ist an der klassischen Fenstergliederung festgehalten, und kommt es einmal zu Asymmetrien, so werden sie geschickt austariert. Das vielleicht prächtigste Zeugnis für die florale Variante des Jugendstils findet sich am Erkerfuß der Meuschelstraße 23/25.

Mutiger noch als in der Architektur waren die Nürnberger im Bereich des Kunstgewerbes. Die bedeutendsten Lehrer des Jugendstils unterrichteten an der Kunstgewerbeschule, viele Unternehmen und Handwerksbetriebe produzierten in Nürnberg alle Arten von

Einrichtungsgegenständen: Möbel, Vasen, Lampen, Besteck. Wer will, kann sich im Germanischen Nationalmuseum einen Eindruck davon verschaffen.

Dass die Nordstadt nicht nur prachtvolle Bauten aus der Gründerzeit und dem Jugendstil zu bieten hat, sondern auch mit der Moderne punkten kann, beweisen mir Gertrud und Horst, indem sie mich zum ehemaligen Tuchergelände östlich der Rollnerstraße führen. Nachdem wir einen Torbogen passiert haben, staunen wir über das großzügige neue Viertel, das sich vor uns ausbreitet. Helle, freundliche Wohnhäuser sind hier entstanden; von vorspringenden Eckbalkonen und Dachterrassen öffnet sich der Blick auf eine ruhige, begrünte Nachbarschaft. Eine ältere Dame kommt uns entgegen, die wir nach der Bedeutung eines alten Backsteinturmes fragen, der sich wie ein Monolith in der Mitte des Neubaugeländes erhebt. »Steht unter Naturschutz«, erklärt uns die Dame. Na, darum! Wir setzen uns auf eine Bank, und Horst stopft sich seine Pfeife. Die meisten Wohnungen sind noch nicht bezogen. Wie viele Menschen werden hier einmal leben? Tausend vielleicht, vielleicht sogar zwei- bis dreitausend?

Außer dem Turm, an dem weiter das Firmensymbol Tucher prangt, hat man auch das Alte Sudhaus stehen gelassen. Noch sieht das ebenfalls aus rotem Sichtbackstein gemauerte Gebäude ziemlich unwirtlich aus. Gertrud schaut durch eine zerbrochene Scheibe in einen kahlen Industrieraum hinein, der perfekte Ort für einen Stadtkrimi, findet sie. Bald aber wird es hier glänzen, davon sind wir überzeugt, und wenn alles gelingt, wird das Alte Sudhaus zu einem lebendigen Stadtteilzentrum werden.

Der Abend ist gekommen, Zeit umzukehren. Ein Gang durch die Nordstadt aber wäre nicht perfekt ohne einen Besuch bei *Lebensmittel Hahn*, einem der letzten Tante-Emma-Läden Nürnbergs. Auf dem Weg dorthin kommen wir durch den Archivpark, in dem sich zur festgesetzten Stunde die Hundebesitzer des Viertels treffen. Die grüne Oase trägt ihren Namen nach dem benachbarten Staatsarchiv, einem lang gestreckten Gründerzeitgebäude, in dem wichtige historische Dokumente aus den vormals reichsunmittelbaren Territorien Mittelfrankens aufbewahrt werden und auch das Schriftgut der Nürnberger Kriegsverbrecherprozesse – ein wichtiges Gedächtnis der Stadt, der erste Archivzweckbau in Bayern.

Kurz vor Ladenschluss sind wir bei *Lebensmittel Hahn* angelangt. Beim Betreten des kleinen Geschäfts in der Meuschelstraße werden meine Freunde herzlich vom Besitzer begrüßt. 1987 hat Herr Hahn den Laden zusammen mit seiner Frau übernommen, die Konkurrenz von immer mehr Discountern macht ihm das Leben zunehmend schwerer. Dabei ist er für viele ein wichtiger Anlaufpunkt, älteren und gehbehinderten Nachbarn bringt er die Einkäufe sogar persönlich nach Hause. Freizeit kennt er kaum. In den frühesten Morgenstunden, wenn noch alles schläft, fährt er zum Großmarkt und kauft frisches Obst und Gemüse, am Abend, nach Ladenschluss, muss er noch die Waren sortieren und alles für den nächsten Tag vorbereiten. Wir bleiben ein Weilchen stehen, wie so oft auf unserem Rundgang. Man kennt sich in der Nordstadt noch, tauscht sich über persönliche Dinge aus, nimmt Anteil am Leben des anderen.

In der *Taverna Meteora* in der Friedrichstraße, einem der ersten griechischen Lokale Nürnbergs, vielleicht sogar dem ältesten, serviert uns der Wirt drei Ouzos. Seine ganze Familie arbeitet in dem beliebten Restaurant, er stellt uns jeden vor, wir aber verlieren den Überblick bei der weitläufigen Verwandtschaft. Hinter dem Tresen steht ein hochbetagter Herr, der Seniorchef, und hilft mit, die Getränke auszuschenken. Wir stoßen mit dem Anisschnaps an. Ein weiteres Lieblingslokal meiner Freunde ist ein Italiener in der Nachbarschaft, das *Siculum*. Der Mann ist Sarde, seine Frau Sizilianerin. Oder umgekehrt? Egal, die Frische der Zutaten ist unschlagbar und die Freundlichkeit sowieso.

Wir leeren den Anisschnaps und verabschieden uns von dem Griechen. In der Wohnung in der Meuschelstraße beenden wir den

Rundgang. Horst erklärt mir noch die Bedeutung von kleinen, vergilbten Zeitungsschnipseln, die gerahmt an den Wänden der hübschen Art-déco-Wohnung hängen. Die Artikel kamen bei den Renovierungsarbeiten zum Vorschein, glücklicherweise warfen die Freunde sie nicht achtlos weg, sondern konservierten sie wie archäologische Schichten, so auch ein Hinweis aus der Tageszeitung von 1910. Auf dem Zettel steht unter der Überschrift »Ehrenerklärung« zu lesen: »Ich nehme die von mir gemachten Verleumdungen über die Familie Zimmermann, welche ich geäußert habe, als unzutreffend mit Bedauern zurück. Zwick, Milchhändler.«

Als ich das Haus verlasse, ist es dunkel geworden. Die Burg erstrahlt nun im Licht der Scheinwerfer. Zur Innenstadt ist es von den »Gärten hinter der Veste« tatsächlich nur ein Katzensprung. Niemanden der zahlreichen Passanten aber scheint es dorthin zu ziehen. Warum auch? In der Nordstadt gibt es alles, was man zum Leben braucht. Und noch manches mehr.

Der Sternenhimmel über Nürnberg

Dem modernen Städter ist der Anblick kaum mehr vertraut. Erst wenn man sich auf dem freien Land befindet, besser noch hoch in den Bergen, und sich zu einer nächtlichen Wanderung aufmacht, packt er einen immer aufs Neue: der Blick zum Firmament. Auf einmal wird einem wieder bewusst, wie viele Sterne es gibt. Das Funkeln und Leuchten auf schwarzsamtenem Himmelstuch kann von solch einem Zauber sein, dass man unwillkürlich den Atem anhält.

All die Lichter der Stadt – die Straßenlampen, erleuchteten Häuser, die angestrahlten Gebäude – überlagern den zarten Glanz vieler Sterne, mancher spricht gar schon von Lichtverschmutzung. In früheren Zeiten gab der Himmel über Nürnberg noch seine Geheimnisse preis, konnte man das Sternenmeer noch ungestört studieren.

Einer, der dies mit besonders gründlichem Auge tat, war Johannes Müller (1436–1476). Regiomontanus, wie man ihn nach seinem heute unterfränkischen Geburtsort Königsberg nannte – die Humanisten liebten es, ihre Namen zu latinisieren –, hatte sich seit seiner frühesten Jugend mit Astronomie beschäftigt. Bereits als Zwölfjähriger bewies er sein mathematisches Talent und errechnete ein astronomisches Jahrbuch. Zum Studium ging er nach Wien, der damals führenden Hochschule für Mathematik und Astronomie. Das Können des jungen Mannes wurde so hoch geschätzt, dass er gebeten wurde, für die kaiserliche Familie Horoskope zu erstellen. Man glaubte damals noch ganz offiziell an den Einfluss der Sterne auf das Schicksal des Menschen. Astronomie wurde als Hilfswissenschaft für die Astrologie geschätzt, ihr Nutzen aber ging weit darüber hinaus. Im Zeitalter des Humanismus wurden die Grundlagen für die neuen naturwissenschaftlichen Forschungen gelegt. Durch seinen Lehrer Georg von Peuerbach wurde Regiomontanus mit den Theorien der Planetenbahnen bekannt gemacht. Auch kursierten in Wien Schriften älterer Weiser aus dem alten Griechenland, die bereits interessante Vorarbeiten auf dem Gebiet der Sternenkunde geleistet hatten.

Regiomontanus hatte seine Bestimmung gefunden – die Gesetze der Himmelskörper zu studieren, diese Leidenschaft ließ ihn nicht mehr los. Man rief ihn nach Rom und dann nach Ungarn. Um die Bahnen der Planeten exakt zu beschreiben, benötigte man zweierlei: gute optische Instrumente und genaue mathematische Formeln. Zentral waren die Berechnungen der Abstände und Winkel, was präzise trigonometrische Tafeln voraussetzte. Regiomontanus schrieb eine Abhandlung darüber und publizierte Sinus- und Tangententafeln mit einer bis dahin nicht erreichten Exaktheit; bis auf die siebente Stelle genau konnte man die Werte nun ablesen.

1471 wurde ein entscheidendes Jahr im Leben des fränkischen Sternenforschers. Im Auftrag von König Matthias kehrte der Astronom zurück nach Deutschland, nach Nürnberg, um dort die Planetentafeln weiter zu verfeinern. Diese Ortswahl erwies sich als Glücksfall, verstand man doch an kaum einem zweiten Ort, solch präzise Instrumente zu bauen. Die Nürnberger Feinmechaniker waren Meister ihrer Kunst und fertigten für Regiomontanus die Beobachtungs- und Messgeräte, die er brauchte. Niemals zuvor hatte sich jemand so intensiv in den Nachthimmel von Nürnberg vertieft wie Regiomontanus. Besonders den Planeten widmete er seine Aufmerksamkeit, akribisch beschrieb er die Bahnen von Venus, Mars oder Jupiter. Da auch die Nürnberger Druckkunst in hohem Ansehen stand, konnte Regiomontanus seine neuen Tafeln vor Ort fertigen lassen. Den Stand von Sonne und Mond vermaß der Forscher ebenfalls in neuer Weise und schuf zudem moderne Sternentafeln, Grundlage für die Navigation zur See, höchst nützliche Hilfsmittel in einer Zeit, in der man sich aufmachte, zu neuen Erdteilen vorzudringen. Die Früchte seiner Arbeit aber konnte Regiomontanus nicht mehr ernten. Papst Sixtus IV. berief ihn in den Vatikan, um an der Kalenderreform mitzuwirken, denn der Lauf der Himmelskörper bestimmte auch die Zeit. Ein Jahr später starb Regiomontanus mit nur 40 Jahren in Rom.

Am meisten betroffen dürfte sein Freund Bernhard Walther (1430–1504) gewesen sein. Schon der Abschied hatte geschmerzt, denn Regiomontanus war ihm Vorbild und Lehrer zugleich. Und Bernhard Walther hatte es Regiomontanus wiederum zu verdanken, in Nürnberg so perfekte Arbeitsbedingungen vorgefunden zu haben, hatte ihn doch der wohlhabende Nürnberger stets großzügig unterstützt. Das Wohnhaus von Bernhard Walther, der aus Memmingen stammte, steht heute noch. Es wurde 1509, fünf Jahre nach Walthers Tod, von einem seiner guten Bekannten erworben, von Albrecht Dürer. Im Dachgeschoss des heutigen Dürerhauses hatte der astronomisch interessierte Kaufmann seine Sternwarte eingerichtet, die er nun ohne die Hilfe seines Lehrers weiterbetrieb. So viel Wissen hatte sich Walther angeeignet, so viel Geschick im Umgang mit dem Astrolabium und den anderen Instrumenten, dass er Regiomontanus'

Forschungen fortsetzen konnte. Auch erstand er von dessen Erben die wertvollen Lehrbücher, wichtige Quelle für seine Studien. 30 Jahre lang beobachtete Walther vom Südgiebel seines Hauses am Tiergärtnertorplatz den Nachthimmel, er musste nur zum Kragstein in der Giebelspitze klettern. Dort verzeichnete er bis zu seinem Tode sorgfältig den Stand der Planeten. Dabei fiel ihm auf, dass insbesondere bei sehr niedrigem Stand die beobachtete Position der Sonnenbegleiter von der errechneten abwich. Bernhard Walther hatte das Phänomen der Refraktion erkannt und korrigierte es in seinen Tabellen. Auch über die Sonnenhöhen legte er lange Messreihen an, um die Jahreslänge und die Jahrespunkte noch exakter bestimmen zu können, eine unglaubliche Fleißarbeit, wichtige Vorarbeiten für Tycho Brahe und Nikolaus Kopernikus.

Auch sein guter Bekannter Albrecht Dürer, der nach seinem Tod das stattliche Haus erwarb, hat sich intensiv mit den Sternen beschäftigt. Von ihm stammen die ersten gedruckten Sternkarten der Menschheitsgeschichte. Allerdings fußen sie nicht auf Dürers eigenen Beobachtungen und Berechnungen (die der ausgezeichnete Mathematiker sehr wohl hätte anstellen können, wenn er nicht so beschäftigt gewesen wäre), sondern auf einer Karte von Regiomontanus, die Walther erworben hatte. Ein Schüler Walthers war der Kaplan Conrad Heinfogel, Vikar an der Lorenzkirche. Zusammen mit zwei sternenkundigen Freunden, Dietrich Ulsenius und Sebastian Sperantius, entwarf er mit Blick auf das Erbe von Regiomontanus Karten des nördlichen und südlichen Sternenhimmels, wesentlich beteiligt war auch Johannes Stabius, der wissenschaftliche Berater Kaiser Maximilians. Diese Karten aus dem Jahr 1503 wurden wiederum an Dürer weitergereicht mit der Bitte und dem Auftrag, sie exakt in Holz zu schneiden und zugleich künstlerisch zu gestalten. 1515 erschien das Wunderwerk. Die Sterne waren gemäß ihrer Leuchtkraft in drei Gruppen eingeteilt, dazu tauchten die zwölf Tierkreiszeichen auf und die wichtigsten Sternbilder als fantasievolle Tiere und

Menschen, Letztere zum Teil in antiker, zum Teil in zeitgenössischer Verkleidung. So ist Orion wie ein Ritter gerüstet, während andere Götter in klassischer Nacktheit über den Himmel schweben, die Tiere aber sind in größter Naturtreue abgebildet. In den Ecken des nördlichen Himmels wurden die antiken Gelehrten platziert, die sich schon früh mit dem Stand der Sterne befasst haben.

Nürnberg wurde zu einem der astronomischen Zentren Europas. Und führte die begonnene Tradition weiter fort. Georg Christoph Eimmart (1638–1705) kommt hierbei ein besonderes Verdienst zu. Mit seinem als Kupferstecher erarbeiteten Geld richtete Eimmart auf der Vestnertorbastei der Nürnberger Burg im Jahr 1678 eine Sternwarte ein, die größte ihrer Art im damaligen Deutschland. Eimmart stellte sie sympathischerweise bei besonderen Himmelsereignissen der Bevölkerung zur Verfügung stellte, sodass jeder Interessierte einen Blick durch das Teleskop werfen konnte. Dem Sternenfreund ging es darum, viele junge Leute für die Astronomie zu begeistern. Am neugierigsten war wohl seine Tochter, die schon früh den Nürnberger Nachthimmel zu inspizieren begann. Sie heiratete den Assistenten ihres Vaters, der nach dessen Tod die Sternwarte leitete. Besonders die Schönheit des Mondes hatte es ihr angetan. Maria Clara hatte zugleich das Kupferstechen von ihrem Vater gelernt und machte sich daran, Zeichnungen des Erdtrabanten herzustellen, sorgfältige, handwerklich auf höchstem Niveau gefertigte lunare Landschaften. Etwa 250 Mondansichten schuf sie, Vorarbeiten für eine genaue Kartografie des Mondes. Der vielleicht spannendste Tag ihres Lebens war der 12. Mai 1706. Eine totale Sonnenfinsternis verdunkelte Nürnberg, Maria Clara fertigte davon zwei Gemälde, die leider verschollen sind. Tragischerweise verstarb sie bereits ein Jahr später im Wochenbett. Nur 31 Lebensjahre waren der begabten Künstlerin und Wissenschaftlerin gegönnt.

Die Leidenschaft, in die Sterne zu schauen, blieb den Nürnbergern bis in die Moderne erhalten, wobei ihnen der Zufall zu Hilfe kam. Als sich der Erste Weltkrieg seinem Ende zuneigte, fielen am Nürnberger Hauptbahnhof zwei seltsame Kisten auf, denen man keinen Besitzer zuordnen konnte. Als man sie aufbrach, staunte man nicht schlecht. In den Kisten steckten wertvolle Fernrohre. Dem Physiklehrer und Stadtrat Hans Hess leuchteten die Augen. Mit diesen Instrumenten war es möglich, eine neue Sternwarte zu errichten. Hartnäckig kämpfte er für sein Projekt, das am Rathenauplatz entstehen sollte. Bekämpft von der NSDAP aber wurde daraus nichts. Hans Hess trieb dennoch fleißig weiter Spendengelder ein. Dann eben außerhalb der Stadt, auf dem Rechenberg, der mit seinen 338 Metern dem Himmel noch näher ist! Am 28. Februar 1931 war es so weit, die Volkssternwarte wurde eingeweiht. Den Zweiten Weltkrieg überlebte sie aufgrund ihrer Randlage unzerstört, die Instrumente und Karten aber fielen dem Vandalismus zum Opfer. Glücklicherweise taten sich neue Nürnberger Sternenfreunde zusammen, gründeten die Nürnberger Astronomische Arbeitsgemeinschaft und übernahmen in den 1960er-Jahren den Betrieb der Sternwarte, die sie nach Regiomontanus benannten. Jeder Neugierige ist eingeladen, zu einem nächtlichen Besuch den Rechenberg zu erklimmen.

So viel zur astronomischen Geschichte Nürnbergs. Viele Laien und Wissenschaftler haben den Sternenhimmel über der Noris erkundet, haben den Lauf der Gestirne beobachtet und aufgezeichnet, haben kluge Berechnungen angestellt. Niemand aber hat das nächtliche Firmament mit solchen Augen betrachtet wie ein junger Mann im Jahr 1828. Als Kaspar Hauser in Nürnberg ausgesetzt worden war, litt er unendliche Schmerzen. Nicht nur die ungewohnt aufrechte Körperhaltung bereitete ihm Pein, schlimm war für ihn auch der helle Sonnenschein. Seine Augen hatten sich über die Jahre so sehr an die Dunkelheit gewöhnt, dass er das gleißende Tageslicht wie eine Folter empfand. Wer einmal die Gelegenheit hatte, in einer Dunkelkammer zu arbeiten, der weiß, wie sich das Auge allmählich an das Dunkel gewöhnt und wie es mit der Zeit Dinge wahrzunehmen beginnt, mit denen man nicht gerechnet hatte, kleinste Lichtschimmer, die durchs Schlüsselloch oder durch den Türspalt dringen. In gesteigerter Weise hatten sich die Augen Kaspar Hausers an die dunkle Nacht gewöhnt. In den ersten Tagen seines neuen Lebens konnte er Dinge sehen, die jeden verblüfften. Am erstaunlichsten aber war seine Sicht des Sternenhimmels. Dort, wo wir nur hellere und weniger hell leuchtende Punkte erblicken, erstrahlte für Kaspar Hauser ein farbiges Lichtermeer ohnegleichen. Sterne, die so weit entfernt sind, dass sie das menschliche Auge nicht wahrnehmen kann, sah Kaspar in vollkommener Klarheit, der Nachthimmel war für ihn übersät mit Lichtern, Wirbeln, Nebeln und Spiralen, ein einziger Sternentanz! Auch die verschiedenen Frequenzen des Lichtes unterschied Kaspar, weshalb er Farben sah, wo wir nur Helligkeit wahrnehmen. Gelb, orange, zart- bis dunkelrot, grün und sogar als kaltes Blau leuchtete es ihm entgegen, nie zuvor und niemals mehr danach hat jemand Nürnbergs Sternenhimmel in einem solchen Licht strahlen sehen.

»Der bestirnte Himmel über mir und das moralische Gesetz in mir«, das waren die beiden Phänomene, vor denen Immanuel Kant die größte Ehrfurcht hatte. Nüchterner sieht's der Franke. Fitzgerald Kusz stellte in einem Haiku lakonisch fest, der Mond über Nürnberg sei auch bloß ein großer Lebkuchen. Aber was heißt schon »bloß«? Bei so einer wunderbaren Köstlichkeit!

Verdient machte sich Bernhard Walther auch um die Bestimmung der exakten Tageszeit. Nach seinen Berechnungen wurde die Große Nürnberger Uhr neu justiert, auch die äußerst präzise Sonnenuhr am Ostchor der Lorenzkirche konstruierte man mithilfe seiner Kegelschnitte. Nürnberg war zudem nicht nur ein Zentrum für die Herstellung von Erdgloben, auch Himmelsgloben wurden hier gebaut. Nikolaus von Kues, der große Humanist und Universalgelehrte, besorgte sich im Jahr 1444 ein Exemplar, das sich jetzt in der Bibliothek des Cusanus-Stifts in Bernkastel-Kues befindet. Exemplare der Nürnberger Sternenkarten aus dem Jahre 1503 befinden sich im GNM, ebenso wie zwei Originaldrucke von Dürers Sternenhimmel von 1515, welche die Zukunftsstiftung der Sparkasse Nürnberg zurück an die Pegnitz holte. Maria Clara Eimmarts Mondskizzen werden mit dem Nachlass ihres Vaters in Sankt Petersburg verwahrt, einige ihrer astronomischen Bilder kann man in der Sternwarte von Bologna bewundern. Der schönste aller Sterne ist für viele Nürnberger allerdings noch nicht aufgegangen: Erst mit dem dritten Bundesligameistertitel darf man sich einen Meisterstern aufs Trikot sticken.

Das schöne Fürth – Nürnbergs heimliche Liebe

Nürnberg und Fürth – viel ist zu dieser speziellen Beziehung schon gesagt und geschrieben worden. Woher die heftigen Emotionen, die gegenseitigen Witze, der Spott? Aus psychologischer Sicht gibt es dafür nur einen Grund: verschmähte Liebe. Nichts trifft einen Menschen heftiger, als wenn er zurückgewiesen wird, nachdem er sich endlich getraut hat, seine Zuneigung zu offenbaren. Dann kann sich Liebe in Enttäuschung verwandeln. Genau das ist Nürnberg passiert.

Schon lange hatte es ein Auge auf die schöne Schwester geworfen, hatte ihr zahlreiche Avancen gemacht. An den Wochenenden waren Scharen von durstigen Nürnbergern nach Fürth gepilgert, um sich an dem günstigen Bier zu laben. Man baute die erste Eisenbahn nicht nach Schwabach oder Stein, sondern natürlich nach Fürth, um sich noch enger zu verbandeln. Auch auf dem alten Kanal gondelten regelmäßig Ausflugsboote von Nürnberg nach Fürth, die legendären »Schlagrahmdampfer« Antonia, Karl und Hansi – vier lustige Kilometer von Doos zur Schleuse 81 in Fürth-Kronach, wo man dann fröhlich einkehrte. Lauter Zeichen einer tiefen Sympathie. Selbst Richard Wagner wusste um die Attraktivität der Fürther Weiblichkeit. Im dritten Akt der *Meistersinger* lässt er die hübschen

Mädchen aus Fürth auftreten und den Nürnbergern den Kopf verdrehen.

Es kam, wie es kommen musste: Aus dem Flirt wurde eine heiße Begierde. Man errichtete 1890 sogar ein Denkmal am Plärrer, auf dem Noris mit der hübschen Furthia gemeinsam an einem Obelisken lehnt, Furthia aber dreht Nürnberg auch hier die kalte Schulter zu. Das verliebte Nürnberg wollte schließlich nicht länger warten und machte der Angebeteten einen Heiratsantrag. Was soll man auch tun, wenn die Hormone kreisen? Stadtrat und Bürgermeister der schönen Nachbarin gaben ihren Segen, nicht aber die Fürther Bürger. Der Verein »Treu Fürth« gründete sich, eine der ersten deutschen Volksabstimmungen wurde abgehalten und Nürnbergs Heiratsantrag im Jahr 1922 mit 65 Prozent der Stimmen schnöde abgewiesen.

Eine Weile zog sich Nürnberg in die Schmollecke zurück; wie das aber mit einer echten Liebe so ist, schnell flammt sie wieder auf. Hinzu kam, dass das schöne Fürth die Hoffnung unnötig anheizte, indem es sich und Noris auf einem farbigen Fenster vereinen ließ und das Kunstwerk nach Nürnberg sandte. Wie sollte man dies nicht als Liebeserklärung werten? Nürnberg nahm erneut seinen Mut zusammen und hielt ein zweites Mal um die Hand des Kleeblatts an. Dieses Mal war es Adolf Hitler persönlich, der sich nicht traute, den Trauzeugen zu spielen. So heiß war dem Führer die Angelegenheit, dass er befahl, die Vermählung auf die Zeit nach dem Endsieg zu verschieben. Der Endsieg kam nicht, und Nürnberg blieb Single. Dennoch baggerte es fleißig weiter. Zum Beispiel eine U-Bahn-Linie nach Fürth. Auch zu einer gemeinsamen Vorwahl überredete man Fürth, in der Hoffnung, die hübsche Nachbarin in vertraute Ortsgespräche verwickeln zu können. Alle Mühen aber waren vergebens. Als selbst die Überbauung der Stadtgrenze mit einer Brauerei, in der ein Nürnberg-Fürther-Hybridbier gesiedet wird, keinen Erfolg brachte, seufzten die Nürnberger resigniert und gaben sich mit der Eingemeindung von Großgründlach zufrieden. Doch selbst wenn aktuell keine

Flirtoffensiven stattzufinden scheinen, wir sind überzeugt, Nürnberg liegt schon wieder auf der Lauer. Aufgeben wird man nicht, um die schöne Nachbarin zu werben. Denn eins steht fest: Fürth ist sexy!

Sie lachen? Fürth und sexy? Dann besuchen Sie die bezaubernde Furthia doch einmal. Das Denkmal, auf dem sie mit Noris zusammen zu sehen ist, steht nun an der Fürther Straße in unmittelbarer Nähe zum Justizpalast. Furthia wird Ihnen gefallen! Allein dieses Lächeln. Der großzügige Ausschnitt. Die nackten Arme. Am raffiniertesten aber sind die süßen Zehen. Einfach zum Anbeißen! Und wer's immer noch nicht glauben kann, der lese das Buch *Fürth ist sexy*. Selbst im Nürnberger Buchhandel zu haben, unter der Ladentheke natürlich.

Durch die Nürnberger Everglades

»O schaurig ist's übers Moor zu gehn,
Wenn es wimmelt vom Heiderauche ...«

Sumpfig? Sie möchten eine richtige Sumpflandschaft kennenlernen? Kaa Deema! Natürlich hat Nürnberg auch Sümpfe zu bieten. Um zu den Nürnberger Everglades zu gelangen, muss man nach Fischbach fahren. Am besten nimmt man die S-Bahn oder parkt sein Auto beim hübschen Pellerschloss. Dessen Wassergraben hat einst ein Bach gespeist, der Fischbach, der im gemeindefreien Gebiet Fischbach östlich von Fischbach entspringt. Das Pellerschloss, in dem man auch den Bund der Ehe schließen kann (vergleiche das Kapitel »Wenn Sie in Nürnberg heiraten wollen«), ist von heiterer Anmut. Auf einem gemauerten Erdgeschoss tanzt ein luftiger Fachwerkbau. Neben der Patrizierfamilie der Pellers fischten auch die Harsdörffer im Fischbach. Der bekannteste Sohn des Ortes ist Georg Philipp, der Mitbegründer des Pegnesischen Blumenordens und Erfinder des Nürnberger Trichters, von dem wir schon gehört haben.

Vom Pellerschlösschen geht der Wanderweg nach Westen, einfach dem blauen Kreuz auf weißem Grund folgen, leicht zu finden. Entlang einer Obstbaumallee geht's in einer eleganten Rechtsschleife aus dem Ort hinaus, immer in Sichtweite des Fischbachs. Der Fischbach zählt zu den Nürnberger Landgräben, einem System von circa 80 Gräben und Bächen, die das Umland bewässerten, Mühlen antrieben, Patriziersitze umspülten und Fischteiche speisten. Auf über 180 Kilometer Länge addieren sich die Landgräben des Nürnberger Stadtgebiets, von denen der Fischbach einer der wichtigsten war. Von seinen vielfältigen Aufgaben werden wir noch hören.

Die Siedlung, die uns begleitet, heißt Flachsröste. Bis zum Jahr 1917 reichte das Moor dicht an Fischbach heran. Seine feuchten Pfützen waren ideal dafür geeignet, das Flachs zu rösten, wie man die Technik nannte. Um die geernteten Flachshalme verarbeiten zu können, legte man sie für viele Tage bis Wochen in das trübe Wasser, dadurch lösten sich die Fasern des Flaches von den Holzbestandteilen. Man fischte die Rohfasern sodann aus dem Moor, trocknete und kämmte sie und konnte sie nun zu Garn oder Leinen spinnen, etwa um eine neue Leinwand für Albrecht Dürer daraus zu machen. Der Fäulnisprozess muss bestialisch stinkende Gase freigesetzt haben, die Fischbacher werden froh gewesen sein, als man 1917 begann, diesen Teil des Moores trockenzulegen, um eine Wochenendsiedlung mit schönen Gärten entstehen zu lassen.

Bald endet die offene Landschaft, und wir treten in den Schatten des Lorenzer Reichswalds. So wie Nürnberg eine Reichsstadt war, also reichsunmittelbar, waren seine Wälder einst Reichswälder und tragen diesen Namen nach wie vor. 1806 wurde Nürnberg bayrisch und mit ihm seine Wälder. Seitdem haben die Bayerischen Staatsforsten das Sagen, der größte Forstbetrieb in Deutschland, was die Bayern durch ein aufgepflocktes Schild auch deutlich machen. Und damit sich kein Nürnberger beschwert, warum das Waldstück plötzlich so ungepflegt aussieht und alte, abgestorbene Bäume kreuz und quer herumliegen, weisen die bayerischen Staatsförster rasch darauf hin, dass dies keine Schlamperei sei, sondern Ökologie. Das Totholz sei nämlich gar nicht tot, sondern im Gegenteil höchst lebendig. Über 1.300 Käferarten würden in ihm herumkrabbeln, darunter manch wertvoller bayerischer Mistkäfer.

Dass sich in den Wäldern zuweilen auch dunkle Dinge ereignen, davon erzählt eine Gedenktafel an einem alten Buchenstamm: »Hier wurde am 25. September 1917 der Herr Gend. Vizewachtmeister Ludwig Weber der Station Zerzabelshof in treuer Ausübung seines Dienstes von unbekanntem Täter meuchlings erschossen.« – Schrecklich. Und rührend, dass die Kollegen an den armen Gendarmen erinnern. Wer mag der Täter gewesen sein? Ob ihn seine gerechte Strafe ereilt hat? Vielleicht ist er ja bei seiner Flucht im Moor stecken geblieben und dann jämmerlich untergegangen, Zentimeter für Zentimeter, blubb, blubb. – Vielleicht war es aber auch nur ein armer Teufel von der nahen Russenwiese, einer jener Kriegsgefangenen, für die man im Ersten Weltkrieg nahe Fischbach ein Lager errichtet hatte. Heimwehkrank mag er in wilder Flucht davongestürmt sein, als sich ihm der Gendarm unglücklicherweise in den Weg stellte. In seiner Panik hatte sich der jungen Russe nicht anders zu helfen gewusst, als dem Polizisten seine Waffe zu entwinden und ihn niederzuschießen.

Wie es wirklich gewesen ist? Wir werden es nicht mehr erfahren. Was wir auch nicht erfahren: warum der Weg Lohengrinweg heißt. Wir vermuten, Richard Wagner zu Ehren, der Nürnberg ja mit seinen *Meistersingern* reich beschenkt hatte. Richard Wagner hielt sich einige kurze Male in Nürnberg auf. Einmal wurde er Zeuge einer Wirtshausschlägerei, die er prompt für seine Oper verwendete. Was aber hat *Lohengrin* mit Nürnberg zu tun? Die Idee zu dieser Oper kam Wagner in Paris, den Entwurf schrieb er in Marienbad, ausgearbeitet hat er sie im kleinen Graupa bei Pirna, und ihre Uraufführung erlebte sie in Weimar. Möglicherweise allerdings ist Wolfram aus dem nicht weit von Nürnberg entfernten Eschenbach einmal hier entlanggeritten, womit der Lohengrinweg seine Berechtigung hätte, geht die Lohengrin-Story doch auf Wolfram von Eschenbach zurück.

Wir summen das bekannte »Treulich geführt« aus *Lohengrin* vor uns hin, den Hochzeitsmarsch von Lohengrin und Elsa (der es jedoch auch nicht geschafft hat, dieser Promi-Ehe Haltbarkeit zu verleihen). Zu unserer Rechten taucht währenddessen ein idyllischer Waldsee auf, der Eisweiher. Sein Name verrät die Funktion: Als der Kühlschrank noch nicht erfunden und die Winter noch echte Winter waren, sägte man aus dem kleinen Stausee dicke Eisplatten heraus, die man zu den Kellern kutschierte; das Eis kühlte das gute Nürnberger Bier bis weit in den Sommer hinein.

Von einem Uferbaum grüßt uns das Bild einer Libelle. Tatsächlich finden die genialen Flieger in dem sumpfigen Gelände beste Lebensbedingungen vor. Rasant lassen sie hier ihre Propeller rotieren und sausen von einer Wasserfläche zur nächsten. Die auch Wasserjungfern genannten Insekten finden ihren Partner im Flug und bilden dabei das artistische Paarungsrad. Mit seinem löffelförmigen Penis gelingt dem Libellenmann etwas, worauf der gewöhnliche Nürnberger üblicherweise verzichtet, nämlich Spermareste seines Vorgängers zu entfernen, bevor er selbst in den Himmel abhebt. Polyamoren Libellenfrauen nutzt ihre Flatterhaftigkeit also gar nichts, zumindest nicht fortpflanzungstechnisch. Die befruchteten Eier wirft die Libelle entweder wie Wasserbomben über dem Eisweiher ab oder nutzt für die Eiablage spezifische Pflanzen. Gut, dass es die Nürnberger Everglades gibt, viele Libellenarten sind nämlich trotz aller ihrer Fortpflanzungskünste akut gefährdet. So braucht zum Beispiel die Moorlibelle spezielle Moose, die nur in Mooren wachsen. Die Ortsgruppe des Bundes Naturschutz hat stolze 48 Libellenarten im Nürnberger Land gezählt. Die farbenfrohen Flieger galten von alters her als Symbole der Fruchtbarkeit und wurden von den Germanen als Boten der Göttin Freya verehrt, was den christlichen Missionaren natürlich suspekt war, sodass sie die Libelle als »Teufelsnadel«,

»Pferdetod« oder »Augenbohrer« beschimpften. Dabei ist an dem Gerücht, die Libellen würden gefährlich stechen, überhaupt nichts dran. Albrecht Dürer wusste das und gab der Libelle einen Ehrenplatz. Der erste Kupferstich, den er mit seinem bekannten Monogramm AD, seinem späteren Markenzeichen, versehen hat, trägt den Namen *Die Heilige Familie mit der Libelle*, wobei die Libelle nicht aus dem Fischbacher Moor entstiegen zu sein scheint, sondern eher an eine ägyptische Heuschrecke erinnert.

Immer feuchter wird es jetzt zu beiden Seiten des Wegs, den man nicht umsonst etwas höher gelegt hat, dennoch wird vor einer möglichen Furt gewarnt. Nicht der Fischbach alleine wässert das Gelände, ihm eilen einige andere Bächlein zu Hilfe, der unheimliche Schwarze Graben, der Hutgraben und viele namenlose Rinnsale. Nach einigen Hundert Metern treffen wir auf einen weiteren Waldsee, den Holzweiher. Ob auch dieser Name eine Bedeutung hatte? Wir finden nirgends eine Erklärung. Der Sumpf nimmt immer mehr zu, der Fischbach hat weitere Begleiter bekommen, die in wilden Schleifen durch den Auwald mäandern, überall Morast und Moder. Die Erlen aber lieben nasse Füße, ein ganzer Bruchwald ist entstanden, ein malerisches Bild. Die eine Hälfte der Bäume lebt, die andere verfault bereits und füttert das Moor mit neuer Nahrung. Erlenbrüche lieben die sauren Moorböden, hier finden ihre Wurzeln reichlich Nährstoffe. Andere Bäume würden ertrinken, nicht so die Erle. Sie versieht ihren Stammfuß mit Stelzwurzeln und stellt sich mit ihren Adventivwurzeln auf schwankende Wasserstände ein. Geheimnisvoll spiegelt sich das Baumgeflecht in den Wasserflächen, Wasserlinsen flottieren darauf, Schlangenwurz und Nachtschatten verstecken sich im Halbschatten, Sumpfseggen und Sumpffarne verleihen dem Bruch ein urzeitliches Gepräge. Engelwurz, Wasserfeder, Kälberkropf und sogar der Rauhaarige Wolfstrapp mit seinen Scheinquirlen fühlt sich hier wohl und lässt seine Klausenfrüchte in einsamige Teilfrüchte zerfallen. Schaurig schön! Wenn es noch Alligatoren statt der zahlreichen Frösche und Kröten gäbe, kein Mensch müsste mehr nach Florida. Die Nürnberger Everglades sind genauso sehenswert.

Ein Wehr im Lauf des Fischbachs entscheidet darüber, welcher See eine Wässerung dringender nötig hat: der Dutzendteich oder der Valznerweiher. Bitte nicht daran herumspielen! Sonst liegen die Tretboote des Dutzendteichs auf dem Trockenen und die Insel im Valznerweiher geht unter. Bald lichtet sich der Wald zur Linken, und man blickt auf eine große Rodung: die Russenwiese. Kriegsgefangenenlager im Ersten Weltkrieg, bot die Russenwiese zur Zeit der Reichsparteitage Platz für ein riesiges Zeltlager. Als der Zweite Weltkrieg ausbrach, wurde an diesem Ort erneut ein Kriegsgefangenenlager errichtet. Zweitausend meist osteuropäische Gefangene lebten dort unter schlimmsten Bedingungen, wurden zur Zwangsarbeit herangezogen. Um dem Lager zu entkommen, verfielen die verzweifelten Insassen auf die Idee, sich mit der Hahnenfußpflanze zu vergiften, die am Rande der Wiese wuchs. Plötzlich lagen zweihundert Häftlinge im Fieber. Die Aktion wurde jedoch verraten, alle Erkrankten wurden ins Konzentrationslager gesteckt, die fünf mutmaßlichen Anführer im Lager öffentlich gehängt. Heute erinnert nichts mehr an diese teuflische Vergangenheit. Einmal im Jahr wird die Wiese gemäht, um die Verbuschung zu verhindern.

Nicht mehr lange, und wir stoßen auf eine Straße. Vor uns flattern die Fahnen des 1. FC Nürnbergs im Wind, wir stehen am Trainingsgelände des Clubs. Wenn es Sie nicht nach einem Besuch des Club-Museums gelüstet, wenden Sie sich nach rechts und kehren Sie im Inselrestaurant des nahen Valznerweihers ein. Und während Sie Ihre verdiente Stärkung einnehmen, erzählen wir Ihnen, wie es mit dem Fischbach weitergeht. Einst war er einer der zentralen und beliebtesten Nürnberger Altstadtflüsse. Beim Sterntor ließ man ihn in die Stadt eintreten, wo er Hunderte von Jahren das Blausternwerk antrieb, ein leistungsfähiges Pumpwerk. Über den Stadtgraben, der ja nie geflutet wurde, hatte man dem Fischbach einen hölzernen Kanal gebaut. Sein früherer Lauf durch die Innenstadt liest sich wie ein Führer durch die Nürnberger Shoppingmeile: Nachdem der Fischbach durch die Vordere Sterngasse und deren Verlängerung, die Pfannenschmiedgasse geströmt war, teilte er sich in zwei Arme, die beide links abknickten, der erste begleitete die Breite Gasse, der zweite die Karolinenstraße. Kurz vor dem Weißen Turm vereinigten sich die Arme wieder, um dann nach einem Schwenk nach rechts durch die Hintere und Vordere Ledergasse, die Hutergasse und die Obere Wörthstraße die Kaiserstraße zu erreichen und sich nahe dem Henkersteg in die Pegnitz zu stürzen. Das Mäandern durch die Straßen und Gassen der Altstadt sah nicht nur hübsch aus, es erfüllte auch höchst praktische Zwecke. Zwei Mühlen gab es, die Getreide mahlten, man hatte stets genügend Wasser zum Löschen, und die Nürnberger Hausfrauen schätzten das kühle Nass des Fischbachs außerordentlich wegen seiner Weichheit. Umso heftiger war der Protest, als man begann, den Bach mit Steinplatten abzudecken. Weil die Vorstädter, die Galgenhofer und Tafelhofer, aber immer mehr Abwässer in den Fischbach leiteten, war die Kanalisierung wohl unumgänglich. Seine letzte Großleistung vollbrachte der Fischbach im Jahr 1882. Sigmund Schuckert ließ ihn in der Innenstadt eine Turbine antreiben, deren Strom schicke Laternen am Josephsplatz und in der Kaiserstraße zum Erstrahlen brachte, die erste permanente elektrische Straßenbeleuchtung einer deutschen Großstadt. Fingen abends die Bogenlampen an zu knistern, sagten die Nürnberger: »Jetzt schuckert's wieder!«

Danach wurde es duster für den Fischbach. Dem Bau des Hauptbahnhofs im Wege, wurde er 1871 umgeleitet und mit der Kanalisation verbunden. Seitdem rauscht er nur noch tief unter der Erde, sehr schade! Zumindest hat man begonnen, den Fischbach außerhalb der Innenstadt wieder zu reanimieren. Nachdem man ihn auch unter das Zeppelinfeld verbannt hat, machten sich im Frühling 2006 Mitglieder des Bundes Naturschutz unterstützt von Schülern der Bert-Brecht-Schule daran, einen Abschnitt des Fischbachs kurz vor der Mündung in den Dutzendteich naturnah umzugestalten und ihm wieder ein kurviges Bett zu verschaffen. Vielleicht ist das erst der Anfang für eine Fischbach-Renaissance. Warum sollte man ihn eigentlich nicht wieder durch die Innenstadt plätschern lassen? Straßenbegleitende Stadtbäche sind etwas sehr Malerisches, man muss nur mal nach Freiburg fahren.

Vom Nürnberger Witz – zehn große Erfindungen und Entdeckungen

Besitzt jemand Witz, ist er geistreich und voller Ideen. Deshalb bezeichnen wir einen solchen Menschen als gewitzt. In diesem Sinne sprüht der Franke im Allgemeinen und der Nürnberger im Speziellen vor Witz, und es verwundert nicht, wie viele Erfindungen und Entdeckungen im Frankenland gemacht werden. Insbesondere wird das Technik-Gen beim Nürnberger traditionell stark exprimiert, unzählige erfolgreiche Ingenieure sind mit Pegnitzwasser getauft. Wenn Zahnräder ineinandergreifen, wenn sich etwas dreht, wenn es dampft und zischt und die Funken sprühen, dann ist der Nürnberger in seinem Element. Aber auch in anderen Gewerben macht der Nürnberger Daniel Düsentrieb Konkurrenz. Nürnberg war ja nicht nur eine erfolgreiche Handelsstadt, auch das Handwerk war anderen stets eine Nasenlänge voraus, und ein Handwerker von gestern ist nichts anderes als ein Ingenieur von heute. Ständig versuchten die Nürnberger Tüftler, ihre Produktionsmethoden zu verbessern und neue Techniken einzuführen, wobei jeder neugierig zum Nachbarn schielte. Konkurrenz belebt das Geschäft. Hinzu kam, dass über die zahlreichen Handelswege auch Wissen importiert wurde und man in der Noris schnell wusste, wenn in Venedig eine neue Löttechnik aufkam oder in Antwerpen eine neue Art von Webstuhl klapperte. Genauso scharf aber waren die Nachbarländer auf die neuesten Nürnberger Erzeugnisse. »Nürnberger Hand geht durch alle Land«, hieß es anerkennend, erst später wurde die Hand zum Tand. Zehn Nürnberger Innovationen sollen in diesem Kapitel vorgestellt werden, pars pro toto für unzählige andere Patente.

1. Der erste von Menschen geschaffene Wald

Der Bedarf an Holz war immens in der aufstrebenden mittelalterlichen Metropole Nürnberg. Nicht nur Bauholz benötigte man, groß war auch der Bedarf an Brennholz. Besonders dringend brauchten Montanunternehmer Holz und Holzkohle, musste man doch eine gewaltige Hitze erzeugen, um das Metall zum Schmelzen zu bringen. Auch der Ratsherr und Großhändler Peter Stromer (um 1310–1388) besaß ein Hüttenwerk. Der Nürnberger Reichswald aber sah damals recht kümmerlich aus, Raubbau und Brandrodung drohten die wichtige Holzquelle versiegen zu lassen. Also begann Peter Stromer systematisch zu untersuchen, wie sich ein Wald am besten wiederaufforsten ließ. Zu diesem Zwecke ließ er einen speziellen, sehr tief ansetzenden Pflug konstruieren und damit die Erde aufbrechen. Wie die Bauern Getreide ansäten, säte Peter Stromer nun Baumsamen aus. Dabei experimentierte er mit den verschiedenen Sorten, setzte vor allem auf Nadelbäume, die schnell wuchsen. Um an den besten Samen zu gelangen, ließ Stromer gelenkige junge Männer, die sogenannten Zapfenhupfer, in die Baumwipfel steigen, wo die fruchtbarsten Zapfen wuchsen, aus denen man dann den Samen gewann. Peter Stromer bestimmte akribisch die besten Wachstumsbedingungen, den richtigen Zeitpunkt für die Saat und die optimalen Lagerbedingungen für den Samen. So entstand in Nürnberg der erste künstliche Forst der Welt. Und ein neues Gewerbe. Die Nürnberger »Dannensäer« reisten mit ihrem Samensortiment samt Pflanzanleitung bald in ganz Mitteleuropa umher. Die nachhaltige Forstwirtschaft, eine Nürnberger Erfindung.

2. Die Brechschraube

Wie kann man eine Mauer zum Einsturz bringen? Nicht irgendeine Mauer, sondern eine Festungsmauer mit bis zu vier Meter Dicke? Leonhard Danner (1497 oder 1507–1585) war ein Schraubenmacher, dem angeblich beim Bau von Druckerpressen die Idee zu seiner Brechschraube kam. Die Nürnberger werden gestaunt haben, als er seine riesige Brechschraube erstmals 1550 an einer alten Stadtmauer ausprobierte und diese zum Einsturz brachte. Der Erfolg sprach sich herum. Viele Städte, die sich ihrer alten Mauern entledigen wollten, ließen sich eine Nürnberger Schraube liefern, Leonhard Danner wurde zum Mauerknacker Europas.

3. Ultramarinblau

Es darf in keinem Wasserfarbenkasten fehlen: das Ultramarinblau. In einer Künstlerstadt wie Nürnberg wurde immer schon mit Farben experimentiert, ein bestimmtes, besonders schönes Blau musste man sich aus Venedig beschaffen. Weil es aus Afghanistan kam, also »über das Meer«, nannte man es Ultramarin. Dem Nürnberger Thomas Leykauf, Sohn eines einfachen Knechts, verdankt die Kunstwelt ein industrielles Herstellungsverfahren des Ultramarins. Der Chemiker verschmolz erfolgreich Kaolin mit Natriumsulfid und gründete mit Partnern die Nürnberger Ultramarinfabrik, südlich des Spittlertorturms an der heutigen Zeltnerstraße. Ein Geschäftspartner Leykaufs war zum Beispiel Johannes Zeltner (1805–1882). Ihm haben wir wiederum die industrielle Herstellung des Ultramarinrots zu verdanken. Für seine Erfindung erhielt der sozial engagierte Unternehmer 1877 das erste deutsche Reichspatent. Ultramarinblau und Ultramarinrot – welche Farbe wird man erhalten, wenn man die beiden Nürnberger Farben mischt? Das Ultramarinviolett?

Künstlerutensilien werden nach wie vor in Nürnberg gefertigt. Bis heute sind die Stadt und ihre Umgebung führend in der Herstellung von Stiften jeder Art. Faber-Castell, die Staedtler-Werke, Schwan-Stabilo ... aus Bleistiftfabrikanten wurden Global Player für sämtliche Büro- und Zeichenmaterialien. Und nicht nur fürs Zeichnen kommen die Stifte zum Einsatz. Wie viele Romane sind mit Bleistiften von Faber-Castell geschrieben worden ...

4. Von der Einzigartigkeit des Klangs

Als der gebürtige Erlanger Georg Simon Ohm nach Nürnberg kam, hatte er seine bekannteste Entdeckung schon gemacht, den Zusammenhang zwischen Spannung und Stromstärke und die exakte Beschreibung des elektrischen Widerstands. Aber auch an der Polytechnischen Schule in Nürnberg, wohin er 1833 als Professor berufen wurde, ließ ihn sein Forschergeist nicht los, obwohl er mit der Übernahme der Schulleitung, die er zehn Jahre lang ausübte, mehr als beschäftigt gewesen sein dürfte. Klugerweise aber hatte man ihn zwei Jahre teilweise von seinen Lehrverpflichtungen entbunden, eine Zeit, die Ohm zu nutzen wusste. Nicht aber neue elektrische Experimente stellte er an, in seiner Nürnberger Zeit widmete er sich der Erforschung des Klangs. Wieder war Ohm seiner Zeit voraus. Als sein Werk *Über die Definition des Tones* erschien, verstanden ihn nur wenige Experten und die Arbeit geriet für lange Zeit in Vergessenheit. Erst später wurde den Physikern klar, welche revolutionären Erkenntnisse Ohm auch auf dem Gebiet der Akustik gekommen waren. Mit seinem Gesetz der Akustik aus dem Jahre 1843 hatte Ohm wesentliche Erkenntnisse über den Charakter des Klangbildes, des Zusammenspiels zwischen einem Grundton und seinen Obertönen beitragen können. Zu Recht trägt seine Schule heute den Namen »Technische Hochschule Georg Simon Ohm«.

5. Echt ätzend

Das zerbrechlichste Handwerk ist wohl die Glasschneidekunst. Zu höchsten Ehren brachte es darin Heinrich Schwanhard (1625–1693). Sein Vater Georg, der als Begründer der Glasschneidekunst gilt, hat ihm alles Wesentliche beigebracht, Heinrich aber verfeinerte die Bearbeitung der Gläser und Pokale noch, indem er die Methode des Glasätzens erfand. Hierdurch waren noch feinere Verzierungen möglich als durch mechanisches Gravieren. Besonders beliebt waren eingeätzte Namenszüge oder Sinnsprüche, die Heinrich Schwanhard mit kalligrafischer Schönheit ausführte. Auch seine funkelnden Rubingläser waren gefragt, jede Patrizierin konnte damit schwer Eindruck schinden. Es ist ein großes Glück, dass uns auch eine der fragilen Glasscheiben – sie trägt die Datierung 1686 – erhalten geblieben ist, man kann das Kunstwerk von Heinrich Schwanhard im Germanischen Nationalmuseum bewundern.

6. Das Tempo-Taschentuch

Hatschi! Wohl dem, der jetzt ein Taschentuch zur Hand hat. »Hast du mal ein Tempo?« Nur selten geschieht es, dass ein Firmenname zu einem Gattungsbegriff wird. Tempo ist das gelungen. In den Zeiten, als man Bazillen als Verursacher diverser Erkältungskrankheiten zu identifizieren begann, fing man zugleich an, sich von dem üblichen Stofftuch zu verabschieden. Der Siegeszug des Einmalniestuches hatte begonnen. Vorne dran: die Vereinigten Papierwerke Nürnberg. Am 29. Januar 1929 meldeten sie das Warenzeichen Tempo beim Reichspatentamt in Berlin an. Die Idee dazu soll dem Mitinhaber Oskar Rosenfelder gekommen sein, der 1933 aufgrund seines jüdischen Glaubens aus Deutschland fliehen musste. Kaum mehr vorstellbar: In den Anfangsjahren wurden die Papiertücher noch mit der Hand gefaltet, Heimarbeiterinnen und Wohlfahrtswerkstätten verdienten sich damit etwas Geld. Der Siegeszug der »Tempos« war sensationell, bald putzte man sich überall in Deutschland mit den Nürnberger Tüchern die Nase. Dabei ruhte man sich nicht auf dem Erfolg aus, sondern verbesserte die Taschentücher und ihre Verpackungen kontinuierlich. Legendär die Einführung der Z-Faltung im Jahr 1975, eine elegante Wedelbewegung und das Tuch war entfaltet. 2009 vollzog sich eine weitere Revolution. In jenem Jahr wurde das Tempo-Toilettenpapier eingeführt und zwar in den Qualitäten »weich & sicher« (dreilagig) und »extraweich & extrastark« (vierlagig). Wohl weil die Kunden den Namen Tempo aber mit anderen Körperteilen verknüpften, entschied man sich 2015, das Toilettenpapier künftig unter der Produktbezeichnung ZEWA zu vertreiben, wobei vielleicht die Hoffnung mitschwang, der etablierte Werbespruch »ZEWA wisch und weg« würde auch auf dem stillen Örtchen seine wohltuende Wirkung entfalten.

Tempo-Taschentücher gibt es heute in den verschiedensten Ausführungen. Sie bewähren sich keineswegs nur bei Schnupfen. Jeder erfahrene Standesbeamte hat stets ein Päckchen griffbereit liegen und auch jeder Reisende, der sich vom schönen Nürnberg für ein Weilchen verabschieden muss.

7. Die Ludwigseisenbahn

Nicht in Berlin. Nicht in Hamburg. Nicht in München. Die erste deutsche Eisenbahn dampfte bekanntlich von Nürnberg nach Fürth, auf der Straße mit dem meisten Verkehr Bayerns, der Nürnberg-Fürther-Chaussee. Unglaublich mutet heute der Zeitplan an, in dem das Projekt verwirklicht worden ist. Am 2. Januar 1833 erschien in der *Allgemeinen Handelszeitung* ein Aufruf zur Gründung einer

Aktiengesellschaft für den Bau einer Eisenbahn von Nürnberg nach Fürth. Bereits am 7. Dezember 1835 wurde die Ludwigseisenbahn eingeweiht, keine drei Jahre hatten die Nürnberger gebraucht. Und die Fürther, denn diese hatten zehn Prozent des Kapitals aufgebracht. Allen Unkenrufen zum Trotz hatten die Aktionäre ihr Geld gut investiert. Den hübschen »Adler« aus der englischen Lokomotivenschmiede von Robert Stephenson hatte man in der Werkstatt von Wilhelm Spaeth aus den gelieferten Einzelteilen schnell zusammengebaut und auf die Schienen gesetzt. Unter großer Begeisterung der Bevölkerung ging's dahin. Mit bis zu 30 Kilometer pro Stunde, was besorgte Mediziner veranlasste, Warnungen auszusprechen, dieser rasanten Geschwindigkeit sei der menschliche Organismus nicht gewachsen. Die Menschen hielten's aus, und auch das Bier wurde nicht sauer, angeblich das erste Frachtgut der deutschen Bahngeschichte. Streng waren die Auflagen: Der Fürther Wirt der Gaststätte *Zur Eisenbahn* wurde verpflichtet, die beiden Fässchen Lederer unmittelbar nach Eintreffen des Zuges persönlich abzuholen. Knappe 30 Jahre lang musste der »Adler« aufpassen, keinen Pferdezug zu rammen, 1862 wurde das letzte Eisenbahnpferd in den Ruhestand verabschiedet, nun dampften ausschließlich Lokomotiven über die Strecke. Die letzte Fahrt fand am 31. Oktober 1922 statt, die Konkurrenz hatte die Ludwigseisenbahn abgehängt. Die Ludwigseisenbahn-Gesellschaft aber bestand noch bis 1969, fünf Jahre zuvor hatte man die Trasse an die Städte Nürnberg und Fürth verkauft.

8. Der Porsche

Ein Porsche? Aus Nürnberg? Porsche hat seine Werke doch in Schwaben! Stimmt. Dennoch stammte einer der ersten Porsche aus Nürnberger Produktion. Ferdinand Porsche besaß nämlich zunächst kein eigenes Autowerk, sondern nur ein Konstruktionsbüro in Stuttgart, das er zusammen mit seinen Partnern im Dezember 1930 eröffnet hatte. Einer der ersten Aufträge, die sein Büro erhielt, kam aus Nürnberg. Die Firma Zündapp, die 1924 die Z22, das erfolgreiche »Motorrad für Jedermann« auf den Markt gebracht hatte, wollte sich auch an Autos versuchen. Porsche entwarf nach den Nürnberger Vorgaben Pläne für einen Prototyp. So wurde in Nürnberg der Kleinwagen Porsche Typ 12 gebaut, angetrieben von einem wassergekühlten 1,2-Liter-Fünfzylinder-Sternmotor. Dieser erwies sich leider als zu voluminös für den schon sehr an die Käfer erinnernden Wagen und lief bereits nach kurzer Fahrt heiß. Schade, das schon als »Volkswagen« bezeichnete Auto ging nicht in Serie. Leider ist auch keiner der Nürnberger »Ur-Käfer« mehr erhalten, ein nachträglich angefertigtes Miniaturmodell aber kann im Museum Industriekultur bewundert werden.

Der Porsche Typ 12 war aber keineswegs das erste Nürnberger Automobil. Schon ein Jahr zuvor hatte die Motorradfabrik »Ardie«, die ihren Sitz in der Fürther Straße hatte, nach Plänen von Joseph Ganz einen Kleinwagen entwickelt. Und es gibt Hinweise, dass selbst das allererste Auto aus Nürnberg stammt. Der Zirkelschmied Hans Hautsch (1595–1670) baute einen vierrädrigen Wagen, der wohl von aufziehbaren Federn angetrieben worden ist und es auf eine Spitzengeschwindigkeit von 1,6 Kilometer pro Stunde gebracht haben soll: »Das also frei geht und bedarf keiner Vorspannung, weder von Pferden noch anders. Und geht solcher Wagen in einer Stunde 2.000 Schritt; man kann still halten, wenn man will, man kann fortfahren, wenn man will, und ist doch alles von Uhrwerk gemacht.«

Hans Hautsch erfand auch einen ersten Rollstuhl und eine Feuerspritze, die einen ununterbrochenen Wasserstrahl erzeugen konnte, und noch mancherlei andere Maschinen, ein fränkischer Daniel Düsentrieb.

9. Der älteste erhaltene Globus

Nürnberg war ein früher Global Player. Da war es eine Selbstverständlichkeit und Notwendigkeit, die besten Karten zu besitzen und auch die besten Globen. Der älteste erhaltene Globus ist ein Werk des Nürnbergers Martin Behaim (1459–1507), der ein abenteuerliches Leben führte und sich vorwiegend in Portugal aufhielt, dem Land, das sich anschickte, neue Welten zu erkunden und zu erobern. Bei einem dreijährigen Aufenthalt in seiner Heimatstadt stellte Martin Behaim seinen berühmten »Erdapfel« her. Dass die Erde keine Scheibe, sondern eine Kugel war, wusste man bereits in der Antike. Was man aber nicht wusste, war die Zahl der Kontinente und deren Formen. Martin Behaim versuchte, auf die Papierhaut alles verfügbare Wissen zu zeichnen, von der Antike bis hin zu den aktuellen portugiesischen Entdeckungsfahrten. Amerika aber war noch nicht entdeckt und fehlt deswegen. Glücklicherweise blieb der Globus nach langer Ausstellungszeit im Rathaus im Behaimschen Familienbesitz und wurde 1937 vom Germanischen Nationalmuseum erworben.

10. Die Fleischbrücke und der Kettensteg

Die Nürnberger waren geniale Brückenbauer. Kein Wunder, fließt doch die Pegnitz mitten durch die Stadt und musste überwunden werden. Alleine der Bau der Fleischbrücke war eine Meisterleistung. Angeblich hatte man sich zuvor ein Modell der venezianischen Rialtobrücke angeschaut, sich dann aber gegen diese Brückenform entschieden, weil sie aufgrund der zahlreichen Stufen nicht behindertengerecht war. So baute man in weitem Schwung die Fleischbrücke, gefügte Steine, die sich selber trugen – und das über eine lichte Weite von 27 Metern hinweg. Das Werk von Baumeister Jakob Wolff dem Älteren galt bei seiner Fertigstellung 1598 als technisch anspruchvollster Brückenbau Europas. Und erwies sich als überaus stabil. Während Betonbrücken des 20. Jahrhunderts oft schon nach 50 Jahren schlappmachten, hält die Steinbogenbrücke bis heute. Selbst dem Bombardement des Zweiten Weltkriegs trotzte sie erfolgreich.

Eine weitere innerstädtische Brücke der Extraklasse ist der Kettensteg. Conrad Georg Kuppler, Professor an der Polytechnischen Schule, schuf 1824 die erste frei schwebende, an Ketten aufgehängte Flussbrücke Deutschlands (siehe auch das Kapitel »Ein Spaziergang entlang der Nürnberger Stadtmauer«).

Liebe im Tiergarten

Der Nürnberger Tiergarten ist einer der schönsten im Lande. Ursprünglich turnten die Affen am Luitpoldhain, im Jahr 1912 wurde auf dem Gelände der Bayerischen Landesausstellung ein Zoo errichtet, der aber gute 20 Jahre später dem Reichsparteitagsgelände im Weg war. Hitler wollte auf seinem heiligen Aufmarschgelände keine Affen dulden (ob er Verwechslungsgefahr befürchtete?), und so steckte man sie und all die anderen exotischen Tiere in eine Arche Noah und schipperte sie hinaus zum malerischen Schmausenbuck. Auf dem hügeligen Gelände hatte man einst den Sandstein für die alten Nürnberger Häuser und Mauern gebrochen, der die Noris bis heute in heiteren Rottönen zum Leuchten bringt; der zerklüftete Hügel regt die Fantasie mächtig an. Alle Tiere fühlten sich hier auf Anhieb pudelwohl. Mehr Raum stand zur Verfügung, dazu die unterschiedlichsten Landschaften, für jedes Tierchen gab's die perfekte Öko-Nische. Der Besuch des Nürnberger Tiergartens lohnt bis heute und zwar zu jeder Jahreszeit. Verliebten sei besonders der Valentinstag ans Herz gelegt, an diesem Tag finden jetzt amouröse Spezialführungen statt. Dürfen wir Ihnen etwas Appetit machen?

Man staunt, wenn man erfährt, wie abwechslungsreich das Liebesleben der Zootiere ist. Jede Spezies hat ihre speziellen Vorlieben, von denen man als gewöhnlicher Besucher nichts ahnt. Oder hätten

Sie gewusst, dass die Liebe der Rotschnabeltokos durch den Magen geht? Bevor der männliche Toko seine Schöne rotschnäbeln darf, will die Dame erst mal von ihm gefüttert werden. Ein gestandener Nürnberger neben uns schüttelte ungläubig den Kopf, er scheint eine andere Rollenverteilung zu kennen. Äußerst zärtlich gehen die treuen Hyazinth-Aras miteinander um, mit ihrem kräftigen Schnabel kraulen sie dem Partner hingebungsvoll den Hals. Nürnberg hatte immer schon eine besondere Beziehung zu Vögeln. Nach dem Nürnberger Zoologen Johann Georg Wagler (1800–1832), Sohn eines Gerichtsschreibers, sind allein fünf südamerikanische Vogelarten benannt. Tragischerweise wurden dem berühmten Mann ausgerechnet Vögel zum Verhängnis. Zwei Herren wollten sich in der Nähe seines Hauses duellieren, Wagler brachte sie zur Vernunft und nahm ihnen ihre Schrotflinten ab. Als jedoch eine schmackhafte Wildtaube aufstieg, griff er zu hastig nach einer der Flinten und löste unglücklich einen Schuss aus, der ihm den Arm zersiebte. Wenige Tage später starb der geniale Naturforscher am Wundbrand.

Nicht alle Vögel gehen so liebevoll miteinander um wie die Aras, werden wir belehrt. Die Stockerpel jagen einem flüchtenden Weibchen gleich im Schwarm hinterher und drücken ihr Opfer in ihrer Erregung unter Wasser, was dazu führt, dass jede zehnte Ente den Liebestod durch Ertränken erleiden muss. Sex wider Willen sei bei Tieren keinesfalls ein isoliertes Phänomen, erfahren wir, auch bei so friedlich scheinenden Tieren wie Schafen oder Delfinen kämen solche Missetaten vor. Gelegentlich aber sei auch das Männchen das Opfer, bei gewissen Insektenarten etwa. So gebe es Spinnen, die ihren Beischläfer sogleich vertilgen, wenn dieser in den Zustand postkoitaler Erschöpfung falle. Manchem Spinnenmännchen aber gelingt es, noch rechtzeitig Reißaus zu nehmen, und es muss sein Vergnügen nur mit dem Verlust von ein bis zwei Beinen bezahlen. (Quizfrage: Wie viele Beine bleiben einer Spinne dann noch übrig?) Der Zoopädagoge beruhigt die blasser gewordenen Herren unter uns. Ihm sei keine Nürnbergerin von ähnlichem Temperament bekannt.

Am Valentinstag möchte man ja eigentlich auch eher romantische Geschichten hören. Hierfür eignen sich die schönen Flamingos, die einen regelrechten Liebestanz aufführen. Wie sonst nur den Tänzern vom Nürnberger Staatstheater gelingt es ihnen, ihre Körperbewegungen wunderbar zu synchronisieren und so gemeinsam in den Liebeshimmel zu schweben. – Ob Tiere denn auch einen Orgasmus hätten, will jemand aus der Gruppe wissen. Wir treten pikiert zur Seite, hören aber dann doch interessiert zu. Diese Frage sei noch nicht abschließend geklärt, sagt unserer Führer. Selbst von den in dieser Hinsicht gut untersuchten Schimpansen wisse man nichts Genaues. Allerdings habe man für die Schimpansendame wenig Hoffnung, dauere der durchschnittliche Sexualakt – man habe mit einer Stoppuhr gemessen – nur 13 Sekunden, was aller Erfahrung nach für die Erfüllung der schönsten Hoffnungen nicht ausreiche. Natürlich dürfe man nicht vom Menschen auf das Tier schließen und umgekehrt, räumt der tierische Liebesexperte ein. Bei den Giraffen zum Beispiel erlebe man Erstaunliches. Hätte eine Giraffendame ihre Migräne, würden die Giraffenherren Rücksicht darauf nehmen und sich ersatzweise miteinander vergnügen. Überhaupt sei homosexuelles Verhalten im Tierreich häufiger als angenommen, nicht nur unter den beengten Bedingungen des Zoos. Schon Aristoteles habe vor mehr als 2.300 Jahren von Regenbogenpartnerschaften bei Hyänen berichtet. Aktuell seien gleichgeschlechtliche Neigungen bei 500 Tierarten dokumentiert, Tendenz steigend. Möwenmännchen bauen sogar gemeinsam Nester für ihre Adoptivkinder, jedes zehnte Paar Königspinguine sei schwul, und manch Delfinweibchen habe eine ausgeklügelte Technik entwickelt, ihre Partnerin zu beglücken. Alles ganz natürlich. Klar aber sei auch, dass das Spiel zwischen den Geschlechtern dominiere, auch im Nürnberger Tiergarten, was aufs Schönste durch all die Babys bewiesen werde. Die süßesten Exemplare seien in den letzten Jahren zur Welt gekommen: ein Sibirisches Tigerbaby, junge Humboldtpinguine, die sogleich die tapsigsten Gehversuche starten, lustige Seelöwenzwillinge und natürlich der kleine Eisbär. Bei vielen Pärchen unserer Gruppe fangen angesichts dieser drolligen Aussichten die Augen an zu glänzen. Ob man sich im nächsten Jahr mit dem Kinderwagen am Delfinbecken wiedersehen wird?

Der Tiergarten bittet alle interessierten Pärchen und Singles zum Valentinstag um vorherige telefonische Anmeldung. Unter 0911/5 45 48 33 ab Ende Januar möglich.

Mord im Tiergarten

Liebe und Tod, beides gehört zum Leben und auch zu Nürnbergs Tierleben. Die folgende Geschichte soll nicht verschwiegen werden:

An einem windigen Märztag im Jahr 2008, kurz bevor der Orkan Emma die Stadt zerzauste, wurden von einem unauffälligen Kastenwagen die Leichen zweier Tiere beim Institut für Tierpathologie des Landesamtes für Gesundheit und Lebensmittelsicherheit (LGL) am Eggenreuther Weg in Erlangen-Bruck angeliefert. Die beiden kleinen Pandabären waren in der Nacht zuvor unter ungeklärten Umständen ums Leben gekommen. Da die Leitung des Nürnberger Tiergartens, aus dem die beiden Pandas stammten, heimtückische Tierhasser hinter der Tat vermutete, hatte sie die Kriminalpolizei eingeschaltet. Die Nervosität der Verantwortlichen war gut nachvollziehbar, wurde doch in unmittelbarer Nähe des Tatorts Eisbärbaby Flocke aufgezogen, dessen Sicherheit nun ebenfalls gefährdet schien. Pandabären gehören mit ihren feingeschnittenen, klugen Gesichtern und ihren eher an Katzen denn an Bären gemahnenden Bewegungen zu den besonders putzigen Tiergartenbewohnern, und die beiden gemeuchelten Nürnberger Pandas waren insbesondere vielen Kindern ans Herz gewachsen. Die Frage, die alle bewegte, lautete: Was für ein Mensch nur konnte das sein, der in der Lage war, diesen harmlosen Kreaturen auch nur eines ihrer samtig-weichen Haare zu krümmen? Rasche Aufklärung erschien dringend geboten. Da aber Augenzeugen fehlten und eine erste Spurensicherung am Tatort keine sicher verwertbaren Spuren ergab, lagen nun alle Hoffnungen bei den Erlanger Tierpathologen. Diese sahen sich vor eine schwierige Aufgabe gestellt. Tote Pandabären nämlich finden sich in Mittelfranken nur äußerst selten. Ein erster Blick auf den Seziertisch ergab, dass beide Pandas sehr ähnliche Verletzungsmuster aufwiesen. Man hatte die Bauchdecken der bedauernswerten Tierchen mit roher Gewalt aufgerissen, teilweise hingen sogar die Gedärme heraus. Die Untersuchungen konzentrierten sich auf die Identifizierung der möglichen Tatwaffe. Fest stand, der Täter musste einen spitzen Gegenstand benutzt haben, der allerdings nicht die Schärfe einer frisch geschliffenen Klinge besitzen konnte, denn die Verletzungen an den Bäuchen der Pandas waren eher den Riss- als den Schnittwunden zuzuordnen. Bei Letzteren hätte man eine glattere Zertrennung der Häute erwartet und einen entschiedeneren Schnittverlauf. Aus der Tiefe der Wunden ließ sich schließen, dass die Tatwaffe mindestens drei Zentimeter lang sein musste. Die Erlanger Tierpathologen, die schon manches schreckliche Tierschicksal hatten klären müssen und von der Brutalität vieler Tierhasser wussten, waren sich dennoch unsicher, ob hier wirklich ein menschlicher Täter am Werk gewesen war. Bei der Untersuchung des Inhalts des herausquellenden Gedärms nämlich fanden sich verdächtige Nahrungsbestandteile, gewisse seltene Knochenreste und angedaute Hautfetzen, die den Verdacht in eine überraschend andere Richtung lenkten und eine Nachfrage im Tiergarten zur Folge hatten. Nun endlich kam Licht in die trübe Angelegenheit. Gleich einem Puzzle fügten sich die verschiedenen Steinchen bald zu einem Mosaik zusammen. Was hatte sich ereignet? Die Pandabären lebten in ihrem Gehege nicht alleine, sondern in Gesellschaft einer Herde Muntjaks. Muntjaks gehören zur Familie der Hirsche, sind aber von der Statur her nicht mit unserem Rotwild vergleichbar, sondern erreichen gerade mal die Größe eines schwachbrüstigen mitteleuropäischen Rehbocks. Sie leben in Asien, bevorzugt am Fuße höherer Gebirge, und geben beim Laufen zuweilen ein merkwürdiges Rasseln und Klappern von sich, das durch das scharfe, rhythmische Schlagen der überlangen Zunge an den Gaumen entsteht. Gewöhnlich verträgliche Tiere, mussten die Nürnberger Muntjaks in der Blutnacht in äußerste Rage geraten sein, worauf sie, ganz gegen ihre üblicherweise so besonnene Wesensart, über die Pandas herfielen und ihnen mit ihren scharfen Eckzähnen die Bäuche zerrissen – eine Affekthandlung, die für niemanden vorherzusehen gewesen war. Wenn diese Hypothese zutraf, hätte man dann aber nicht die schrecklichen Schreie der Pandas vernehmen müssen? Ja und nein. Der Schrei eines Pandas besteht aus einer Reihe kurzer Pfiffe und ähnelt eher dem Zwitschern eines Vogels als einem Todesschrei. Vogelgezwitscher aber stellt, insbesondere zur Frühlingszeit, die gewöhnliche Hintergrundmusik des Tiergartens dar, sodass keinem Anwohner etwas auffallen musste.

Was jedoch um alles in der Welt konnte die plötzliche Aufregung der Muntjaks hervorgerufen haben? Was hatte sie so furchtbar in Rage versetzt? Die gefundenen Speisereste in den Gedärmen der Pandas offenbarten den grausigen Grund: Die beiden Pandabären hatten in der Mordnacht das gerade geschlüpfte Baby der Muntjaks getötet und verspeist. Keinem der Tiergartenverantwortlichen kann deswegen ein Vorwurf gemacht werden. Die gemeinsame Haltung von Muntjaks und kleinen Pandabären gilt als unproblematisch und wird weltweit praktiziert. Der kleine Pandabär ist als überzeugter Vegetarier bekannt, der sich liebend gern von frischem Gras und zarten Bambusspitzen ernährt. Gelegentlich frisst er auch Knospen und Früchte oder den von den Pflegern liebevoll angerührten Milchreis.

Muntjakbabys jedenfalls stehen nicht auf seinem Speiseplan. Jedenfalls für gewöhnlich nicht. Ein befragter Tierpsychologe äußerte die Vermutung, dass die plötzliche Aufmerksamkeit für Flocke von den sonst so sehr vom Publikum verwöhnten Pandas als Liebesentzug interpretiert worden sein könnte und wohl eine eifersüchtige Kurzschlussreaktion zur Folge hatte. Eigentlich hätte der Hass der Pandas dem Eisbärbaby gegolten. Dieser Hass habe sich sodann auf alle Babys ausgeweitet, eine Generalisierungstendenz, die das arme Muntjakbaby schließlich das Leben gekostet hätte. Nur eine Vermutung, gewiss, aber dennoch nicht völlig von der Hand zu weisen. Am Erlanger Institut für Tierpathologie jedenfalls konnte man die Ermittlungen abschließen. Während man den Seziertisch mit kräftigem Wasserstrahl vom Pandablut befreite, war man sich einig darüber, dass man juristisch gesehen nicht von einem Mordfall sprechen kann, sondern lediglich von einer unglücklichen, wenn auch grausamen animalischen Beziehungstat.

Warum das Christkind weiblich sein muss

Skandal im Jahr 1995. Unter die hübschen Bewerberinnen für das Christkind hatte sich ein Mann gemogelt. Nicht nur durch sein engelgleiches Haar, auch durch sein Wissen bewies Stefan, dass er sich ernsthaft für die heilige Rolle bewerben wollte. Nur mühsam konnte man ihm sein Ansinnen ausreden. Das Nürnberger Christkindauswahlkomitee war sich einig: Ausschließlich ein Mädchen kam als Christkind infrage. Stefan und viele andere junge Herren nach ihm sahen das anders. Sie argumentierten, schließlich sei das Ur-Christkind, das vor mehr als 2.000 Jahren im Stall von Bethlehem das Licht der Welt erblickt und der Welt das Licht geschenkt hatte, eindeutig mit einem Y-Chromosom versehen gewesen. Warum das Christkind plötzlich weiblich sein soll, leuchte daher nicht ein.

Lieber Stefan, liebe männliche Christkindanwärter, ihr mögt mit eurer Argumentation nicht unrecht haben. Dennoch müssen wir euch entschieden widersprechen und zwar aus mehreren Gründen. Der erste Grund ist die Tradition. Jeder Nürnberger, jeder Reisende, der auf dem festlich herausgeputzten Hauptmarkt der Eröffnung des Christkindlesmarktes entgegenfiebert, erwartet eine junge hübsche Dame, die im Gewand des Goldrauschengels auf den Balkon der Frauenkirche tritt, um den berühmten Prolog zu sprechen. Stünde dort oben ein Mann, und sei er noch so weihnachtlich gekleidet, die Verwirrung wäre groß. Man besucht den Christkindlesmarkt aber nicht, um sich verwirren, sondern um sich verzaubern zu lassen.

Der zweite Grund ist psychologischer Natur. Es herrscht im Himmel ohnehin schon eine ziemliche Dominanz der Männerwelt. Gottvater, Sohn und Geist, maskuliner geht es nicht. Die ganze göttliche Dreifaltigkeit, ein einziger Männerclub. Will man es den Menschen verargen, wenn sie auf einen kleinen Ausgleich sinnen? Indem die Nürnberger das Christkind verweiblichen, machen sie zugleich deutlich, dass es viel weniger auf sein Geschlecht ankommt als auf die Botschaft, die es transportiert:

»Ihr Herrn und Frau'n, die Ihr einst Kinder wart,
Seid es heut' wieder, freut Euch in ihrer Art.
Das Christkind lädt zu seinem Markte ein,
Und wer da kommt, der soll willkommen sein.«

Der dritte Grund, lieber Stefan, geht auf dein Argument ein, das Christkind im Stall von Bethlehem sei doch ein Junge gewesen. Selbstverständlich hast du damit recht. Im Prinzip. Nur: Das Nürnberger Christkind will ja gerade keine Kopie des neugeborenen Erlösers sein. Wer sich das Nürnberger Christkind gut anschaut, der erkennt, dass es sich bei ihm um überhaupt kein menschliches Wesen handelt, sondern um einen Engel, einen geflügelten Gottesboten.

Das so sorgsam in Falten gelegte Kleid ist nichts anderes als eine neuzeitliche Interpretation des bekannten Nürnberger Rauschgoldengels. Rauschgold gilt als Nürnberger Erfindung des ausgehenden Barockzeitalters. Wenn man Messing lang genug mit Hämmern traktiert, lässt es sich zu dünnen Blättern schlagen, die sich wie Papier falten und falzen lassen. Aus dem »Or d'Allemagne«, dem deutschen Gold, entstand der Rauschgoldengel, jener funkelnde Himmelsbote, den man auf die Spitze des Christbaums steckt. Der größte Rauschgoldengel ist übrigens über einem der Eingänge zum Christkindlesmarkt zu bewundern.

Der vierte Grund, warum das Christkind weiblich sein muss, ist ein stadtgeschichtlicher. Nürnberg hat sich in seiner großen Zeit stets unter den Schutz einer gefiederten Frau begeben. Zwar war im Großen Stadtwappen ursprünglich das Bild des Kaisers zu sehen, der mit dem Reichsadler verschmolz, die Nürnberger aber machten eine blonde, gefiederte Frau daraus, die heute noch an vielen Stellen im Stadtbild zu sehen ist, etwa gleich neben dem Christkindlesmarkt, über dem burgnächsten Portal des Rathauses (vergleiche auch das Kapitel »Das Stadtwappen«). Eine blonde Frau mit Flügeln, dieses schöne Bild hat sich tief in das kollektive Unbewusste Nürnbergs eingeprägt, im Christkind ist es wieder lebendig geworden.

Also, lieber Stefan, bitte nicht böse sein! Und nicht aufgeben! Auch du sollst deine Chance bekommen, am Hauptmarkt aufzutreten und von den Massen angehimmelt zu werden. – Wie das gehen soll? Ganz einfach! Mitglied des 1. FC Nürnberg werden, fleißig trainieren und den Club zur Deutschen Meisterschaft schießen. Erfolg verleiht Flügel! Der Jubel wird keine Grenzen kennen!

Wohin zum Silvesterfeiern?

Sie haben gute Freunde, die bereits seit geschätzten 30 Jahren zur Silvesterfeier einladen? Herzlichen Glückwunsch, dann können Sie dieses Kapitel getrost überspringen. Allen anderen dürfen wir ein paar Vorschläge machen. Lange war es bei eingefleischten Nürnbergern üblich, sich auf der Burg zu treffen und es dort krachen zu lassen. Zu Recht hat der Stadtrat 2001 beschlossen, an diesem Ort das Abbrennen eines Feuerwerks zu verbieten. Umso mehr böllert es nun unten in der Altstadt, es bereitet jedoch keine echte Freude, in Qualm und Nebel nach Raketen Ausschau zu halten, von dem entstehenden Müll ganz abgesehen. Dabei gibt es doch hübsche Alternativen.

Immer wenn ein ungerades Jahr für ein gerades Platz machen muss, findet in Nürnberg das Silvestival statt, eine Jahresendfeier, bei der für jeden etwas dabei ist. Für wirklich jeden. Haben Sie im Foyer des Germanischen Nationalmuseums schon einmal einen Trampolinkünstler dreifach Saltos schlagen sehen? Oder einen knisternden Tango zur Musik des Nürnberger Akkordeonorchesters aufs Parkett gelegt? Oder Ihr Herz zum Dreivierteltakt im Kunstquartier schlagen lassen? Oder zu den Beats eines Star-DJ in der Kunsthalle abgetanzt? Figurentheater, französische Chansons, Brit-Pop, modernes Ballett ... zwanglos können Sie zwischen zahlreichen Veranstaltungsorten wechseln, vom Rathaus zum Heilig-Geist-Spital, zum Künstlerhaus und zu vielen anderen Orten, Sie müssen am Einlass nur mit Ihrer Hand wedeln, an deren Gelenk das Eintrittsbändchen flattert, und man lässt Sie lächelnd hinein. In der Regel zumindest. Und wenn Sie auf das vergangene Jahr mit leichter Melancholie zurückblicken, ist die Katharinenruine vielleicht die richtige Location für Sie. Die Sparkasse Nürnberg sorgt dafür, dass sich die Melancholie nicht auf Ihren Geldbeutel ausweiten wird. Dank großzügiger Unterstützung bewegt sich der Eintrittspreis in zivilen Bereichen.

Wenn gerade ein gerades Jahr zu Ende geht oder Sie kein Silvestival-Fan sind, kein Problem, auch dann können Sie in Nürnberg zünftig feiern. Wollen Sie ein wirklich schönes Feuerwerk in netter Umgebung erleben, dann spazieren Sie doch in die Nordstadt zum Kobergerplatz. Engagierte Anwohner haben an diesem Ort mit großem Improvisationsvermögen die coolste Open-Air-Silvesterparty etabliert. Der Kobergerplatz ist nach seiner Verkehrsberuhigung zu einem beliebten Treffpunkt geworden, speziell in der letzten Nacht des Jahres. Sie können sich ruhig Zeit für Ihr Silvesteressen lassen, am Kobergerplatz geht's nicht vor 23.30 Uhr los. Dann aber richtig! Bierbänke verwandelt man mit edlen Tüchern in eine Sektbar, aus Lautsprechern lässt der Nordstadt-DJ fetzige Partymusik erschallen, zu der gerne getanzt werden darf. Schnell füllt sich der Platz, mitzubringen brauchen Sie nichts, für Getränke ist gesorgt. Wenn die Korken knallen, dürfen Sie Ihren Schampus mit dem besten Gewissen schlürfen. Der Erlös ist für die örtliche Kinder- und Jugendarbeit bestimmt. Um Mitternacht erklingt zu den Küssen und Glückwünschen schwungvolle Walzermusik – wem jetzt nicht die Tanzbeine zucken, dem ist nicht zu helfen. Wer sich im Tag vertut und erst am Neujahrstag am Kobergerplatz auftaucht, wird nicht glauben, welch Mordssause hier gestern erst stattgefunden hat. Alle Partyspuren sind verschwunden, der Platz glänzt wieder in unschuldigster Reinheit. Auch dafür haben die Nordstädter gesorgt. Mit einem gemeinsamen Kehraus haben sie alle zertretenen Silvestersouvenirs beseitigt. So geht Bürgergesellschaft!

Wo immer Sie feiern: Tun Sie sich und uns den Gefallen, keine guten Vorsätze für das neue Jahr zu fassen! Es wird Sie nur frustrieren. Spätestens an Mariä Lichtmess ist selbst der beste Vorsatz wieder Vergangenheit, berichten Nürnberger Psychologen. Ein guter Freund aus Zerzabelshof martert sich damit, seine Vorsätze jeden Silvesterabend sogar in schriftlicher Form zu fixieren. Er steckt den Zettel in einen Umschlag, den er sorgfältig verschließt, um ihn erst am nächsten Silvesterabend zu öffnen. Meist kann er denselben Zettel gleich wieder in unveränderter Form in einen neuen Umschlag stecken. Man muss seine Schwächen einfach akzeptieren.

Woodstock im Luitpoldhain

Wenn der Sommer gekommen ist, wenn sich Nürnberg auf die Ferien freut, kann man an zwei Wochenenden merkwürdige Dinge rund um den Luitpoldhain beobachten. Dann tragen Menschen vollgepackte Picknickkörbe herbei, dann sieht man junge Eltern, an deren Kinderwagen prall gefüllte Tüten baumeln, rüstige Rentnerpaare mit untergeklemmten Klappstühlen, Radfahrer, in deren Anhängern es verdächtig scheppert, Schüler, Studenten, Familien, lässig oder elegant gekleidete Pärchen jedes Alters und jeder Nationalität, ein kunterbuntes, heiter gestimmtes Völkchen. Dann ist es wieder so weit, dann findet es wieder statt, das fränkische Woodstock: Klassik Open Air beim Picknick im Park.

Die Open-Air-Konzerte sind ein Geschenk der Stadt Nürnberg an ihre Bürger; seit dem Jahr 2000, dem 950. Stadtgeburtstag, finden sie alljährlich Ende Juli und Anfang August statt, das erste mit den Nürnberger Philharmonikern, das zweite mit den Symphonikern, Gaststars musizieren häufig mit, und für die Jüngsten, die früher zu Bett müssen, gibt es ein Vormittagskonzert. Karten braucht man sich nicht zu besorgen, der Eintritt ist frei. Wer allerdings einen guten Platz erwischen will, der sollte früh aufbrechen. Über die Jahre haben viele Nürnberger ein ausgetüfteltes Ritual entwickelt. Schon mittags schleppen sie Campingtische samt Stühlen herbei, Vorsichtige bauen Schirme auf, Hungrige ein ganzes Büfett voller Köstlichkeiten, Bierfässchen und Sektkühler dürfen nicht fehlen, und in geräumigen Kühltaschen ist der Nachschub versteckt. Bald ist das ganze Parkett des Luitpoldhains möbliert, an den Rändern machen es sich später die Spontis gemütlich, breiten ihre Decken aus und stellen ihre Körbe daneben. Ein freies Fleckchen findet sich für jeden, auch wenn sich späte Besucher mit Hörplätzen zufriedengeben müssen. Damit man die Sommernachtsmusik überall vernehmen kann, haben fleißige Geister Türme mit Lautsprecherboxen aufgestellt. Wenn das Konzert beginnt, sind an die 70.000 Menschen auf dem Grün versammelt, das größte Klassik-Open-Air Europas kann beginnen.

Dabei sein ist alles. Während es den hochkonzentrierten Musikliebhaber gibt, der auf seinem zentral positionierten Campingstuhl sitzt und höchstens einmal zwischen zwei Stücken zum Sektkelch greift, entstehen in anderen Bereichen des Hains fröhliche Parallelveranstaltungen, liefern die Konzertklänge nur die Hintergrundmusik für ein ausgelassen-geselliges Treiben. Rotwein- und ferientrunken wird auf den Decken gefeiert und geschmust, tollen Kinder übereinander, gehen Tüten mit Kartoffelchips im Kreis herum, klappern die Salatbestecke, stürzen sich Ameisenhorden auf die verstreuten Brezelreste. Eine Gruppe mit den fantasievollsten Tattoos an sämtlichen freien Körperstellen hat gesellig einen Kreis gebildet, stößt übermütig mit ihren Bierflaschen an, den Takt der Musik lustvoll ignorierend, und dirigiert mit ihren Glimmstängeln ihre eigene Symphonie in Proll-Dur. Woodstock im Luitpoldhain!

Aus den herbeiwehenden Klassikklängen, den lauen Sommerdüften, den Bratwurstdämpfen und Nikotinschwaden bildet sich eine narkotisierende Melange, die im kollektiven Anzünden Abertausender von Wunderkerzen ihren magischen Höhepunkt findet. Dann funkelt und glitzert es, dann ist die ganze Stadtgesellschaft in romantischem Licht vereint, dann stammelt mancher nur noch atemlos: »Nürnberg leuchtet!« Bei so viel Glanz möchten die Veranstalter nicht hintanstehen und senden, immer wenn die Philharmoniker spielen, ein Feuerwerk in die Höhe, prächtiges Finale einer südlichen Sommernacht. Danach wird wieder artig eingepackt und aufgeräumt, denn auch wenn man in Nürnberg wie einst in Woodstock zu feiern versteht, ist der Nürnberger doch ein ordentlicher Mensch und kein Schmutzfink. In aller Regel zumindest.

Vier Migranten

Nürnberg war schon früh eine internationale Metropole, als Handelszentrum stand man mit ganz Europa in engem Kontakt. Nürnberger Handelsgesellschaften hatten ihre Niederlassungen in allen bedeutenden Städten, so stellten die Nürnberger Kaufleute wie selbstverständlich die Mehrheit der deutschen Kaufleute in Venedig. In der Fondaco dei Tedeschi in der Nähe der Rialtobrücke, direkt am Canal Grande, sprach man lange Nürnberger Dialekt. Im Gegenzug hatten viele ausländische Kompanien ihren Sitz in Nürnberg. Italiener, Flamen, Holländer, Böhmen und viele andere Geschäftsleute zog es an die Pegnitz, und nicht selten kam es vor, dass sich ein europäischer Gast für immer in Nürnberg niederließ. Bürger mit Migrationshintergrund bereicherten die Stadt und das Stadtbild in mannigfaltiger Weise. Ein Beispiel ist das Fembohaus. Das schöne Patrizierhaus baute sich der holländische Kaufmann Philipp van Oyrl. Ohne ihn würde es in Nürnberg keinen solch hübschen Renaissancegiebel geben. Auch das vielleicht noch imposantere Pellerhaus wurde von einem Migranten errichtet. Der Schwiegervater Martin Pellers, Bartholomäus Viatis, war gebürtiger Venezianer, mit zwölf Jahren wurde er nach Nürnberg geschickt, um hier eine Lehre als Federmacher zu durchlaufen, bevor er später eine Handelsgesellschaft gründete. Was für die Händler galt, galt auch für die Handwerker. Ihre ausgedehnten Gesellenreisen führten viele Nürnberger in die Fremde und viele Fremde im Gegenzug nach Nürnberg. Ihrer Weltoffenheit verdankte die Stadt ihre Innovationskraft und ihren Wohlstand.

In diesem Kapitel sollen vier Männer vorgestellt werden, die als Migranten nach Nürnberg kamen und dort ein Stück Stadtgeschichte schrieben. Bewusst wurden dabei verschiedene Zeitalter und Berufe berücksichtigt. Erzählt wird von einem Kunsthandwerker, einem Maschineningenieur, einem Sportsmann und einem Schriftsteller. Die vier mögen für all die vielen Ungenannten stehen, die als Zugereiste das Leben in Nürnberg bis heute bereichern.

1. Albrecht Dürer der Ältere

Ajtós bei Gyula. Eine kleine Gemeinde im Südosten Ungarns, nahe der heutigen rumänischen Grenze. Hier wurde um das Jahr 1427 der kleine Albrecht geboren. Als er herangewachsen war, ging er bei seinem Vater, einem Goldschmied, in die Lehre. Dann standen die Wanderjahre an, die den jungen Ungarn bis in die Niederlande, vielleicht sogar bis nach Burgund führten. Sicher ist, dass der Goldschmiedgeselle auf seiner Walz das erste Mal nach Nürnberg gekommen ist. 17 Jahre war er damals erst. Man kann sich vorstellen, welchen Eindruck die reiche Stadt an der Pegnitz auf den Jungen aus der ungarischen Provinz gemacht haben muss. Bei dem tüchtigen Goldschmied Hieronymus Holper fand Albrecht Aufnahme und wird eine Weile in dessen Werkstatt gearbeitet haben. Vielleicht hatte er bereits jetzt den deutschen Namen Türer angenommen hat, die Übersetzung des Namens seiner ungarischen Heimatstadt Ajtós. Und da man in Franken das »T« bereits im Mittelalter weich auszusprechen pflegte, wurde »Dürer« daraus. 1455, elf Jahre später, kehrte Albrecht Dürer, den man einmal den Älteren nennen würde, von seiner langen Gesellenreise nach Nürnberg zurück. In den Niederlanden hatte er seine Handwerkskunst vervollkommnet, sein alter Nürnberger Meister Hieronymus Holper wird ihn mit offenen Armen empfangen haben. Die nächsten zwölf Jahre arbeitete Albrecht in dessen Werkstatt, Hieronymus Holper wurde ihm zum Freund und Gönner. In dieser Zeit sah Albrecht auch die kleine Barbara heranwachsen, die gerade erst sprechen gelernt hatte, als er zum zweiten

Mal nach Nürnberg kam. Als Barbara 15 Jahre alt war, heirateten die beiden. Albrecht erwarb die Bürgerrechte der Stadt Nürnberg und machte sich, unterstützt von seinem Schwiegervater, mit einer eigenen Werkstatt selbstständig, im Hinterhaus der Familie Pirckheimer.

Albrecht Dürer der Ältere wurde ein anerkannter Goldschmiedemeister, viele Fürsten vertrauten seiner Kunst. Für Kaiser Friedrich III. und für den Bischof von Posen fertigte er Trinkgeschirre, für Albrecht von Brandenburg einen Doppelpokal, aber auch für Nürnberg schuf er kostbare Werke. Die Heilig-Geist-Kirche hatte zwei seltene Reliquien erworben, einen Dorn von der Spottkrone, die man Christus aufs Haupt gedrückt hatte, und einen Knoten von der Geißel, mit der man ihn blutig gepeitscht hatte. Für beide Berührungsreliquien schuf der Goldschmied prächtige Monstranzen, damit die Zeugnisse des Leidens dem Volk würdevoll gezeigt werden konnten.

Die Achtung vor dem eingebürgerten Ungarn war so groß, dass man ihm mehrere wichtige Ämter anvertraute, so die Mitarbeit am Silberwaagamt und die Teilnahme an der Goldschmiedeschau. 18 Kinder sollte seine Frau Barbara bekommen, nur drei überlebten. Dem dritten Kind gaben sie den Namen Albrecht, er kam im Jahr 1471 zur Welt. Viel hat der eingewanderte Ungar in seinem Leben geschaffen, seine vielleicht größte Tat aber ist es gewesen, den Wunsch seines Sohnes respektiert zu haben, keineswegs eine Kleinigkeit. Als Albrecht der Jüngere seine Goldschmiedelehre im väterlichen Betrieb abgeschlossen hatte, wünschte er sehnlichst, das Malerhandwerk zu erlernen. Der Vater, der seinen Sohn natürlich als den Erben seiner Werkstatt gesehen hatte, stimmte zu und öffnete damit das Tor für die vielleicht größte deutsche Künstlerkarriere. Albrecht Dürer bedankte sich auf seine Weise. Er porträtierte seinen Vater zweimal. Das erste Porträt hängt heute in den Uffizien von Florenz. Der Künstler war erst 19 Jahre, als er seinen 63-jährigen Vater malte. Er zeigt ihn als nachdenklichen, etwas skeptisch blickenden Mann. Zwar dreht er einen Rosenkranz zwischen den Fingern, dennoch wirkt es nicht, als ob er bete.

Sehr präsent und lebendig sieht er aus, wach und intelligent. Seine Kleidung weist ihn als erfolgreichen Bürger aus, sein Gesichtsausdruck aber ist in keiner Weise arrogant, sondern von selbstbewusster Bescheidenheit. Von Zeitgenossen wird er als sanftmütig, aber auch wortkarg und etwas menschenscheu beschrieben. Das zweite Porträt fertigte der Sohn 1497, das vermutete Original hängt in der National Gallery in London. Nur sieben Jahre später ist der Vater deutlich gealtert. Ungeschminkt wird die Veränderung zum Greisen dargestellt, keine Falte wird geglättet, keine graue Haarsträhne getönt. Dieses Mal schaut der Vater dem Sohn in die Augen. Nichts an seinem Blick verrät den Stolz, den der Vater angesichts des eingetretenen großen Erfolgs seines Sohnes doch mit Recht hätte zeigen dürfen. Vater und Sohn begegnen sich auf Augenhöhe, respektvoll und realistisch zugleich, eines der eindrucksvollsten Vaterporträts der Kunstgeschichte, denn der Sohn verbirgt auch die ängstliche Sorge im Blick des Vaters nicht.

Leider ist von Albrecht Dürer dem Älteren kein einziges gesichertes Werk überliefert. Man schreibt ihm das »Schlüsselfelder Schiff« zu, einen Tafelaufsatz in Form eines Segelschiffs; im Germanischen Nationalmuseum ist es zu bewundern. Der Ungar mit den Bürgerrechten der Reichsstadt starb 1502 an der Ruhr und wurde in seiner Nürnberger Wahlheimat begraben.

2. William Wilson

Ein Brief aus Nürnberg an den englischen Lokomotivfabrikanten George Stephenson: »Sie werden zugleich die Güte haben, uns mit dem Dampfwagen einen Mann zu senden, der mit der Leitung, Beheizung und Behandlung desselben völlig vertraut ist und der so lange hierbleibt und besoldet wird, bis er einen anderen hierin unterrichtet hat, der alsdann an seine Stelle treten kann.«

So kam im Jahr 1835 William Wilson nach Nürnberg, vollkommen mittellos und ohne jede Deutschkenntnisse, zusammen mit dem in Kisten verpackten »Adler«. Dem gebürtigen Schotten winkte ein großzügiges Gehalt. 1.500 Gulden waren nicht schlecht, damit verdiente er besser als sein Chef, der erste Direktor der Ludwigseisenbahn. Was man damals nicht ahnen konnte: Der 26-jährige Brite sollte für immer in Nürnberg bleiben.

Zunächst half Wilson mit, sein Arbeitsgerät zusammenzubauen. Die Einzelteile, 100 Stück in 19 Kisten, waren von England den Rhein hinauf bis Köln verschifft worden, von dort war es mit Pferdekutschen weitergegangen, weil auf dem Main Niedrigwasser herrschte. In der Werkstatt von Johann Wilhelm Spaeth am Dutzendteich, der ältesten Maschinenfabrik Nürnbergs, erfolgte der Aufbau des prächtigen Feuerrosses, bei dem noch viel Holz Verwendung fand. Die Wagen bauten die Nürnberger selbst, wozu sie Kutschenkästen verwendeten, die Waggons wurden in knalligem Postgelb lackiert. Cabrio-Feeling kam in der dritten Wagenklasse auf, dieser hatte man kein Dach spendiert. Eine Beschattung aus Segeltuch bekam die zweite Klasse, die erste Klasse hingegen eine feste Bedachung, gläserne Fensterscheiben und sogar vergoldete Türgriffe. Die verwendeten Schienen stammten aus dem Rheinland, von der Firma Remy & Co aus Rasselstein.

Am 7. Dezember 1835 war es dann so weit. Der »Adler« ging nach einigen Probeläufen erstmals offiziell auf große Fahrt. Unter dem Jubel des Volkes setzte William Wilson sein Dampfross in Marsch, 14 Minuten war man unterwegs, dann war Fürth erreicht. Sechs Kilometer nur und doch ein Riesensprung in der Geschichte der Eisenbahn. William Wilson wurde zum Liebling der Nürnberger. Stets stand der lange Lokführer korrekt gekleidet in Rock und Zylinder auf dem Führerstand, ein echter englischer Gentleman. Er schien mindestens so eine Attraktion gewesen zu sein wie seine Maschine. Vertrat ihn einmal sein deutscher Gehilfe, den er angelernt hatte, nahmen die Fahrgastzahlen gleich ab. Es muss faszinierend gewesen sein, William Wilson bei seiner Tätigkeit zuzuschauen. Ein anschaulicher Bericht ist uns durch das *Stuttgarter Morgenblatt* überliefert: »Jedes körperliche Geschick, was gleichwohl nicht fehlen darf, tritt bei ihm in den Hintergrund, in den Dienst der verständigen Beachtung auch des Kleinsten, als eines für das Ganze wichtige. Jede Schaufel Steinkohlen, die er nachlegt, brachte er mit Erwägung des rechten Maßes, des rechten Zeitpunktes, der gehörigen Verteilung auf den Herd. Keinen Augenblick müßig, auf alles achtend, die Minute berechnend, da er den Wagen in Bewegung zu setzen hatte, erscheint er als der regierende Geist der Maschine und der in ihr zu ungeheurer Kraftentfaltung vereinigten Elemente.«

Feuer, Wasser und dampfende Luft, dazu die eisernen Räder und die stampfenden Zylinder – ein atemberaubendes Spektakel. Kein Zweifel, William Wilson war so etwas wie ein früher Popstar. Es verwundert nicht, dass Deutschlands ersten Lokomotivführer nichts von Nürnberg wegzog. Trotz seines großzügigen Gehalts aber lebte der gebürtige Schotte persönlich weiter sehr bescheiden. Er wohnte in einem Zimmer im *Wilden Mann* und bezog nach zwei Jahren ein Zimmer des Ludwigsbahnhofs, also gleich bei seinen Loks. 1842 machte er einen sechswöchigen Heimaturlaub und brachte als Haushälterin seine Schwester mit nach Nürnberg. Seinem großen Ehrbewusstsein und der noch nicht vorhandenen Eisenbahnergewerkschaft aber ist sein früher Tod geschuldet. Bei Wind und Wetter auf dem zugigen Führerstand stehend, ohne Schutzkleidung über seinem schicken Rock, holte er sich eine schlimme Erkältung, die sich von der Lunge auf den Darm schlug. Von dieser Krankheit sollte er sich nicht mehr richtig erholen. Am 17. April 1862 starb der tapfere Mann, nicht einmal 53 Jahre alt. Die Trauer muss riesig gewesen sein. Eine große Menschenmenge begleitete ihn, als er seinen letzten Weg zum Johannisfriedhof antrat. Auf seinem Grabstein steht zu lesen: »Hier ruhet Herr William Wilson, Maschineningenieur u. Führer d. ersten Locomotive in Deutschland«.

3. Jenö Konrád

Samstag, der 17. November 2012. Das Nürnberger Stadion ist brechend voll, man erwartet gespannt den Klassiker gegen Bayern München. Doch noch bevor das Spiel angepfiffen wird, bekommen viele eine Gänsehaut. Im Block der Nürnberger Ultras wird ein Porträt entrollt, ein riesiges Banner mit dem Bild eines ehemaligen Club-Trainers: Jenö Konrád. Dazu ein Schriftzug: »Der Club war der erste. Und muss der erste werden.«

Wer war Jenö Konrad? Jenö Konrád stammte aus Ungarn, wurde 1894 in Pálánka geboren. Mit 14 Jahren ging er zu einem Budapester Fußballverein und entwickelte sich auf der Position des Mittelläufers zu einem exzellenten Techniker. 1914 holte Jenö Konrád mit dem MTK Budapest seinen ersten Meistertitel, wurde in der Kriegszeit in die Nationalmannschaft berufen. Aus zweijähriger russischer Gefangenschaft zurückgekehrt, machte er mit dem Fußball weiter, wurde erneut ungarischer Meister, zusammen mit seinem Bruder Kálmán. In den Wirren der Nachkriegszeit des Ersten Weltkriegs wechselten die beiden nach Wien und wurden gemeinsam Österreichischer Meister. Aufgrund einer Knieverletzung musste Jenö Konrád seine aktive Karriere beenden, machte nun als Trainer weiter, zunächst in Österreich. Im August 1930 holte ihn der 1. FC Nürnberg nach Deutschland. Der technisch und taktisch versierte Ungar setzte auf junge Spieler, mit denen er bald erste Erfolge feierte. 1932 erreichte er mit seinem Team das Halbfinale der Deutschen Meisterschaft, in dem man Bayern München mit 0:2 unterlag.

Die Niederlage schmerzte, schlimmer jedoch schmerzte das, was danach im *Stürmer*, dem nationalsozialistischen Hetzblatt von Julius Streicher, zu lesen war: »Der 1. FCN geht am Juden zugrunde.« Der Jude, damit war Jenö Konrád gemeint. Er spürte, welche unheilvolle Stimmung in Deutschland entstand, und war so klug, die Konsequenz zu ziehen. In der Nacht auf den 6. August 1932 verließ er mit seiner Familie Nürnberg, verließ Deutschland für immer und fuhr nach Wien, sehr zum Bedauern der Club-Verantwortlichen. Welchen Mut hätte es gekostet, sich gegen den Ungeist der Zeit zu stemmen.

Was wurde aus Jenö Konrád? Er ging nach Rumänien und holte mit seiner Mannschaft den nationalen Titel 1932/33. Danach begann eine Odyssee durch Europa. Österreich, Italien, Frankreich, Portugal, immer ein neues Land, ein neuer Verein, immer auf der Flucht vor den Nazis und den Faschisten. 1940 musste er schließlich in die Vereinigten Staaten emigrieren, wo er nicht mehr als Trainer arbeitete. 1978 starb Jenö Konrád in New York.

Was erinnert noch an Jenö Konrád? Kurz bevor er Nürnberg verlassen musste, hinterlegte er für die Vereinschronik des Clubs eine signierte Autogrammkarte, schrieb darauf: »Der Club war der erste. Und muss der erste werden.« Die Club-Fans haben ihn nicht vergessen und seiner eindrucksvoll gedacht. 2013 verlieh der Verein Jenö Konrád posthum die Ehrenmitgliedschaft und nahm den Aufnahmeantrag seiner Tochter Evelyn an.

4. Hermann Kesten

Wenn man ihn einen gebürtigen Nürnberger nannte, hat er nie protestiert. Warum auch? Hermann Kesten war ja erst drei Jahre alt, als seine Eltern mit ihm und seiner älteren Schwester nach Nürnberg zogen. Wer kann sich schon an seine ersten Lebensjahre erinnern? Geboren wurde Hermann Kesten in Podwołoczyska, einer Kleinstadt in Galizien, dort, wo das alte österreich-ungarische Kaiserreich an Russland grenzte. Zu Lebzeiten Hermann Kestens sollte der Ort viele Male seinen Besitzer wechseln: Nach Österreich-Ungarn gehörte er zu Polen, dann zu der UdSSR, zum Generalgouvernement Polen, wieder zur UdSSR und seit 1990 zur Ukraine.

Wie verlief Hermann Kestens Leben in Nürnberg, dem Ort, in dem er »die süßen Jahre der Kindheit und der Jugend« verbracht hat? Der Ort, der ihn »gemacht hat zu einem gewissen Grad und mit seinen guten Seiten«? Die Volksschulzeit verbrachte Hermann Kesten in der Schule an der Bismarckstraße. In seinen *Zwillingen von Nürnberg* hört sich das so an: »Primula schlug den Weg in die Stadt ein. Die Bäume rauschten wie erschrocken. Schon waren die Schwestern am Bismarckschulhaus. Ihre Schritte hallten in der öden Straße. Das Pflaster glänzte in der Nähe der Laternen schwarz und feindlich.«

Etwas düster war die Tonart der Dichter in der Zeit der frühen Weimarer Republik. Heller und heiterer leuchtete Nürnberg, wenn sich Hermann Kesten an die Zeit erinnerte, in der er zum ersten Mal sein Herz verschenkte. Voll süßester Erwartungen freute er sich auf das Erscheinen seiner kindlichen Kaiserin: »Weiße Söckchen, weiße Kleidchen, nackte Knie.« Als der verliebte Junge sein Mädchen in einem Kaufhaus an der Karolinenstraße traf, wollte er gleich losstürmen, um ihr ein Geschenk zu kaufen, eine Schiefertafel und ein Bilderbuch. Ob es sich bei dem Mädchen um seine spätere Frau handelte, die auch aus Nürnberg stammte und mit ihm dann durch dick und dünn gegangen ist?

Nach der Volksschule wechselte Hermann Kesten auf das Melanchthon-Gymnasium. An der Lehranstalt ließ er kaum ein gutes Haar. Dass Mut eine Bürgertugend sei, habe man sie leider nicht gelehrt, stellte er rückblickend fest. Als ein Lehrer einem Mitschüler unterstellte, er sei nicht ungezogen, sondern unerzogen, stand Hermann Kesten auf und verteidigte die Ehre der Eltern. In Nürnberg wohnte der Schüler in Straßen, die nach Philosophen hießen. In der Ludwig-Feuerbach-Straße und in der Fichtestraße und am Fuße des Rechenbergs, wo der viel geschmähte Ludwig Feuerbach seine letzten Jahre verbracht hatte. Da zudem ein weiterer großer Philosoph einige Jahre Rektor seines Gymnasiums gewesen war, Georg Wilhelm Friedrich Hegel, habe er gute Gründe gehabt, diese Philosophen zu lesen. Mit zwölf oder dreizehn Jahren fing Hermann Kesten an, erste Gedichte, Sätze, Dramenszenen niederzuschreiben, war aber unzufrieden mit dem Ergebnis. Gerne versuchte er sich an Parodien und übte sich in

Witz und Ironie, stark beeinflusst von Heinrich Heine, den schon der geliebte, im Ersten Weltkrieg gefallene Vater gerne zitiert hatte. Die Lehrer hatten wenig Sinn für den speziellen Humor ihres Schülers. Ein Kommentar zur Reifeprüfung lautete: »Die Arbeit ist ganz aus dem Wesen des Verfassers, eines Heine revivius, geschaffen, das gleiche Widersprüche zeigt; unangenehm und widerlich berührt namentlich der unjugendlich, anmaßend-höhnische Geist, der vielfach laut wird.« Auch nach dem Abitur blieb Kesten Nürnberg treu, zum Studium pendelte er anfangs nach Erlangen. Erst 1927 verließ er Nürnberg endgültig und schweren Herzens, um nach Berlin zu gehen, wo er zunächst Autor, dann auch Cheflektor des renommierten Kiepenheuer Verlags wurde.

Hermann Kesten war ein leidenschaftlicher Spaziergänger. Dabei erdachte er sich die Szenen für seine Romane »und formulierte Verse, Dialoge, Szenen und ganze Prosaseiten, bis jedes Wort festgefügt wie ein Ziegelstein im Mauerwerk saß«. Hatte er seinen Text im Kopf, ging er in ein Kaffeehaus und schrieb die Sachen nieder, als läse er sie aus einem Buch ab. Schon als Schüler des Melanchthon-Gymnasiums ging er jeden Mittwochnachmittag ins Café, wozu der Rektor damals noch seine Erlaubnis geben musste. Hermann Kesten war ein Kaffeehausliterat, der die Atmosphäre der Lokale aufsog. Der prominente Vertreter der Neuen Sachlichkeit suchte sich die Anregungen für viele seiner Stoffe wie ein Reporter an öffentlichen Orten.

Als die Nazis an die Macht kamen, musste Hermann Kesten fliehen, dem gebürtigen Juden hätte in Deutschland der Tod gedroht. In der Not bewies Kesten Stärke. Er war nicht nur literarisch begabt, er besaß ein weiteres Talent, das vielleicht nicht ganz so selten, dafür aber mindestens so wertvoll ist: das Talent zur Freundschaft. Im Exil, in Frankreich, London, Brüssel, Oostende und Amsterdam, dann in New York, hielt er weiter Kontakt zu seinen Kollegen, den verfolgten Autoren, gab ihnen im Verlag Allert de Lange eine Chance, weiter auf Deutsch zu publizieren. Auf diese Weise leistete er nicht nur einen wichtigen Beitrag zum Widerstand, sondern auch eine kaum zu unterschätzende Hilfe für Menschen in äußerster Not. Und zu noch einer Großleistung war Hermann Kesten fähig. Er konnte verzeihen. Seine Wut auf die Nazis und ihr verbrecherisches System, dem Millionen Unschuldiger zum Opfer gefallen waren, das ihn selbst als verfemten Dichter verschrien hatte, schlug nicht um in Hass. Im Gegenteil. Nach dem Krieg suchte er Wege zur Verständigung und Versöhnung, nahm aktiv Kontakt zu alten Schulfreunden auf. Über einen engen Freund vom Melanchthon-Gymnasium, Karl Beisler, schrieb er: »Wenn ich je mit Deutschland grollte, dachte ich an einen Mann wie Karl und dachte, so schlimm kann ein Volk nicht sein, wo es solch noble Menschen gibt.«

Ein nobler Mensch war auch Hermann Kesten. Großzügig spendete er das Preisgeld für den ersten Internationalen Nürnberger Menschenrechtspreis, womit er die Tradition Nürnberger Juden, die sich für ihre Heimatstadt engagierten, wirksam fortsetzte. Der damals sehr bekannte, heute leider etwas in Vergessenheit geratene Dichter hat nie vergessen, woher er stammte, eine leise Ambivalenz jedoch blieb. Bei einem Heimatbesuch 1965 sagte Hermann Kesten: »Ich fühle mich in keiner Stadt der Welt so zuhause wie in Nürnberg, und in keiner Stadt so fremd.« Seine Rede vom 12. Juli 1980 anlässlich der Verleihung der Ehrenbürgerwürde aber schloss er mit den Worten: »Mit schüchternem Stolz und mit spätem Vergnügen darf ich mich auf die Stadt berufen, indem ich mich einen Nürnberger Autor heiße. Also: Ein ›Vivat‹ der Stadt Nürnberg!«

Hermann Kesten starb am 3. Mai 1996, mit 96 Jahren, in seiner Wahlheimat Basel, wo er auch begraben wurde. Wer dem wortgewaltigen Weltverbesserer Aug in Auge begegnen will, der besuche den Innenhof des Katharinenklosters in der jetzigen Stadtbibliothek, deren Zeitungscafé seinen Namen trägt. Dort geht Hermann Kesten, von seinem Freund Wilhelm Uhlig in Bronze gegossen, bis heute täglich spazieren.

Aktuell haben etwa 40 Prozent aller Nürnberger einen Migrationshintergrund, 20 Prozent besitzen eine ausländische Staatsbürgerschaft. Nicht allen wird eine solch spektakuläre Karriere beschieden sein wie den vier Männern dieses Kapitels. Dennoch haben sie alle ihren Anteil daran, Nürnberg zu einer bunten und lebenswerten Stadt zu machen. Wir dürfen dankbar dafür sein.

Welcher ist Ihr Lieblingsbaum?

Bei all den Menschen und all der Kultur, die Nürnberg zu bieten hat, soll die Natur nicht vergessen werden; dieses Kapitel möchte sich mit den Bäumen beschäftigen. Begibt man sich auf die Suche, so findet man im Nürnberger Stadtgebiet unter den geschätzt 190.000 Bäumen etliche besonders stolze Exemplare. Gestatten Sie, dass wir Ihnen einige vorstellen?

Der vielleicht berühmteste Nürnberger Baum wuchs im Hof der Kaiserburg. Eine stattliche Linde erhob sich dort, von der es heißt, Kaiserin Kunigunde persönlich habe sie pflanzen lassen. Mithin muss sie bereits im 11. Jahrhundert ihre herzförmigen Blätter in den Nürnberger Wind gehängt haben, was durchaus sein könnte, denn gute 400 Jahre später schildert uns Albrecht Dürer, wie man im Schatten des Baumes im Burghof getanzt hat. Linden können ein biblisches Alter erreichen, im Nürnberger Umland gibt es Exemplare, die man als Dorflinde zugeschnitten hat, sodass man in ihrer grünen Krone tanzen konnte, wie in Effeltrich. Leider schaffte die Nürnberger Kundigundenlinde keine tausend Jahre. Der harte Fels, auf dem sie wuchs, gewährte den Wurzeln vielleicht nicht den notwendigen Raum. Im Jahr 1934 pflanzte man eine neue Linde, die aber ebenfalls ersetzt werden musste. Wünschen wir dem noch jungen Baum eine große Zukunft!

Zu den 44 historischen Bäumen; Alleen und Baumgruppen, die in Nürnberg unter besonderen Schutz gestellt und zum Naturdenkmal erklärt worden sind, gehört auch eine mächtige Eiche in Langwasser. Dendrologische Untersuchungen ergaben, dass der Baum um 1350 wohl durch Wildsaat entstanden ist. Damit dürfte die Eiche als junger Trieb erlebt haben, wie Kaiser Karl IV. in Nürnberg die Goldene Bulle erließ. Heute ragt die Krone 40 Meter hoch in den Himmel, acht Meter misst ihr Stammumfang, sodass es mindestens fünf Spieler vom NBC, dem Nürnberger Basketball Club, braucht, sie zu umarmen. Der fast 700 Jahre alte Baum sollte vor knapp 50 Jahren einer Industrieanlage weichen, engagierte Anwohner aber konnten den Frevel zusammen mit der Stadt verhindern, zur Freude der Vögel, von denen viele im alten Holz nisten, darunter mancher Specht. Die Nachbarn kauften Baum und Grundstück und kümmern sich seitdem abwechselnd um ihren Methusalem. Jährlicher Höhepunkt ist das Eichenfest.

Unser persönlicher Lieblingsbaum erhebt sich auf der Hallerwiese, ganz in der Nähe der Pegnitz, dort, wo der Fuß- und Radweg entlangläuft. Die Hallerwiese gilt als eine der ältesten Parkanlagen Deutschlands, der Rat erwarb das Grundstück 1434 und stellte es »allen inwonern zu lust und ergetzung« zur Verfügung. Lustvoll ergötzen können sich Einwohner und Gäste heute noch in dem schattigen Park vor der Stadtmauer, schöner vielleicht noch als damals, wachsen doch heute prächtige Bäume auf dem Areal. Ursprünglich waren alles Linden, die in mehreren Reihen gepflanzt wurden. Eine davon ist unser Lieblingsbaum. Trotz ihres Alters von fast 600 Jahren ist diese Linde überaus verspielt. Mehrfach trennt sich ihr Stamm, ja, man muss fast von Stämmen sprechen, die sich umschlingen und umarmen, um dann wieder zusammenzuwachsen.

War Ihr Lieblingsbaum dabei? Anwohner des Prinzregentenufers lieben ihre alten Platanen, denen Schattenparker scherzhaft den Namen »Parkallee« gaben. Wegen ihres tiefen Schattens ist auch eine andere alte Platane sehr beliebt. Sie erhebt sich wie unsere Lieblingslinde auf der Hallerwiese und bringt es auf 35 Meter Höhe. Man nimmt an, dass sie im Jahr 1850 gepflanzt worden ist. Die Erlenstegener halten hingegen ihrer Bäreneiche am Platnersberg die Treue. Wie einen hohlen Zahn hat man sie plombiert, allerdings mit Steinen statt Amalgam. Ihr Stamm ist noch 80 Zentimeter dicker als bei ihrer Kollegin in Langwasser, gemeinsam mit den benachbarten Eichen bildet sie ein ehrwürdiges Ensemble.

Vielleicht der älteste Obstbaum Nürnbergs ist die Gustav-Adolf-Birne auf dem Hainberg in Gebersdorf, wo der Schwedenkönig im Dreißigjährigen Krieg Stellung bezogen haben soll. Er konnte sich allerdings keine Birne vom Baum pflücken, der Baum dürfte erst vor gut hundert Jahren gepflanzt worden sein. Hübsche Idee: Mehrere seiner Schösslinge hat man auf dem naturgeschützten Hügel gepflanzt, die Streuobstwiese wird manchen Birnenfreund anlocken. Und kommt ein Mädchen, so flüstert's: »Lütt Dirn, kumm man röwer, ick gew di ne Birn.« – Nein, natürlich wird es fränkisch »Madla« flüstern.

Der vielleicht tapferste Nürnberger Baum aber ist ein Ginkgo im Hof des evangelischen Kindergartens von Sankt Sebald. Er hat tatsächlich das fürchterliche Bombardement und die wütenden Feuer des Zweiten Weltkriegs überstanden, ein Symbol für die Macht des (Über)-Lebens, des Sieges der Liebe über den Hass.

Altstadtfreunde

Eine Stadt lebt von ihren Plätzen. Hier trifft man sich, hier verweilt man gerne, erfreut sich am urbanen Leben. Scheint die Sonne, setzt man sich vor die Cafés und sieht den Flaneuren zu. Einer der schönsten Plätze Mitteleuropas war der Egidienplatz. Noch heute ist eine Idee seiner einstigen Eleganz zu spüren, seiner einmaligen Topografie – bedingt durch die raffinierte Hanglage. Man muss allerdings etwas Fantasie aufbringen, um die frühere Schönheit des Platzes zu erahnen, muss sich nicht nur die parkenden Autos und hässlichen Glascontainer wegdenken, sondern sich vor allem eine andere Bebauung vorstellen.

Karl-Heinz Enderle hat eine Vision: Er will den Egidienplatz wieder erglänzen lassen. Damit die Schönheitsoperation gelingt, ist es notwendig, dem Platz seinen früheren Höhepunkt zurückzugeben: das Pellerhaus. Dem engagierten Einsatz der Nürnberger Altstadtfreunde, denen Karl-Heinz Enderle seit 2010 vorsteht, ist es zu verdanken, dass der Innenhof des Renaissancepalastes, zu dem einst alle Welt pilgerte, wiederaufgebaut wurde. Betrachtet man die Fotos der einstigen Kriegsruine, mag man nicht glauben, wie die Rettungsaktion der prächtigen Arkadenkonstruktion mit den einzigartigen Hofgalerien gelingen konnte. Was jedoch noch fehlt, ist die Krönung des Projekts, die Wiedererrichtung der Schmuckseite des Hauses, das über Jahrhunderte mit stolzer Grandezza über den Egidienplatz geblickt hat. Bewusst hatten Bartholomäus Viatis und sein Schwiegersohn Martin Peller zu Beginn des 17. Jahrhunderts diesen erhöhten, den Platz beherrschenden Standort gewählt. Karl-Heinz Enderle bezeichnet die Prachtbauten der reichen Patrizier über dem Egidienplatz augenzwinkernd als Beverly Hills von Nürnberg. Hier wohnten die Promis in ihren großzügigen Stadthäusern, das Pellerhaus aber war die architektonische Krönung des Platzes.

Der Ersatzbau hingegen, in den 1950er-Jahren als Bibliothek und Stadtarchiv errichtet, lädt kaum zum Verweilen ein. Auf dem rekonstruierten Fassadensockel des Pellerhauses klebt ein nüchternes Funktionsgebäude, das sich seines Daseins zu schämen scheint. Welchen Glanz strahlte dagegen die üppig verzierte Giebelseite des Originals einst aus! Die reich gegliederte Fassade wurde, in Nürnberg unüblich, von einem Prachtgiebel geschmückt, Baumeister Jakob Wolff der Ältere ließ das Meisterwerk mit geschwungenen Voluten und anderem verspielten Zierrat dreieckig den Himmel erklimmen. Dadurch erhielt der gesamte Platz seinen Blickfang, Egidienplatz und Pellerhaus ergänzten sich aufs Schönste.

Ob der kühne Plan der Altstadtfreunde gelingt? Es wäre ihnen zuzutrauen, so viele historische Bauten haben sie schon vor dem Verfall und dem Abriss gerettet, haben ihre ursprüngliche Schönheit wieder sichtbar gemacht.

Die Geburtsstunde der Altstadtfreunde schlug im Jahr 1973, als die letzten Weberhäuser der Sieben Zeilen fielen. Davon alarmiert, entwickelten der damalige Vorsitzende Erich Mulzer und seine Mitstreiter ein Frühwarnsystem, um jede Bausünde in der Altstadt rechtzeitig zu bekämpfen. Über 300 Bauprojekte haben die Altstadtfreunde bereits durchgeführt, wegweisend die Rettung vier stattlicher Fachwerkhäuser am Unschlittplatz; über zwei Dutzend mittelalterliche Häuser haben die Altstadtfreunde vor der Abrissbirne gerettet. Jedes Haus soll Charakter zeigen und zugleich seine Umgebung respektieren, das ist die Richtschnur für Karl-Heinz Enderle. Auch ihr Domizil in der Weißgerbergasse haben die Altstadtfreunde selbst hergerichtet, wunderschöne Räumlichkeiten mit einer gut sortierten Bibliothek. Mit über 5.500 Mitgliedern sind die Altstadtfreunde nicht nur die größte kulturelle Bürgervereinigung Nürnbergs, sondern die wahrscheinlich größte Stadtinitiative weltweit, Nürnbergs Bürgersinn eindrucksvoll demonstrierend. Kürzlich waren die Münchner Altstadtfreunde in Nürnberg zu Gast. Auf vorsichtige Nachfrage berichteten sie, derzeit acht Mitglieder zu haben.

Nicht immer gingen die Nürnberger Altstadtfreunde als Sieger vom Platz. Die vielleicht bitterste Niederlage war die verhinderte Ausmalung des berühmten Rathaussaales, die nach Entwürfen Dürers über Jahrhunderte die Besucher erfreute. Mehr Glück ist den Altstadtfreunden für das Projekt Pellerhaus zu wünschen. Der Egidienplatz hat es verdient. Wenn sich zur ehemals romanischen Egidienkirche, die nach einem Brand im barocken Stil wiederaufgebaut wurde, und zum alten Egidien-Gymnasium, dem ältesten humanistischen Gymnasium Deutschlands, als Krönung noch der prächtige Renaissancepalast gesellte, wäre ein großer Teil des schmucken

Ensembles wiederhergestellt. Würde man dann noch die Parkplätze und Abfallcontainer verbannen und Treppen und Sitzgelegenheiten bauen, könnte er wiedererstehen: einer der schönsten Plätze Mitteleuropas.

Die Aktivitäten der Altstadtfreunde sind äußerst vielfältig und reichen weit über die beschriebenen Bauprojekte hinaus. Unter www.altstadtfreunde-nuernberg.de kann man sich informieren. Mitglied zu werden lohnt!

Ein Stadtbummel im Jahr 2033

Was kann schöner sein, als an einem Frühlingssamstag aufzuwachen und von der Sonne gekitzelt zu werden? Vor allem, wenn man gut geschlafen hat. Seitdem Nürnberg wie München und Frankfurt ein Nachtflugverbot erlassen hat, schläft man selbst im Stadtteil Buch wieder wie ein satter Säugling. Was für ein herrlicher Tag! Da muss man einfach hinaus. Wäre nicht die Qual der Wahl. Und so wird am Frühstückstisch von Familie Vorndran heftig diskutiert. Verständlicherweise sind die Wünsche der Kinder nicht immer deckungsgleich mit denen der Eltern. Schließlich jedoch einigt man sich. Bei diesem hübschen Tagesprogramm ist für jeden was dabei.

»Nehmen wir die Fahrradschnellstraße oder fahren wir mit der StUB? – Okay, dann mit der StUB!« Die kleine Martha will einmal Ärztin werden. Mit der StUB wird sie in kürzester Zeit in den Erlanger Hörsälen sein. Sebald ist eher der Techniker. Entweder er fährt ebenfalls mit der StUb zum Erlanger Südgelände oder er studiert gleich in Nürnberg auf dem AEG-Campus, dem modernsten Technikgelände in Franken, das bereits zwei Nobelpreisträger hervorgebracht hat. Ruck, zuck ist man in der Altstadt. »Zum Fischbach!«, rufen die Kinder. Kinder zieht es doch immer zum Wasser. Seit ein paar Jahren fließt der alte Fischbach wieder durch sein altes

Bett mitten in der Innenstadt. Was die Freiburger und Forchheimer können, können wir auch, dachten sich die Nürnberger. In kleine Kanäle gefasst, plätschert der Fischbach durch die Fußgängerzone. Die Kinder lieben besonders die Stelle, an der sich der Bach teilt, um parallel durch die Breite Gasse und die Karolinenstraße zu fließen. Auf Kommando werfen Martha und Sebald ein Platanenblatt hinein. Mal sehen, welches als Erstes beim Weißen Turm ist!

Als man die Pegnitz erreicht, wollen die Kinder schauen, was bei den Anglern so alles im Eimer schwimmt. Jedes Jahr kehrt eine weitere Fischart zurück, auf den Speisekarten liest man immer öfter: »Frischer Pegnitzfisch«. An der Karlsbrücke drängeln sich die Leute, die den Pegnitzsurfern zuschauen. Man hatte sich entschieden, die stehende Welle direkt in der Innenstadt zu bauen. Unglaublich, welche Kunststücke die Brettkünstler beherrschen!

Mutter Vorndran hätte gerne noch einen Blick in den Rathaussaal geworfen, aber die Schlange ist einfach zu lang. Seit dessen herrliche Ausmalung fertig ist, will jeder Nürnbergbesucher einen Blick auf das rekonstruierte Dürerwerk werfen.

Dann eben nicht, es ist eh Zeit für einen kleinen Imbiss. Vorher aber noch schnell einen Blick in die Sebalduskirche geworfen. Das prächtige Grab hat man kürzlich erst poliert, jetzt glänzt es wieder in schönstem Silber, man erkennt es kaum wieder. Nun geht's hinüber zum lauschigen Egidienplatz, zum hübschen Straßenlokal mit Blick auf Egidienkirche und restauriertes Pellerhaus. In dem Restaurant gibt es Nürnberger Rostbratwürste, die aus dem Fleisch fränkischer Eichelschweine hergestellt wurden. Was für ein Genuss! Seitdem im Lorenzer Reichswald genügend Buchen und Eichen wachsen, werden in Nürnberg wieder Schweine gehütet, die das nussigste Fleisch ansetzen. Frau Vorndran trinkt dazu einen Silvaner aus dem reaktivierten Fürther Weinberg, ihr Mann ein leckeres Rotbier aus dem Altstadthof.

Im Arkadenhof des Pellerhauses findet heute Nachmittag ein Konzert statt, Familie Vorndran aber hat andere Pläne. Wozu hat man die Badetasche dabei? Vergnügt geht's zum Plärrer, zum Volksbad. Was für ein Vergnügen, wieder in diesem prächtigen Jugendstilbad schwimmen zu können! Wenn ihn seine beiden Kleinen mal in Ruhe lassen, genießt es Herr Vorndran, sich auf dem Rücken treiben zu lassen und all die hübschen Details zu betrachten, die man mit großer Liebe wieder herausgeputzt hat. Dass das Bad so lange leer gestanden hat, mag man kaum glauben! So vieles hat sich in Nürnberg getan, auch verkehrspolitisch. Seitdem ein Tunnel den Frankenschnellweg hinter der Ausfahrt Nürnberg/Fürth mit der Südwesttangente am Kanal verbindet, quält sich kein Durchgangsverkehr mehr durch die Stadt. Nürnberg gehört nicht mehr den Autos, sondern den Bürgern. Den Bahnhofsplatz hat man wieder zur grünen Eintrittspforte zur Stadt gemacht, schicke Hotels auf dem ehemaligen Postgelände laden Übernachtungsgäste aus aller Welt ein. Will man im Jugendstilrestaurant des Bahnhofs speisen, dem ehemaligen Reisezentrum, empfiehlt es sich jedoch, frühzeitig zu reservieren.

Doch es ist Zeit geworden. »Raus aus dem Wasser, Kinder!« Der Abend ist gekommen, der rechte Moment, vom Plärrer aus die Fürther Straße entlangzuflanieren und sich an ihrem Lichterspiel zu erfreuen. Eine echte Prachtstraße ist wieder aus ihr geworden, die »Nürnberger Champs-Élysées« wird sie auch genannt. Auf großzügigen Trottoirs schlendert man an eleganten Geschäften und Restaurants vorbei, im Schatten der Alleebäume und durch Grünstreifen von den Radfahrern und den surrenden Autos getrennt. Nur in der Mitte lärmt es dann und wann, wenn unter lautem Hallo der »Adler« vorbeidampft, auf seiner alten Strecke nach Fürth. Die Augen der Kinder glänzen, den Rückweg wird man mit der Dampflok nehmen, am AEG-Campus vorbei und am Künstlerviertel des ehemaligen Quelle-Geländes. Aber zuvor noch eine Pizza! In einem Straßencafé ist noch ein Tisch frei, aus dem gegenüberliegenden Justizpalast strömen die letzten Besuchergruppen, die sich den Saal 600 angesehen haben, den Geburtsort des Gerichtshofs für Menschenrechte.

»Hast du auch wirklich die Fahrkarten dabei?«, fragt Sebald an seiner Pizza kauend. Der Vater nickt beruhigend und klopft auf seine Jacke. Dann spazieren sie die Fürther Straße hinaus bis zur Stadtgrenze. Vor zwei Jahren ist der letzte Versuch gescheitert, Fürth einzugemeinden, schade, damit hätte man es zur Millionenmetropole geschafft. Schnaufend kommt ihnen der »Adler« entgegen und hält mit einem lauten Pfiff. Die Fahrt mit der hübschen Dampflok ist jedes Mal aufs Neue ein Erlebnis. Wo kann man der Technik noch beim Arbeiten zuschauen? Die Fahrkarten muss man sich allerdings rechtzeitig besorgen, viele Touristen kommen eigens angereist, um die erste deutsche Eisenbahnstrecke zu befahren. Die U-Bahn nach Fürth mit ihren hässlichen Betonständern hat man komplett in den Untergrund verlegt, jetzt kann die Chaussee wieder atmen.

Was man an einem Tag nicht alles in Nürnberg erleben kann, denkt Familie Vorndran, als die StUB sie zurück nach Buch fährt. Morgen wollen sie vielleicht mal wieder den Fernsehturm hinauf. Abends haben die Eltern Karten für die neue Philharmonie, deren moderne Architektur genauso wie die geniale Akustik gelobt wird. Am nächsten Samstag aber geht's zusammen ins Max-Morlock-Stadion, wo sich vielleicht schon die Deutsche Fußballmeisterschaft entscheidet. Vier Spieltage vor Schluss könnte der Club die Meisterschaft gewinnen! Wann hat's das zuletzt gegeben?

Wer ist der größte Nürnberg-Experte? – Das Quiz

1. In der tiefsten Tiefe des Tiefen Brunnens, der im Vorhof der Kaiserburg 53 Meter hinab in den Felsen geschlagen wurde, befindet sich eine höhlenartige Ausbuchtung. Welchen Zweck erfüllte die Nische?

a) Sie war der Beginn eines unterirdischen Fluchtwegs.
b) In ihr sollten säumige Steuersünder zum Nachdenken gebracht werden.
c) Es war der Arbeitsplatz des Brunnenputzers.

2. Warum ist auf der Pranke des Höllendrachens am Ehekarussell das Datum 1.7.1977 eingraviert?

a) An diesem Tag hat der Künstler Jürgen Weber geheiratet.
b) An diesem Tag trat ein neues Scheidungsrecht in Kraft.
c) An diesem Tag erschlug der Nürnberger Hans Gänswein seine Ehefrau, weil sie einfach nicht aufhören wollte zu staubsaugen.

3. Anfang 1986 hielt ein Erpresser die Nürnberger DB-Direktion in Atem. Der »Zastermann« verlangte sechs Millionen Mark oder es würde ein Unglück geben. Man fasste den Täter in der Pillenreutherstraße und stellte ihn vor Gericht. Was gab der »Zastermann« als Grund für seine Tat an?

a) Er wollte mit dem erpressten Geld dem Club einen neuen Spieler kaufen.
b) Er wollte damit das Fürther Tor zumauern lassen.
c) Er wollte seiner Ehefrau entkommen und im Gefängnis seine Ruhe finden.

4. Der »Adler« ist der Stolz der Ludwigseisenbahn, die erste Lokomotive Deutschlands. Ein Jahr später schon, 1836, bekam der »Adler« eine Kollegin. Wie hieß die zweite Lok?

a) Pfeil
b) Furthia
c) Bockerl

5. Der Neptunbrunnen, der einst am Hauptmarkt gestanden hat, sprudelt nun im Stadtpark. Dennoch kann, wer will, einen Neptun auch in der Nürnberger Altstadt plätschern hören. Wo?

a) Im Gartensaal des ehemaligen Weser'schen Anwesens am Maxplatz 34
b) Auf dem Inneren Laufer Platz vor dem Willstädter Gymnasium
c) In der Karstadtpassage zur U-Bahnstation Lorenzkirche

6. Die Untere und die Obere Karlsbrücke sind alten Nürnbergern noch unter dem Namen ABC-Brücke bekannt. Woher stammt der Name?

a) Viele Nürnberger Kinder gingen auf dem Weg zur Sebaldusschule über diese Brücke.
b) Früher hingen dort Kramerbuden über der Pegnitz, diese hatte man mit Buchstaben gekennzeichnet.
c) Die Buchstaben stehen für drei beliebte Fische, die Angler von der Brücke aus der Pegnitz fischten (Aal, Barbe und Cyprinus, der Karpfen).

7. Warum ließ Julius Streicher, der selbst ernannte Frankenführer, das erst wenige Jahre zuvor entstandene Nürnberger Planetarium wieder abreißen?

a) Weil ihn dessen Architektur an eine Synagoge erinnerte
b) Weil die Projektion eine Sternkonstellation in Form der Buchstaben NS unter den Horizont sinken ließ
c) Weil die Besucher zum Schluss der Vorstellung stets das Lied *Nürnberg, rot in Ewigkeit* anstimmten

8. Über welches Bauwerk staunten die Nürnberger einmal am Dutzendteich?

a) Über einen Leuchtturm
b) Über eine U-Boot-Werft
c) Über eine begehbare Frankonia

9. Warum fuhren die Züge der berühmten Ludwigseisenbahn, der ersten Eisenbahn Deutschlands, oft unpünktlich?

a) Weil die Uhr am Turm der katholischen Kirche in Fürth nachging
b) Weil immer wieder Pferdeäpfel von den Gleisen gefegt werden mussten
c) Weil dem englischen Lokführer Wilson das Bier in Fürth so gut schmeckte

10. Der Drachenleuchter ist eines der fantasievollsten Kunstwerke im Germanischen Nationalmuseum. Von Albrecht Dürer entworfen und von Veit Stoß ausgeführt, trägt das dreiköpfige und

doppeltgeschwänzte Fabelwesen aus Lindenholz ein riesiges Geweih. Von welchem Tier stammt es?

a) Von einem Rentier
b) Von einem Elch
c) Vom Leithirsch des Lorenzer Reichswaldes

11. Welcher ist der älteste erwähnte Nürnberger Stadtteil?

a) Mögeldorf
b) Muggenhof
c) Zerzabelshof

12. Wie viele Mäuse wurden 2015 im Tiergarten Nürnberg verfüttert?

a) 3.700
b) 8.200
c) 14.500

13. Nürnberg ist eine bekannte Messestadt. Die Spielwarenmesse ist ein Renner, aber auch die übrigen Messen werden gerne besucht. Was kann man auf der »Cacib« erleben?

a) Man kann sich demonstrieren lassen, wie man aus Roggen ein Bier brauen kann.
b) Man kann mit seinem Zwergschnauzer einen Schönheitswettbewerb gewinnen.
c) Man kann mit einem Nachtsichtgerät auf hoppelnde Dürerhäschen schießen.

14. Nürnberg besitzt die älteste urkundlich gesicherte Stadtbibliothek Deutschlands, deren reiche Bestände viele Besucher von nah und fern anlockten. Welcher berühmte Dichter bewarb sich um die Stelle als Bibliothekar?

a) Friedrich Schiller
b) Friedrich Rückert
c) Heinrich Heine

15. Ein alter Spitzname für einen Nürnberger ist Peterlesbou oder auch »Bäiderlasbou«, hochdeutsch »Petersilienbube«, vielleicht, weil »Baäiderla und Schwemmgniedla« eine Art Nürnberger Nationalgericht war. Warum vermuten Heimatforscher, dass der Ausdruck im 19. Jahrhundert fast ängstlich vermieden wurde?

a) Weil es sich um eine »Arme-Leute-Essen« gehandelt hat
b) Weil man unter »Peiterla« einen kindlichen Penis verstand
c) Weil der Stadtteil Sankt Peter aus einem Siechenhaus für Leprakranke hervorgegangen ist

16. Fantasievoll waren die Wappen der Patrizier. Welche Familie war an einer zweischwänzigen Sirene zu erkennen?

a) Rieter von Kornburg
b) Pirckheimer
c) von Praun

17. Mitten in der Altstadt braut Reinhard Engel sein wunderbares Rotbier. Nebenher stellt er noch einen besonderen Tropfen her. Welchen?

a) Einen höchst ökologischen Whisky
b) Einen Brand aus Kalchreuther Kirschen
c) Einen Grappa von Walberla-Trauben

18. Der berühmteste aller Nürnberger Henker war Franz Schmidt (um 1555–1634). Meister Franz beförderte 361 arme Teufel ins Jenseits, akribisch dokumentierte er sein blutiges Handwerk. Durch welche Tat versuchte der Henker, Mitleid zu beweisen?

a) Er schaffte den makabren Brauch ab, zur Henkersmahlzeit einen aus Nürnberger Rostbratwürsten gelegten Galgen zu servieren.
b) Er setzte sich dafür ein, Kindsmörderinnen nicht mehr zu ertränken, sondern nur noch zu köpfen.
c) Er ließ den Delinquenten heimlich ihre abgeschnittenen Ohren wieder zukommen.

19. Das Plärrer-Hochhaus setzt seit 1953 einen städtebaulichen Akzent. Bei seiner Fertigstellung war es mit 15 Stockwerken und 56 Metern das höchste Bayerns. Welche Promis empfing ein Nürnberger Oberbürgermeister zusammen mit dem Bundespräsidenten in der verglasten Teestube auf der Dachterrasse?

a) Das thailändische Herrscherpaar Bhumibol und Sirikit
b) Marilyn Monroe und ihren Mann Arthur Miller
c) Den russischen Staatschef Leonid Breschnew und seinen Hund Rassa

20. Goethe weilte mehrfach in Nürnberg und begeisterte sich für viele Nürnberger Spezialitäten. Welche Köstlichkeit ließ sich der Geheime Rat mit der Kutsche nach Weimar schicken?

a) Nürnberger Elisenlebkuchen
b) Nürnberger Rostbratwürste
c) Nürnberger Rotbier

21. Was ist den Nürnberger Ortsteilen Brunn, Netzstall und Birnthon gemein?

a) Sie haben alle einen berühmten Club-Spieler hervorgebracht.
b) Ihre Bauern mussten nach dem Einzug des Kaisers die Pferdeäpfel beseitigen.
c) Sie liegen wie Inseln in der Fremde.

22. Dem engagierten Bürgermeister Georg von Schuh (Amtszeit 1892–1913) hat Nürnberg viele segensreiche Bauprojekte zu verdanken: unter anderem ein modernes Krankenhaus, neue Elektrizitäts- und Wasserwerke, den Schlacht- und Viehhof, neue Schulhäuser, das Opernhaus und nicht zuletzt das erneuerte Abwassersystem. Auch als Eisenbahnfreund tat sich der Sohn eines einfachen Webers hervor, indem er gegen alle Proteste den alten Hauptbahnhof abreißen und durch den jetzigen ersetzen ließ. Welche weitere eisenbahntechnische Großtat geht auf Bürgermeister Schuh zurück?

a) Er hatte die Idee für den ersten Sonderzug der deutschen Fußballgeschichte.
b) Er ließ gleich zwei verschiedene Eisenbahnlinien nach Gräfenberg verlegen.

c) Er ließ einen speziellen Transportwaggon für den Nürnberger Tiergarten konstruieren, die sogenannte »Schuhschachtel«.

23. Das »Männleinlaufen« ist die wunderbar despektierliche Bezeichnung für die sieben Kurfürsten, die sich vor dem Kaiser verbeugen. Auf welche Weise antwortet der Kaiser?

a) Der Kaiser steckt jedem Kurfürsten heimlich ein Goldstück zu.
b) Der Kaiser grüßt mit dem Zepter.
c) Der Kaiser streichelt den goldenen Bullen.

24. Das gotische Nürnberg war für seine Butzenscheiben bekannt. Wie wurde das Glas der Butzenscheiben hergestellt?

a) Es wurde geschleudert.
b) Es wurde gewalzt.
c) Es wurde geblasen.

Auflösung

1. Antwort c)
Um den Wasserstand von drei Metern zu sichern, musste der Brunnen regelmäßig geputzt werden. Nachgewiesen ist die Reinigung für die Jahre 1467, 1469 und 1472. Sicher kein Traumjob, da unten in der Tiefe. Gießt man ein Glas Wasser in den Brunnen, so dauert es sieben Sekunden, bis man es unten plätschern hört.

2. Antwort b)
Bis zu diesem Datum wurde gefragt, welcher Ehepartner das Scheitern der Ehe maßgeblich verschuldet hatte. Mit dem neuen Gesetz wurde das Verschuldungsprinzip durch das Zerrüttungsprinzip ersetzt. In der Folge stiegen die durch Frauen eingereichten Scheidungen sprunghaft an. »Ehestreit in Ewigkeit«, wie auf der Pranke des Drachens zu lesen, muss nicht mehr sein.

3. Antwort c)
Das Landgericht konnte dem »Zastermann« seinen Wunsch für sechs Jahre gewähren.

4. Antwort a)
Vielleicht dachte man bei der Namensgebung an den Liebesgott Amor. Doch auch der dampfende »Pfeil« konnte das Herz der schönen Nachbarstadt nicht entzünden.

5. Antwort a)
Das Neptunbrünnlein wurde von Johann Leonhard Bromig dem Älteren geschaffen, vermutlich zwischen 1680 und 1690. Flankiert wird der Meeresgott von Venus und Mars. Auf dem Inneren Laufer Platz steht das Grübelsbrünnlein, das an den Flaschner und

Mundartdichter Johann Konrad Grübel (1736–1809) erinnert. In der Karstadtpassage spielt die Wasserorgel.

6. Antwort b)
Wer den Ponte Vecchio in Florenz kennt, der bekommt eine recht gute Vorstellung von dem regen Treiben, das auf der alten Einkaufsbrücke einst geherrscht hat. Die hölzernen Buden waren am Brückengeländer befestigt und schwebten über der Pegnitz.

7. Antwort a)
Beim Anblick des Kuppelbaus bekam der gefürchtete Antisemit Bauchkrämpfe.

8. Antwort a)
Den Duft der großen weiten Welt atmete in Nürnberg, wer sich abends an das Ufer des Dutzendteiches setzte und die Lichter des Leuchtturmes über die Wellen streichen sah. Erbaut hatte man den Turm 1906 anlässlich der Bayerischen Landes-Gewerbe-, Industrie- und Kunstausstellung. Man konnte auch mit einem Fahrstuhl hinauffahren und die Aussicht genießen. 1935 wurde er gesprengt. Er war der Kongresshalle im Weg.

9. Antwort a)
Nürnberg und Fürth hatten in den Gründerjahren der Ludwigseisenbahn noch unterschiedliche Uhrzeiten. Hinzu kam, dass die Uhr an der katholischen Kirche nachging, weshalb man bestimmte, dass sich die katholische Uhr künftig nach der Bahnhofsuhr zu richten hatte.

10. Antwort a)
Der Nürnberger Wolpertinger hat sich mit einem 34-endigen Rentiergeweih geschmückt. Er trieb sein Unwesen einst in der Regimentsstube des Alten Rathauses, wo das Septemvirat tagte. Sieben

Kerzen trug der Drache, um den sieben älteren Herrn, welche die eigentliche reichsstädtische Regierung bildeten, Erleuchtung zu schenken.

11. Antwort a)
Auf einer Urkunde von 1025 – 25 Jahre vor der Ersterwähnung Nürnbergs – findet sich eine Außenstelle des Altdorfer Königshofs »Megelendorf«, das heutige Mögeldorf. Noch früher wurde das 1972 eingemeindete Großgründlach erwähnt, nämlich bereits im Jahr 1021.

12. Antwort c)
Die Zahl hört sich gewaltig an, was aber ist schon an einem Mäuschen dran? Da bestellt sich eine echte Nürnberger Fischkatze schon mal zwölf auf Kraut.

13. Antwort b)
Cacib ist eine Abkürzung, die für »Certificat d'Aptitude au Championnat International de Beauté« steht, Cacib nennt sich aber auch die ganze Rassehunde-Ausstellung. Geschossen wird auf der IWA OutdoorClassics, der führenden internationalen Fachmesse für Jagd und Schießsport, Bierbrauer treffen sich auf der BrauBeviale.

14. Antwort b)
Der Weltpoet Friedrich Rückert (1788–1866), Beherrscher von 44 Sprachen, benötigte als frischgebackener Familienvater einen Brotberuf. Die Stelle in Nürnberg bekam der gebürtige Schweinfurter nicht, wohl aber 1826 eine Professur in Erlangen.

15. Antwort b)
Die zwei Peterlesboum, das erfolgreiche Nürnberger Mundartduo der 1960/70er-Jahre, haben den Spottnamen zum Markenzeichen erhoben.

16. Antwort a)
Der letzte Rieter von Kornburg starb 1753. Eine Straße in Sankt Johannis erinnert noch an das Geschlecht. Im Wappen der Pirckheimers findet sich eine silberne Birke, wohl weil sich der Name von diesem Baum ableitet. Die von Praun führen einen braunen Ast mit drei herzförmigen, roten Blättern im Wappen.

17. Antwort a)
Braumeister Reinhard Engel brennt nicht nur den stärksten Whisky der Welt, er brennt auch den besten deutschen Whisky. Sein »Ayrer's PX 56« gewann bei der Blindverkostung des »Whisky Guide Deutschland« den Best Whisky Award 2015. Greift man zum Whiskyglas, sollte man zugleich ein kühles Glas Rotbier zur Hand haben. 74,2 Prozent Alkohol machen einem den Verlauf der Speiseröhre deutlich. »Ayrer's« heißt der Whisky, weil an der Bergstraße, dem Sitz von Brauerei und Brennerei, früher die Familie Ayrer wohnte. Ihr prominentester Vertreter war Jakob Ayrer (um 1544–1605). Der frühe Dramatiker hat damals schon Shakespeare für Nürnbergs Bühnen arrangiert.

18. Antwort b)
Eigentlich mussten Kindsmörderinnen ertränkt werden, so sah es die Carolina vor, das erste allgemeine deutsche Strafgesetzbuch. Wer geköpft wurde, durfte christlich bestattet werden.

19. Antwort a)
Der Empfang fand im Sommer 1960 statt. Der damalige Oberbürgermeister war Andreas Urschlechter, Bundespräsident war Heinrich Lübke. Schade, dass man König Bhumibol kein Saxofon gereicht hat, er ist ein guter Jazzmusiker.

20. Antwort b)
Was für ein Fest, wenn die Kutsche in Weimar eintraf! Gerne erinnerte sich Goethe an Nürnberg und die »Bratwürstchen, welche dort so vorzüglich gut gefertigt werden, mit Majoran gewürzt und ein wenig geräuchert«.

21. Antwort c)
Brunn, Netzstall und Birnthon, alle im Lorenzer Reichswald gelegen, sind Exklaven, die zur Stadt Nürnberg gehören. Ihre Einwohner können nicht in die Stadt gelangen, ohne fremdes Gebiet zu betreten.

22. Antwort b)
Georg von Schuh war ein wahrer Bürger des Städtedreiecks. Als gebürtiger Fürther schaffte er es zunächst zum Stadtoberhaupt von Erlangen und dann zum Bürgermeister von Nürnberg. In seiner Erlanger Amtszeit ließ er die Sekundärbahn nach Gräfenberg errichten, die »Seku«, und als Nürnberger Bürgermeister dann die zweite Bahnstrecke nach Gräfenberg. Trickreich gelang es ihm auch, sein Nürnberger Bahnhofsprojekt durchzusetzen: Er ließ auf dem Bahnhofsplatz zunächst ein gewaltiges Denkmal für Prinzregent Luitpold errichten, worauf sich der Monarch so geschmeichelt fühlte, dass Bürgermeister Schuh alles von ihm bekommen konnte.

23. Antwort b)
Das Zepter war der Dirigentenstab des Kaisers. So manches Goldstück wird er den Kurfürsten als Dank für die Wahl zugesteckt haben, niemals aber hätte er erlaubt, diesen Akt der Bestechung hoch über dem Nürnberger Hauptmarkt zu zeigen. Heutige Wähler sind bescheidener, sie begnügen sich mit Wahlversprechen. Die Goldene Bulle, die frühe Reichsverfassung, deren erste 23 Kapitel in Nürnberg erarbeitet wurden, hat Kaiser Karl IV. zwar erlassen, einen goldenen Bullen aber hat er wohl nie gestreichelt.

24. Antwort c)
Der Bi-Ba-Butzemann musste Puste haben. Mit seiner Glasmacherpfeife blies er zunächst eine Kugel, bevor er aus der glühenden Masse eine Scheibe formte. Die ursprünglichen Butzenscheiben bestanden aus grünem Waldglas.

Ihr Ergebnis

24 Punkte. Gratulation! Besser geht es nicht! Ihnen macht niemand etwas vor, Sie haben die Kaiserkrone errungen. Problemlos können Sie *Die Meistersinger von Nürnberg* nachpfeifen und wissen, wie viele Lebkuchen jährlich in der Noris gebacken werden. Geben Sie Ihr Wissen weiter, begeistern Sie viele für die Schönheiten und die Geschichte Nürnbergs.

19–23 Punkte. Eine stolze Leistung! Sie sind ein echter Noris-Experte und vermutlich ein großer Liebhaber der Stadt. Sie können jeden Stich von Dürer exakt datieren, wissen mindestens drei Gedichte von Hans Sachs auswendig und noch dazu die Aufstellung der Meistermannschaft des Club von 1968.

14–18 Punkte. Kompliment! Sie kennen sich aus und dürfen sich mit Recht zu den Nürnberg-Experten zählen. Sie kennen die Länge der Nürnberger Rostbratwurst (7–9 cm) und wissen, über welchem Restaurant zwei Sterne schweben (*Essigbrätlein*).

10–13 Punkte. Immer noch eine reife Leistung! Zugegeben: Viele Fragen waren auch ziemlich gemein. Sie können auf jeden Fall erhobenen Hauptes über den Hauptmarkt spazieren.

7–9 Punkte. Nicht traurig sein. Und das Positive sehen: Nürnberg hat eben viele Geheimnisse. Gehen Sie erneut auf Entdeckungsreise.

4–6 Punkte. Hä, mh! Kommen Sie aus Fürth? Dann sind Sie entschuldigt. Für alle anderen gilt: Am nächsten Wochenende gleich bei einem der Stadtrundgänge mitmachen.

0–3 Punkte. Sie Pechvogel! Schon durch reines Raten hätten Sie mehr Punkte holen müssen. Doch auch für Sie haben wir einen Trost parat: Die wahre Schönheit Nürnbergs erschließt sich nicht mit dem Verstand, sondern nur mit dem Herzen.